刑法理論の基礎 VI

被害者の承諾

YOSHIDA Toshio

吉田敏雄

成文堂

はしがき

　本書は,『刑法理論の基礎』(第3版,2013年) の続巻Ⅵとして, 犯罪理論体系上, 構成要件か不法に位置づけられる「被害者の承諾」を巡る諸問題を扱っています。本書の執筆に当っては, できる限りドイツ語圏刑法学における当該問題の理論状況を追跡することにより, 日本刑法学の理論状況を鮮明にし, 日本刑法の各学説の位置価値を明らかにしようと努めました。これにより, 本書が, 刑法の研究・学習のお役に立てられるのではと願っています。

　本書は,「被害者の自己答責的自己危殆化, 承諾及び推定的承諾」という標題で北海学園大学『法学研究』に8回にわたり連載された論文 (第52巻第2号・2016年～第54巻第1号・2018年) を改題し, 且つ, 若干の加筆・修正をしたものです。執筆過程で当初想定していた内容を越えることになりましたので, 改題した次第です。

　今回も, 本書出版の機会を提供してくださった成文堂社長・阿部成一氏のご厚意に感謝申し上げます。成文堂編集部・篠崎雄彦氏には判例索引を含めて編集・校正の面で大変親身なご助力をいただけました。記して, 厚くお礼申し上げます。

2018年(平成30年)8月15日
　雨降りしきる平成最後の「終戦(敗戦)記念日」

札幌の自宅仕事部屋にて

吉　田　敏　雄

目　次

はしがき

第1章　自律性原理(自己答責性原理)と自己答責的自己危殆化

I　概　説 …………………………………………………………… 1
II　適用領域 ………………………………………………………… 5
　(a)　スポーツ　(5)
　(b)　財産法上の危険引き受け　(6)
III　第三者の「自己答責的」介入がある場合の客観的帰属 ………… 7
　(a)　救助行為　(7)
　(b)　追跡行為　(11)
IV　自己答責性の限界 ……………………………………………… 12
V　自己答責性の前提要件 ………………………………………… 13
VI　自己答責的自己危殆化と了解的他人危殆化の区別 …………… 16

第2章　自律性原理と被害者の承諾

I　概　説 …………………………………………………………… 23
II　ドイツ語圏の承諾に関する法制度 …………………………… 26
　(a)　ドイツ　(26)
　(b)　オーストリア　(27)
　(c)　スイス　(28)
III　承諾の効果根拠 ………………………………………………… 28
　1　モデル論的考察（ドイツ語圏の学説状況）………………… 28
　　(a)　衝突モデル　(28)

(b)　統合モデル　(30)
　　　(c)　基礎モデル　(32)
　　2　日本における議論状況……………………………………34
　　3　評　価……………………………………………………37
　Ⅵ　承諾の対象と範囲………………………………………………39
　　　(a)　対　象　(39)
　　　(b)　範　囲　(42)
　Ⅴ　正当化事由としての承諾の前提要件と限界…………………43
　　1　法益保持者による承諾…………………………………43
　　2　承諾者の処分権能………………………………………44
　　　(a)　ドイツ　(45)
　　　(b)　オーストリア　(63)
　　　(c)　スイス　(66)
　　　(d)　日　本　(68)
　　　(e)　評　価　(73)
　　3　承諾の形式と時点………………………………………76
　　4　承諾能力…………………………………………………77
　　5　第三者による承諾………………………………………82
　　6　意思瑕疵なき承諾………………………………………84
　　　(a)　脅　迫　(84)
　　　(b)　欺罔に起因する承諾　(86)
　　　(c)　錯　誤　(98)
　　7　承諾の認識………………………………………………100

第3章　構成要件阻却の了解

　Ⅰ　構成要件阻却の了解の分類……………………………………101
　Ⅱ　了解の前提要件…………………………………………………102
　　1　自然的意思能力と弁識・判断能力……………………102
　　2　意思瑕疵…………………………………………………104

3　意思表示の必要性……………………………………………… 107

第4章　推定的承諾

　I　概念と基本思想 …………………………………………………… 111
　　1　理論構成………………………………………………………… 111
　　　(a)　学　説　(111)
　　　(b)　評　価　(115)
　　2　緊急避難との関係……………………………………………… 120
　　3　事務管理との関係……………………………………………… 121
　　4　許された危険(社会的相当性)との関係…………………… 122
　II　適用領域 …………………………………………………………… 123
　　1　内的財衝突に起因する推定的承諾…………………………… 123
　　2　行為者又は第三者のための推定的承諾……………………… 125
　III　前提要件 …………………………………………………………… 127
　　1　客観的承諾要素………………………………………………… 127
　　　(a)　弁識・判断能力　(127)
　　　(b)　切迫性　(127)
　　　(c)　調査義務　(128)
　　　(d)　法益保持者の推定的意思　(129)
　　2　主観的正当化要素……………………………………………… 130

第5章　仮定的承諾

　I　概　説 ……………………………………………………………… 133
　II　ドイツの判例 ……………………………………………………… 135
　III　犯罪理論体系上の位置づけとその評価 ………………………… 140
　　　(a)　構成要件解決策　(140)
　　　(b)　違法性解決策　(141)
　　　(c)　刑罰消滅事由　(147)

第6章　専断的治療

- Ⅰ　ドイツ刑法における治療侵襲と傷害罪の関係 …………… 149
  - (a) 構成要件不該当説（治療行為非傷害説）　(149)
  - (b) 構成要件該当説（治療行為傷害説）　(153)
  - (c) 専断的治療罪の立法化の試み　(155)
- Ⅱ　オーストリア刑法における専断的治療罪 ………………… 155
  - (a) 成立史　(155)
  - (b) 第1項について　(156)
  - (c) 第2項について　(162)
  - (d) 第3項について　(166)
- Ⅲ　日本刑法における専断的治療 ……………………………… 166
  - (a) 構成要件不該当説　(166)
  - (b) 構成要件該当説　(169)
  - (c) 評　価　(170)

判例索引 ……………………………………………………………… 173

第 1 章　自律性原理（自己答責性原理）と自己答責的自己危殆化

I　概　説

　人の**自己答責性**（Eigenverantwortlichkeit），つまり，**自律性原理**（Autonomieprinzip）は，刑法において被害者の承諾，推定的承諾を基礎づけるのであるが，加えて，構成要件段階における客観的帰属においても重要な意味をもつ。すなわち，構成要件該当性を実質的観点から限定する理論が客観的帰属論であるが，それは行為の帰属と実際に生じた結果の帰属から成り，それぞれがさらに経験的危険と規範的危険から考察される。人の自己答責性は**行為の規範的危険**を排除する規準となる。自己答責性というのは，一定の限界はあるものの，法益の保持者には自分の財をどのように扱うかに関して自ら決定できるという思想である。換言すると，多くの犯罪構成要件は，基本的に，行為が法益保持者の意思に反した場合にはじめて法益保護を開始できるという思想である[1]。自己答責性原理を基礎とする**被害者の承諾及び推定的承諾の法理**は，基本的に**自己答責的自己危殆化行為**（Eigenverantwortliche Selbstgefährdung）が規範的に受容されうることを示していた。さらに，自律性原理に基づき，自招緊急避難においても緊急権の援用が排除されていたことも指摘されねばならない。現在，自己答責的自己危殆化は自己答責性原理の一適用領域として，ドイツ語圏刑法学・判例において承認されるところとなった[2]。

　自己答責性の原理は，われわれの社会秩序の放棄できない存立要素であるだけでなく，**憲法第13条**（個人の尊重）において基本価値として保障されている人の自由を尊重するのである。憲法秩序は国に市民を保護監督する任務を与えていない。市民は基本的に，自己の行為によって自己の法益を危険に曝

すか否か，そしてその程度に関して自ら決定する権利を享有している。それに対応して，法秩序は，単に他人の自己危殆化を可能にするに過ぎない行為を一般的に不承認とするわけにはいかないという帰結が導出される。答責の前提には，他人に対してであれ，自分に対してであれ，自由がある[3]。

　自己答責は法秩序を貫く原理であり，当然，刑法の根底にある原理である。すでに構成要件の法益保護において，誰もが自ら冒したが，自ら避けることのできた危険は自ら負わねばならないのであって，他人が負うのではないという思想が支配するのである。犯罪理論体系における最初の，独立した評価段階である構成要件で，たいていの場合「他人を……したる者」という文言と結びつけて類型的不法基礎づけをすることが，自然主義的には当然とはいえても，しかし，その実際の出来事を見ると，「他人自身の関与の下に……したる者」と理解できるため，不法基礎づけをすることが規範的にはもはやできないのではないかということが問題となる。殺人罪（刑第199条）は「他人を殺した」場合に関係するのに対し，自殺関与罪（刑第202条）という殺人罪と異なる構成要件（**了解的他人危殆化**）は「他人の自殺に関与」した場合に関係し，その評価の違いは歴然としている。「他人の仕事」である自殺に関与する行為

---

[1]　Vgl. BGHSt 32, 262, 264 f.〔ヘロイン注射事件〕（被告人の用意した注射器を使用して薬物の自己注射をしたという事案）「自己答責的に意欲され，現実化された自己危殆化は，それが危険のあることの認識をもって冒された危険が実現するとき，傷害罪や殺人罪の構成要件に該当しない。こういった自己危殆化のきっかけを与えたり，可能としたりあるいは促進したりするにすぎない者には傷害罪や殺人罪の可罰性はない」。本判決は，共犯理論から結論を導いている。ドイツ刑法には，自殺，自傷に関する構成要件は無い。自殺，自傷への故意の教唆も故意の幇助も処罰されることはない。共犯は正犯を前提とするからである。そうすると，自己答責の自殺，自傷を過失で惹起した場合も処罰されることはない。そうだとすると，自己危殆化への故意の関与も処罰されることはないし，ましてや，過失の関与が処罰されることはない。

　本判決は，連邦通常裁判所のそれまでの態度を劇的に転換したと評価されている。BGH NStZ 1981, 350「ヘロインを譲り渡してヘロイン依存者の死を惹起する者は次の場合過失致死罪に問われる。譲渡者はヘロイン依存者が麻酔剤を注射すること知っているか，それを予期せざるを得ないとき，そして，譲渡者が譲った物質が危険であることを知っていたか，知りえたとき」。Vgl. *C. Roxin*, Strafrecht AT, 4. Aufl., 2006, §11 Rn 110；BGHSt 53, 55.

　なお，「了解的他人危殆化」と「自己答責的自己危殆化への関与」の区別に否定的なのが，田中優輝「被害者による危険の引受けについて1～5・完」『法学論叢』173・1（2013）48頁以下，2（2013）57頁以下，3（2013）57頁以下，4（2013）53頁以下，5（2014）86頁以下。

[2]　Vgl. *E. Steininger*, Strafrecht AT, Bd. 1, 2. Aufl., 2013, 9. Kap Rn 12.

[3]　Vgl. *H. Frister*, Strafrecht AT, 7. Aufl., 2015, 10. Kap Rn 15；*Steininger*, (Fn. 2), 9. Kap Rn 12.

が殺人罪の構成要件によって把握されることはない。生命とか身体といった構成要件の実質的射程は，法益保護の観点からその焦点を基本的に他人への損傷行為に限定しているのである[4]。

　自殺既遂罪はもとより，自殺未遂罪という構成要件は設けられていない。そのことは，自殺が法的には中立的評価を受けるということを意味するに過ぎないのであり，社会倫理的には容認されないのである。それだからこそ，自殺者本人にはその生命が何の価値がないものであっても，法共同体は生命が不可侵であることに利益を有することから，自殺関与罪が設けられている（**他人の自己危殆化への関与**）[5]。傷害罪（刑第204条）においては，その構成要件は他人への傷害行為を対象とするのであって，自分を傷つける行為を対象としていない。自己答責的自傷行為は刑法上重要とは考えられていないので，自傷罪という構成要件は設けられていない。「自傷関与罪」という構成要件も存在せず，自傷行為への関与行為も処罰されることはない。

　それ故，こういった「自己損傷」の事情がある場合，関与者が被害者の損傷を望んでいる，つまり，損傷の故意を抱いていても，関与者は刑法上の責任を問われることはない。関与者の寄与行為は決定主体の自律性によって被覆され，したがって，規範的には刑法規範の実質的領域から駆逐されることになる。不法帰属においてすでに重要なことは，行為に伴う危険が，この危

---

[4] Vgl. *Steininger*, (Fn. 2), 9. Kap Rn 12；*J. Wessels, W. Beulke u. H. Satzger*, Strafrecht AT, 45. Aufl., 2015, §6 Rn 260.
　ドイツ刑法には，日本刑法第202条，オーストリア刑法第78条，スイス刑法第115条と異なって，自殺関与罪の規定が無いし，もとより自傷関与罪の規定も無い。それ故，注1で触れたように，ドイツでは自己答責的自己危殆化は実定法上も根拠があると理解されている。すなわち，自殺や自傷への故意の教唆，故意の幇助は，正犯規定が無いのであるから，不処罰である。そうすると，なおのこと，自己答責の自殺，自傷を過失で惹起する（きっかけを与える，可能にする又は促進する）行為を処罰することはできない。Vgl. *B. Heinrich*, Strafrecht AT, 3. Aufl., 2012, §28 Rn 1047；*K. Kühl*, Strafrecht AT, 7. Aufl., 2012, §4 Rn 87.
[5] Vgl. *R. Moos*, Wiener Kommentar zum Strafgesetzbuch, 2. Aufl., 2002, §78 Rn 3.
　なお，シュミットホイザーは，個人の生命維持に関する公共の利益を肯定し，故殺（ドイツ刑法第212条）の本質は共同体の存在条件を維持することにあると解釈して，自殺も故殺罪の構成要件に該当し，違法でもあるとしながら，「責任」が阻却されるために不処罰とされるに過ぎないと論ずる。*E. Schmidhäuser*, Selbstmord und Beteiligung am Selbstmord in strafrechtlicher Sicht, in：Welzel-FS, 1974, 801 ff., 817. 参照，内田文昭「受託殺人・自殺関与の可罰性」『刑事法・医事法の新たな展開（上）』（町野朔先生古稀記念）2014・361頁以下，369頁，長谷川裕寿「刑法における同意とその客観的制約（1）」明治大学『法学研究論集』14（2001）21頁以下，27頁。

険に自発的に曝した者に帰せられるか否かである。肯定される場合には，故意犯であっても，「自分を危険に曝す者が自発的に認識して冒す，他人の自己危殆化に単にきっかけを与えるとか，その他の関与をすることに，基本的に客観的注意違反があるとはいえない」[6]。ここには**行為無価値**が見られないのである。講壇事例で見ると，雷雨の中，雷に打たれて死ぬのを期待しながら，遊びに来ていた友人を外へ送り出し，その友人は実際に雷に打たれて死亡したとか[7]，吐き気をもよおすことを予期しながら，ジェットコースターに乗るように友人を誘い，その友人が実際に嘔吐したとか[8]，甥が被相続人である伯母が窒息死することを期待して餅を渡したところ，伯母がそれを食べて本当に窒息死した[9]といった場合が自己答責的自己危殆化の例である。こういった不運な結末となった場合，一般的な生活経験上の危険が実現したに過ぎない限り，送り出された者も，ジェットコースターに乗った者も，伯母も自発的に危険を負ったのであり，関与者に故意があっても，行為の規範的危険が認められず，行為帰属は否定されるのである。

　危険創設者が，自己を危険に曝す者の生命，身体といった法益のための**保護保障人**であるときも，基本的に行為の客観的帰属は否定される。保障人の答責は法益保持者の答責を排除しないからである。例えば，患者が医師によって処方された薬剤を濫用し，自己危殆化するとき，患者に薬物濫用嗜癖があって医師の治療を求めていた等の特段の事情が無い限り，当該医師に保障人の地位があるからといって自己答責性の原理の適用が否定されるものでなく，医師の行為の規範的危険は認められない[10]。

---

[6] M. Burgstaller, Das Fahrlässigkeitsdelikt im Strafrecht, 1974, 168f.; ders., Wiener Kommentar zum Strafgesetzbuch, 2. Aufl., 2001, §80 Rn 42；H. Schütz, Todeseintritt nach einverständlich verabreichter Suchtmittelinjektion, in：Burgstaller-FS, 2004, 177, 180「危険な行為を遂行するために被害者の同意を得ることによってすでに客観的注意違反の否定されることが考えられる」。
[7] Vgl. H. Welzel, Das deutsche Strafrecht, 11. Aufl., 1969, 66.
[8] Vgl. M. Burgstaller, E.E. Fabrizy, Wiener Kommentar zum Strafgesetzbuch, 2. Aufl., 2002, §83 Rn 20.
[9] Vgl. P. Lewisch, casebook Strafrecht, 7. Aufl., Fall 7.
[10] K. Lackner, K. Kühl, Strafgesetzbuch Kommentar, 26. Aufl., 2007, Vor §211 Rn 14；Kühl, (Fn. 4), §4 Rn 93；Roxin, (Fn. 1), §11 Rn 111；D. Sternberg-Lieben, Schönke/Schröder Strafgesetzbuch, 28. Aufl., 2010, §15 Rn 166；OLG Zweibrücken NStZ 1995, 89.

II　適用領域

(a)　スポーツ

　自己答責的自己危殆化が現実に意味をもつ事例の多くはスポーツに関わる事例である。標識の整備されているスキー滑走路から離れて，明らかに無謀な滑走をする者は自己答責的行為をしており，そこから生ずる傷害の危険を自ら負うのである。社会的に承認されているスポーツ**競技**への参加も自己答責的自己危殆化の事例である。規則が成文化されているか否かにかかわらず，その「スポーツ規則」によれば一定の危険を甘受することが普通な競技へ参加する場合，危険の甘受は参加者がこの規則を受け容れることからの帰結である。この規則は**社会生活規範**の働きをもつのである。スポーツ競技の際に受けた傷害は，それが各運動競技種目に特有の，つまり，それに不可避的に伴う危険の範囲内で生じたとき，一般的に甘受されるので，行為の客観的注意違反が欠如することとなり，刑法上の重要性を有しないことになる。スポーツ競技上の反則行為は刑法上の注意違反行為と同一視できない。当該スポーツ競技を可能とするために不可避と見られ，それ故，一般的に甘受される限界を超えた傷害があるときにはじめて，規範的寛容性が消滅し，行為の帰属が可能となる。例えば，蹴球の試合で走っている選手のくるぶしを後ろから思い切り靴で蹴って傷害を与える行為は限界を超えている[11]。

11　*Burgstaller*, (Fn. 6. Fahrläs.), 54 ; *ders.*, Wiener Kommentar zum Strafgesetzbuch, 2. Aufl., 2001, § 80 Rn 44 ff. ; *D. Kienapfel, F. Höpfel u. R. Kert*, Strafrecht AT, 14. Aufl., 2012, Z 25 Rn 17 ; *Steininger*, (Fn. 2), 9. Kap Rn 13 ; *H. Zipf*, Einwilligung und Risikoübernahme im Strafrecht, 1970, 94 ff.

　参照，千葉地判平成7・12・13判時1565・144〔ダートトライアル同乗者死亡事件〕の「なお書き」「なお，例えば野球のデッドボールについては，打者が万一の場合としか考えていないとしても，死亡や重大な傷害が生ずることはあり，かつ，そこに投手の『落ち度』を見い出せることもあるが，通常は（業務上）過失致死傷の責任は認め難い。危険を内在しながらも勝負を争う競技は，相手が一定の危険を冒すことを容認することによって成り立っており，打者は，デッドボールが一定程度までの『落ち度』によるものであれば，それによる死傷の危険は引き受けている。練習においても，競技に向けて技術の向上を図るために，互いにこうした危険を容認している場合がある。この点，競争の契機がないゲレンデスキーは，たまたま同じ場所でスキーを楽しむために危険が生じているもので，安全を最優先させてもスポーツが成り立つ」。

このことは，蹴球，自動車競走，バンジージャンプ，ハンググライデイング，登攀，スキーレースに見られるように傷害の危険がそのスポーツの性質上それに内在している場合だけでなく，拳闘，相撲，柔道といった相手の身体的損傷を目的とする格闘競技にも妥当する。第三者の意思が，自分自身を危険に曝す者の損傷に向けられている場合ですら，傷害の結果が，既知の，一見して分かる危険に自発的に曝した者に生じているとき，第三者の意思だけでは可罰性を基礎づけることはできない[12]。このように，スポーツ競技の分野では，正当化事由としての「被害者の承諾」の法理を持ち出すまでもなく，客観的帰属の問題として扱われうるのである[13]。なお，スポーツ競技者が当該競技に特有の危険の範囲を超えていないが，第三者，殊に，観客を負傷させたとき，当該競技の主催者に過失責任が問われることとなる[14]。

(b) 財産法上の危険引き受け

自己答責性の原理は財産法上の危険引き受けにも妥当する。銀行員や弁護士は，顧客に取引に伴う高い危険に関して客観的に精確な説明をするとき，例えば，詐欺師の手に落ちるかもしれないとか，利子の高い債権にはそれ相応の危険が伴うとか，株式相場が特定の関心者によって巧妙に吊り上げられており，間も無く下落するといった説明をするとき，未必の故意を有していても，行為の規範的危険が認められることはない。もとより，自己答責性は，顧客に，理解・判断能力が具備されている必要がある。したがって，十分な説明をしないとか，顧客が自己の行為の結果を評価できないことに気づきながら介入しない者は，そこから生じた結果に刑事責任を問われる[15]。

---

[12] *Burgstaller*, (Fn. 6. WK), § 80 Rn 44 ff.; *Steininger*, (Fn. 2), 9. Kap Rn 13.
[13] *Kienapfel/Höpfel/Kert*, (Fn. 11), Z 25 Rn 17.
[14] *Burgstaller*, (Fn. 6. WK), § 80 Rn 45; *Zipf*, (Fn. 11), 97.
[15] *Steininger*, (Fn. 2), 9. Kap Rn 13; *O. Triffterer*, Salzburger Kommentar zum Strafgesetzbuch, 3. Lfg § 6 Rn 73.

III 第三者の「自己答責的」介入がある場合の客観的帰属

(a) 救助行為

　ここで問題とするのは，第三者が，放火や交通事故といった行為者（第1惹起者）によって創出された危険状況に誘発されて，救助行為に出たが，自ら落命したとか，負傷したという場合である。この場合，救助行為についても，それに分かち難く結びついている第三者（救助者）の自己危殆化という観点から第1惹起者の客観的帰属を否定する見解が有力である。行為者が第三者の自己危殆化行為の誘因を与え，この第三者が損傷を蒙るといった場合，例えば，家の所有者の故意または過失で惹起された火災に駆けつけた消防士や親切な隣人がその救助活動中に煙に巻き込まれ落命したというような場合，第1惹起者が過失致死罪に問われるか否かが問題とされるのである[16]。この場合，第1惹起者の行為に社会的相当性があるときは本問題領域からはずれる。ここで問われているのは，法的視点からは肯定的に評価されるべき救助行為

---

[16]　Vgl. BGHSt 29, 322〔被告人は庭園パーティに招待されたが，招待主の家に放火した。家の中に招待主の12歳の息子と客一人が就寝のため戻っていた。この時もう血中アルコール濃度2.17パーミルに達していた22歳の息子が家の燃え上がっているのを見て，2階に駆け上がって，家の中に居ると思われる者を救おうとしたが，家の中で意識を失い，燃焼ガス中毒に因り死亡した。過失致死罪成立〕「被害者の認識ある自己危殆化の故に不処罰とする原則は，殊に，次の場合，制限される必要がある。すなわち，行為者が，被害者の協力なしに且つ了解なしに，被害者又はその近親者の法益に対する著しい危険を作り出し，それと同時に救助者ために危険な救助措置をとる分別のある動機を生じさせるということによって，自分の犯罪行為によって認識のある自己危殆化の明白な可能性を創出する場合である。こういった状況において自分を危険に曝す者を刑法規定の保護領域に組み入れることは，実態に即している。救助行為が成功したとき，結果回避は行為者の有利に働くように，行為者は，失敗した場合には，その責任を取らねばならない。初めから無意味又は明らかに不釣合いな大胆な行為を伴う救助の試みがなされたときは，異なった判断が可能かもしれない」。ロクスィーンは本事案を自己危殆化の例であるが，救助者の高度の酩酊状態にあったことを考慮すると，自己答責性が認められないと論ずる。*Roxin*, (Fn. 1), §11 Rn 117. これに対して，プッペは，行為者は，救助者を，自ら危険を冒して救助をするか，そうしないかの葛藤状況におくのであり，かかる状況下で自己危殆化の決断をする者は，英雄であるかもしれないし，道徳的意味で自由に行動をしているのかもしれないが，法の意味においてこの自己危殆化は自由答責的とはいえないと論ずる。*I. Puppe*, Strafrecht AT, 2. Aufl., 2011, §6 Rn 12.

が行われるとき，いかなる限度で第1惹起者の行為帰属が可能かということである。既述のように，基本的には，自己答責的自己危殆化において関与者が処罰されることはないのだが，その背景には，国の市民への過度の保護監督は望ましくないこと，したがって，国は社会的に望ましくない行為であっても寛容でなければならないという思想がある。しかし，社会的に望ましい救助行為の場合には，そのことに配慮し，第1惹起者の行為帰属によって救助者を保護する必要があるといえるのではなかろうか。その必要性の有無を判断するために衡量的考察が必要となる。

(aa) **自発的救助行為**

先ず，自発的救助者についてみると，自己危殆化の目的が危殆化された法益の救助にあり，この法益が救助行為に伴う危険を著しく凌駕するとか，危殆化された法益の維持が危殆化に迫り来る危険よりも高く評価されるべき場合，第1惹起者の行為帰属は可能である。自発的自己危殆化は第1惹起者のためにもなり，この利益は第1惹起者の危険領域に入れることができるからである。

これに対して，「自己の決定からしかも法的義務づけがないのに自己の生命を危険に曝す者は，自分には誰からも代償として要求されない大胆さによって場合によって第三者 (つまり事故の惹起者) を刑事罰へ突き落とすことになるが，それが自己の良心と合致しうるか否かを自問するとき，逃げ道の無い葛藤に陥る。そして，自分の軽率さが危険状況を創出した者も，そもそも助けを求めるべきか否か，助けがうまくいかなかったら重ねて処罰されるかもしれないのか否かをじっくり考えねばならないとき，この状況にふさわしくない計算をせざるを得なくなる」[17]ことを指摘して，救助者の自己答責的自己危殆化を肯定する見解がある。なるほど，救助者は，救助義務がないにもかかわらず，危険を認識しながらそれに自らを曝すのである。しかし，このような見解では，登山で遭難した者を救助する第三者の場合のように，第1惹起者の法益だけが自己危殆化によって救助される場合にだけ云えることで

---

17 *C. Roxin*, Gedanken zur Problematik der Zurechnung im Strafrecht, in: Honig-FS, 1970, 133, 143；*ders.*, (Fn. 1), §11 Rn 115；*Burgstaller*, (Fn. 6. Fahrläs.) 115；*H. Fuchs*, Österreichisches Strafrecht AT, 7. Aufl., 2008, 13. Kap Rn 49.

あって、第1惹起者を救助するためでないとき、例えば、第1惹起者が他人の家に放火し立ち去った直後、この家の隣人が駆けつけて善意から家のなかで助けを求めて大声をあげている子どもを救助する際、火炎に包まれて死亡したという場合には全く妥当しない[18]。利他的に自発的救助に出る者の単独自己答責を肯定して、この者の刑法上の保護を否定することには問題がある。利他的救助行為が社会によってまさに承認され、しかも奨励されているのにもかかわらず、なぜ刑法的保護が与えられるべきでないのか理解し難い[19]。

逆に、救助の法的義務がない場合にも、救助から生ずる結果を広く第1惹起者に帰属させる説も見られる。それに依れば、救助者の決定の「自己答責性」が否定できるのは、第三者がいわば危険にある法益の救助へと「強要されている」からである。被害者の承諾の場合、強要に起因する行為決定には自己答責性が否定される[20]。しかしこの論拠は事の実態を見ていない。救助者はたんに緊急避難類似の状況によってせき立てられているのでなく、特別の答責意識、愛他心その他気高い動機から救助行為に出るのであり、救助者の自己答責性を一般的に否定するのは適切でない[21]。

救助者が、全く見込みの無い、無意味なしかもまともでない救助行為をした場合のように、救助目的と救助行為に伴う危険があまりにも不釣合いであるとき、もはや第1惹起者の仕事とは見られない危険が創出されたことになり、救助者の保護の必要性は無く、第1惹起者の行為帰属はできない[22]。

---

[18] H.-J. Rudolphi, Vorhersehbarkeit und Schutzzweck der Norm in der strafrechtlichen Fahrlässigkeitslehre, JuS 1969, 549, 557；Ch. Sowada, Zur strafrechtlichen Zurechenbarkeit von durch einen Primärtäter ausgelösten Retterunfällen, JZ 1994, 663, 665；Triffterer, (Fn. 15), § 6 Rn 73, 76, 78.

[19] H. Satzger, Die sog. 》Retterfälle《 als Problem der objektiven Zurechnung, JA 2014, 695, 705.

[20] K. Amelung, Anm. zum BGH, Urt. v. 8.9.1993, NStZ 1994, 338；vgl. H.-H. Jescheck, Th. Weigend, Lehrbuch des Strafrechts AT, 5. Aufl., 1996, § 28 Ⅳ4.

[21] Satzger, (Fn. 19), 705；C. Roxin, Der Verunglückte und Unglück bewirkende Retter im Strafrecht, in：Puppe-FS, 2011, 909, 918.

[22] U. Kindhäuser, Strafrecht AT, 7. Aufl., 2015, § 11 Rn 58 f.；Rudolphi, (Fn. 18), 557；Satzger, (Fn. 19), 705；Sowada, (Fn. 18), 666；Triffteer, (Fn. 15), § 6 Rn 78；J. Wolter, Objektive und personale Zurechnung von Verhalten, Gefahr und Verletzung in einem funktionalen Straftatsystem, 1981, 345.

(bb) 救助義務者の行為

消防士，警察官や保障人は，法秩序によって，一定の危険状況において危険に陥っている者を救助し，自己を危険に曝すことを法的に義務づけられているのであって，規範的観点からは被害者の自己答責的自己危殆化というようなことは問題とならない。たしかに，救助者は法的義務に従わない決定もできるので，その限りで「自由な決定」と云うこともできる。しかしこのことは規範的拘束性を変えるものではない。第1惹起者は，自己の行為によって第三者の自己危殆化という法律上の義務を創出したのであり，救助者は，自分に迫る危険とは拘わりなく，自己危殆化の救助活動をしなければならない。救助者は行動を起こす決定をいわば「奪われて」いると云える[23]。それ故，第三者は，第1惹起者よりも保護に値するし，保護の必要性がある。自己危殆化によって生じた法益損傷も第1惹起者に客観的に帰属できてはじめて法秩序はこの第三者を保護できると云える[24]。

これに対して，立法者は，救助義務を課しているのであるから，救助義務の履行から生じたことに対する答責も負うのであって，この答責を第1惹起者に転嫁してはならないという見解[25]もある。しかし，具体的状況における救助義務は，第1惹起者によって直接惹き起こされた状況によってはじめて生じたこと，このことを無視してはならない。第1惹起者は，いわば社会的共同作業として法的義務に基づく第三者の救助行為が行われることを考慮に入れなければならない。立法者は救助義務者の活動によって第1惹起者によって創出された危険を局限しようとするからである[26]。さらに，救助義務者が首尾よく義務を果たし，さらなる損害を防止したとき，第1惹起者はそれによって恩恵を得られるとすれば，その裏面として，救助者が救助行為に当って負傷したときには，それは第1惹起者に帰属されねばならない[27]。さ

---

[23] *Th. Lenckner, J. Eisele*, Schönke/Schröder Strafgesetzbuch, 28. Aufl., 2010, Vor §§ 13 ff. Rn 101f.；*Wessels/Beulke/Satzger*,（Fn. 4），§ 6 Rn 281.
[24] *V. Krey, R. Esser*, Deutsches Strafrecht AT, 5. Aufl., 2012, § 11 Rn 365；*Triffterer*,（Fn. 15），§ 6 Rn 75；*H.-J. Rudolphi*, Systematischer Kommentar zum Strafgesetzbuch, Bd. 1, 1975, Vor § 1 Rn 80 f.；*ders.*,（Fn. 18），557；*Sowada*,（Fn. 18），665.
[25] *Roxin*,（Fn. 17），133, 142 f.；*ders.*,（Fn. 1），§ 11 Rn 104 ff.
[26] *H. Radtke, M. Hoffmann*, Die Verantwortungsbereiche von Schädiger und Geschädigten bei sog. 》Retterschäden《, GA 2007, 201, 211；*Sowada*,（Fn. 18），665.

らに，第1惹起者は，救助者に救助義務があるので，結局損傷に繋がる救助行為を妨げてはならないので，第1惹起者の行為帰属はできないという論拠[28]も妥当でない。行為者が，原因設定行為をした後，因果経路の支配を失って，結果の発生をもはや阻止できなくなっても，それだけで客観的帰属に影響を及ぼすことはない。支配の喪失が事実的理由から来ているのであれ，法的理由から来ているのであれ，事態は変わらない[29]。

もっとも，救助行為者が，客観的に必要な救助措置をとらず，明らかに不釣合いな危険を冒すとき，第1惹起者の招来した危険が実現したとは云えず，第1惹起者の行為帰属はできない。その際，一方で，救助される財の側の危殆化の程度，財の価値，救助される見込み，他方で，救助者の法益に迫る損傷の程度，その蓋然性が考慮されねばならない[30]。

(b) **追跡行為**

救助行為と類似の場合として追跡行為がある。逃走して逮捕を免れようとしている犯人を駆け足で追跡している警察官がその途中で障害物に躓いて転倒し，怪我したとか，警邏車の超過速度運転に起因する事故により負傷するといった場合，当該犯人への客観的帰属ができるかが問題とされる。基本的には，犯人への帰属は可能であるが，警察官が重大な注意義務違反を犯し，もはや犯人の仕事とは見られない危険を創出，実現したときは，犯人への帰属はできない。これに関して，過失致傷罪や過失致死罪の適用を否定する見解がある。法秩序は，被疑者・被告人の自己負罪拒否特権を認めているので，もし，処罰することにでもなれば，それは法秩序の価値判断にそぐわないとか，警察官の職務遂行に伴う典型的危険であり，これは警察官の答責領域に属するというのがその理由である[31]。たしかに，拘禁されていない被疑者が逃走したからといって逃走罪で処罰されることはない（刑第97条参照）。しかし，他の犯罪の成立は可能である。例えば，逃走中に逃走のために他人の自動車を窃取する場合には窃盗罪の成立が，又，逮捕時に自分にそっくりの他

---

[27] *Satzger*, (Fn. 19), 703.
[28] *Roxin*, (Fn. 17), 142 f.
[29] *Radtke/Hoffmann*, (Fn. 26), 212.
[30] *Satzger*, (Fn. 19), 704 ; *Trifterer*, (Fn. 15), §6 Rn 73, 75 ; *Wolter*, (Fn. 22), 347 f.
[31] *Krey/Esser*, (Fn. 24), §11 Rn 368 ; *Roxin*, (Fn. 1), §11 Rn 140 ; *ders.*, (Fn. 21), 926 ff.

人の身分証明書を提示して他人に成りすまし，未決拘禁されたが，他人が逮捕されることを予期しながら拘禁中に逃走し，実際にその他人が逮捕されたという場合には，間接正犯の形態の逮捕・監禁罪の成立が考えられる。同じことは，自己の事件にかかわる供述に関しても云える。被疑者・被告人は自己の事件に関して黙秘権を有しているが，嘘を言う権利を有しているわけでない。したがって，虚偽告訴罪（刑第172条）や名誉毀損罪（刑第230条）の成立が可能である。そうであるなら，追跡中の警察官が負傷したとか死亡したとき，過失致傷罪，過失致死罪が成立しうると云えよう[32]。

　追跡者に追跡の法的義務がないとき，例えば，被害者が財物を取り返すため，あるいは，損害賠償請求権を確保するために犯人を追跡する折に，転倒して負傷や死亡したとき，追跡目的と追跡行為に伴う危険があまりにも不釣合いであるとき，犯人の行為帰属は認められない[33]。

Ⅳ　自己答責性の限界

　実定法上，関与者の有利な方向に働く構成要件該当性を限定する原理としての自己答責には限度が設けられている。自発的自殺に関与する者に殺人罪（他殺罪）としての帰属はできない。したがって，自殺関与罪の規定が無ければ，関与者は不処罰となる。しかし，自殺への教唆，幇助は明文で禁止されている（自殺関与罪：刑第202条）。それ故，他人に自発的に世を去ることの手助けをする者は，自殺者の自死の決定が自律的に行われたことを理由に，関与者が自分の行為の規範的防禦をすることはできない。自殺関与という行為は規範的に是認されないのである[34]。自殺関与において，関与者が自分の行為のもたらす結果を知らない被害者を自殺へと追いやるとき，客観的帰属という観点から見ると，背後者の危険領域が被害者の危険領域の前に出る，つまり，自己答責とはいえない被害者の殺害に対する答責は背後者に完全に移る。

---

[32]　*R. Rengier*, Strafrecht AT, § 52 Rn 52；*Sternberg-Lieben*,（Fn. 10）, § 15 Rn 168；*T. Walter*, Leipziger Kommentar Strafgesetzbuch, 12. Aufl., Bd. 1, 2006, Vor § 13 Rn 119.
[33]　Vgl. *Rengier*,（Fn. 32）, § 52 Rn 53；*Walter*,（Fn. 32）, Vor § 13 Rn 119.
[34]　*R. Moos*, Die objekive Unrechtszurechnung bei Vorsatzdelikten, JBl 2013, 477 ff., 482；*Steininger*,（Fn. 2）, § 9 Rn 14.

そうすると，それは殺人罪の場合と同じであるから，背後者が殺人の**直接正犯**である[35]。

逆の事情にあるのが同意殺人である。被害者が支配しているのでなく，行為者が支配している。この了解的他人危殆化においては，本来，殺人罪（他殺罪）が成立するのであるが，被害者の嘱託又は承諾を得た殺人についても特別の規定が設けられている（同意殺人罪：刑第202条）[36]。もっとも自殺関与罪も同意殺人罪も生命という法益に限定されており，自傷関与罪とか同意傷害罪の規定はない。

基本的に，自己答責的自己危殆化のために行為不法が無くなるためには，行為不法を基礎づける**保護義務**の欠如していることが前提となる。注意義務違反がみられるが，この注意義務は，被害者を自ら自発的に危険に曝した特定の危険状況から保護することを必ずしも目的とする必要がない。こういった保護義務の存否は，特に被害者と関与者の間の危険な企てに関しての理解力の程度，体力あるいは弁識能力の違いに基づくのである。例えば，災害訓練においてその見物人を通行止めなどによって一定の距離にとどめる義務を課せられている者は，こういった措置がないために訓練場近くに止まり，それによって損傷を受けた者がでたとき，この被害者が危険状況の増していることに気づいていても，被害者の自己答責的自己危殆化をもち出すことはできない[37]。

V　自己答責性の前提要件

規範的寛容さを発揮する自己答責的危殆化行為が認められるための前提要件について，自己を危険に曝す者を自分自身に対する「正犯者」と見て，これに応じて責任阻却事由や免責事由が存在する場合に限って自己を危殆化する者の自己答責性を否定する見解[38]もあるが，しかし，それでは「被害者」の自己答責性を十分に捉えておらず，狭すぎるといえよう。自己を危殆化する

---

[35]　*Moos*, (Fn. 5), §78 Rn 19.
[36]　*Steininger*, (Fn. 2), 9. Kap Rn 14.
[37]　*Steininger*, (Fn. 2), 9. Kap Rn 14.

者は，危殆化の源として見ると，「正犯者」の役割を果たしているが，危殆化客体としては被害者でもある。自己答責性の場合も，他人（への）危殆化における「被害者の承諾」の場合も，被害者による自分の財の扱いが問題となるのであるから，前者の有効規準が後者のそれよりも低くても良いとは云えないはずである[39]。被害者は，具体的状況において，自己の行為の意味と射程距離を認識し，自発的に危殆化状況の引き受けがなされたか否かも重要である。例えば，甲は乙から譲り受けた斧にひびが入っていることを認識できないままそれを数回打ちつけたところ，斧が壊れ，甲はそれに因り負傷したという場合，斧の通常の使用方法に伴う危険が実現しているのではないので，危殆化状況の認識がなく，自己答責性は認められない[40]。さらに，被害者は，もはや行為の意欲をなくすると，「下車する」ことができなければならず，いかなる関与者もこれを受け入れねばならない。さもなければ，関与者はこの時点から規範的防禦をもはや受けられず，刑法上の不法が基礎づけられることになる[41]。暴行，欺罔，錯誤，脅迫があった場合のほか，パニック[42]とか，軽率

---

[38] 自己答責性の規準として刑事未成年（刑第19条），責任無能力（刑第20条，少裁第3条），免責緊急避難（刑第35条第1項）を準用する見解として，*D. Dölling*, Fahrlässige Tötung bei Selbstgefährdung des Opfers, GA 1984, 71, 76；*H.-J. Hirsch*, Anm. zum Urteil des BGH v. 18.7.1978, JR 1979, 429, 432；*Roxin*, (Fn. 1), §11 Rn 114（限定責任能力の場合，自己危殆者が危険を完全に予測しているが，制禦能力が低下しているに過ぎないとき，なお決定の主であるので，自己答責は認められる。これに対して，自己危殆者の弁識能力が低下しているとき，危険をもはや正しく予測していないので，自己答責性は認められない）；*ders.*, Anm. zum Urteil des BGH v.5.7.1983, NStZ 1984, 70, 71；*R. Zaczyk*, Strafrechtliches Unrecht und die Selbstverantwortung des Verletzten, 1993, 36 f.
[39] *Kühl*, (Fn. 4), §4 Rn 88；*Satzger*, (Fn. 19), 700；*Wessels/Beulke/Satzger*, (Fn. 4), §6 Rn 265f.
[40] *Kindhäuser*, (Fn. 22), §11 Rn 28；vgl. *Rengier*, (Fn. 32), §13 Rn 80.
[41] *Kienapfel/Höpfel/Kert*, (Fn. 11), Z 27 Rn 8；*Krey/Esser*, (Fn. 24), §11 Rn 363；*Kühl*, (Fn. 4), §4 Rn 88；*Steininger*, (Fn. 2), 9. Kap Rn 14；*R. Rengier*, Strafrecht BT Ⅱ, 8. Aufl. 2007, §8 Rn 23；*Wessels/Beulke/Satzger*, (Fn. 4), §6 Rn 267.
[42] 例えば，残酷な陵辱を受けた女性が，さらなる性的虐待を免れるため，ショック様のパニックに陥った状態で4階の窓から飛び降りて重傷を負ったという場合，行為者に客観的帰属ができ，強姦致傷罪が成立する。OGH 4.5.1995, JBl 1996, 804；vgl. *Kienapfel/Höpfel/Kert*, (Fn. 11), Z 27 Rn 8（甲がかねてから乙を打ちのめそうと思っていたところ，路上で乙に出くわしたとき，強烈なこぶし打ちを一発見舞した。乙は甲がこれでよしとするつもりの無いことに気づき，パニックに陥った。乙はくるりと向きを変えて，道路を渡り逃げようとした。乙は自動車にはねられ，死亡したという場合。乙は逃走行為によって自分を危険に曝したが，この自己危殆化はパニックの性質をもつ反応に基づく。甲には傷害致死罪が成立する）。*Heinrich*, (Fn. 4), §28 Rn 1048.

にも危険を大きくした場合，自己答責性は認められない[43]。

　行為者がその有する優越的知識の故に危険をより良く把握している場合にも自己答責性は認められないと解されるのが一般的である[44]が，行為者の認識は故意，過失に関する検証の段階で扱われる事柄である。共犯理論の類推から，被害者の認識と行為者の認識を比較して，被害者の危険認識が行為者のそれと等しいときは自己答責性が認められ，被害者の危険認識が行為者の危険認識に劣るときはいわば間接正犯者として振舞う行為者の道具と見られるべきだという見解には疑問がある。被害者の危険認識が自己答責性を認めるのに十分か否かは行為者の危険認識とは関係なく判断されるべきである。例えば，甲は，隣人乙に飼育箱にいる蛇の世話をしてくれるように頼んで，

---

[43] BGHSt 53, 288〔コカイン事件〕(甲はコカインを使用する目的で知り合いの売人乙に助力を求めた。乙は甲に一人分を譲渡した。甲はそれをコカインだと思ったが，しかし，実際には，乙がその在庫品を取り違えて甲により危険な純粋のヘロインを渡したのだった。甲はこの使用に因って死亡した。乙は注意を払っておれば取り違えをしなかっただろうし，甲の生命への危険も認識できただろう。乙には過失致死罪が成立する)。本事案は錯誤の例でもある。vgl. *Kühl*, (Fn. 4), §4 Rn 88; *Wessels/Beulke/Satzger*, (Fn. 4), §6 Rn 270 ff.
　これに対して，法益保持者と自己危殆化に関与する者が広く情報を共有しているとき，両者が危険の認識可能性を尽くしていなくとも，自己答責性が認められる。BGH NStZ 2011, 341（医師甲は，ドイツでは承認されていない治療法（いわゆるプシュヒョリューゼ）を採用する集団治療の参加者に，精神の無意識内容に達することができるように，しかし，誤って10倍も高濃度の禁制薬物MDMAを提供した。患者乙はその薬物を使用した後死亡した。甲は傷害致死罪については無罪。「集団治療参加者全員が麻酔剤MDMAを認識と意欲をもち自己使用した。甲がその麻酔剤の量を決め，一人分当りの量を自ら量ったという事実にもかかわらず，服用に関する最終的決定は一切の制限無く患者たちにあった」。しかし，過失致死罪は成立する。「甲は誤った配量によって生ずる著しい危険増加を認識しなかったから，集団療法の参加者達に過失の作為によって惹起された錯誤がある」からである)。vgl. *Krey/Esser*, (Fn. 24), §11 Rn 361; *Kühl*, (Fn. 4), §4 Rn 88; *Wessels/Beulke/Satzger*, (Fn. 4), §6 Rn 271.

[44] 例えば，薬物依存者の甲が乙になんとしてでも「薬物」を入手してほしいと依頼する。乙が売人からヘロインを入手する。乙はそれが品質のそれほど良くない物であることを認識しているが，甲にそのことを言わなかった。甲はそのひどく汚染されたヘロインを使用したことに因り死亡したという場合。*Wessels/Beulke/Satzger*, (Fn. 4), §6 Rn 269.
　Vgl. BGH Beschluss vom 16.01.2014-1 StR 389/13（医師甲はヘロイン依存者乙に事前に注意深く診察することも無くフェンタニュール硬膏を処方したところ，乙はこの硬膏を煮沸し作用物質を抽出し，それを過剰摂取して死亡したという事案。乙がフェンタニュールの取り扱いに不慣れな患者であるなら，他者危殆化の事例と云えようが，知識格差を認定するには，甲の知識と乙の知識を比較する必要がある。その際考慮に入れるべきは，乙は長い常用癖を有し，薬物使用が健康に与える危険，殊に，過剰量の危険を含めて知っていたことである。このことは，甲に知識支配がなく，乙の自己危殆化が認められることを意味する)。

夏季休暇旅行に出かけたが、乙は餌を与えるときにその蛇にかまれて死亡したのだが、甲はその蛇を購入したばかりで、しかも軽率にも毒蛇だったことを知らなかったという場合、甲の認識状態とは関係なく、乙には危険認識がないので自己答責性は認められず、甲には注意義務違反があれば過失致死罪が成立する[45]。

Ⅵ 自己答責的自己危殆化と了解的他人危殆化の区別

自己答責的自己危殆化（Eigenverantwortliche Selbstgefährdung）は**了解的他人危殆化**（Einverständliche Fremdgefährdung）から区別される。その区別の規準は誰が決定的な最終段階において危険な行為を支配しているかにある。すなわち、自己答責的自己危殆化の場合、自己を危殆化する者がその無条件の自律性によって出来事を支配しているのに対して、了解的他人危殆化の場合、被害者は了解した上で行為の自律性を第三者に与え、被害者はこの者によって危殆化されることを認識しているのである。主導権は被害者から行為者に移るが、両者の認識状態、とりわけ、危険要因に関するそれは等しい[46]。甲が乙に調達してもらった薬物をその危険性を認識しながら自己注射して死亡したとき、乙は甲の自己使用を支援したに過ぎない場合が前者の例であり、甲が薬物の危険性を認識しながら同じくその危険性を認識している乙に注射してもらい死亡した場合が後者の例である[47]。

了解的他人危殆化の場合でも客観的帰属の否定される場合があるのではないかということが問題とされる。すなわち、自己答責的自己危殆化を客観的帰属の問題として捉え、了解的他人危殆化を被害者の承諾の問題として捉え、

---

[45] *Kindhäuser*, (Fn. 22), § 11 Rn 30 ; *I. Puppe*, NomosKommentar Strafgesetzbuch, Bd. 1, 4. Aufl., 2013, Vor §§ 13 ff. Rn 197.
[46] *Steininger*, (Fn. 2), 9. Kap Rn 15.
[47] 自己危殆化と他人危殆化の区別が難しいことから、様々な見解が展開される。「自己答責原理」に焦点を合わせて、この区別を認めない見解（*C. Meliá*, Opferverhalten und objektive Zurechnung, ZStW 111 (1999), 357)、「答責割り当て規準」によって区別し、「被害者が自由答責的に、自己決定の危険と射程距離を完全に認識して危険状況に陥ったか否か」に焦点を合わせる見解（*H. Otto*, Anm. zum Beschluß des BayObLG, JZ 1997, 522, 523）もある。

正当化事由の領域で扱うのは図式的に過ぎるのではないかというのである。例えば，甲が乙に制動機に欠陥のあるモーターバイクを譲り渡す。乙はそのことを完全に知っている。乙はそれを運転して事故を起こし負傷する。乙は自己答責的に自らを危険に曝したのである。甲の客観的行為帰属はできない（自己答責的自己危殆化の事例）[48]。これに対して，例えば，甲が制動機に欠陥のあるモーターバイクの後部座席に乙を乗せて運転し，事故を起こし，その欠陥のあることを知っていた乙が負傷したとき，乙は甲の支配下にある（了解的他人危殆化の事例）。しかし，この了解的他人危殆化の場合に，乙はわざわざ自分自身を危険な運転に巻き込まれるようなことをする必要はなかったのだと思われるとき，了解的他人危殆化も場合によっては自己答責的自己危殆化と同様な扱いが可能ではないかというのである。その判断基準として，危険に曝される者が危険に曝す者と同程度に状況を見通していること，損害が冒された危険の結果であって，さらに付け加わる他の過誤の結果でないこと，危険に曝された者が共働の作為に対して危険に曝す者と同じ答責のあることが挙げられる[49]。運転者を超過速度運転へとせかした同乗者が超過速度運転に因

---

[48] Vgl. BayObLG NJW 1996, 3426; *Steininger*, (Fn. 2), 17. Kap Rn 20.
[49] *Roxin*, (Fn. 1), § 11 Rn 123f.; *ders.*, Zum Schutzzweck der Norm bei fahrlässigen Delikten, in: Gallas-FS, 1973, 241, 252; *ders.*, Anm. zum BGH, Urt. v. 14.2.1984, NStZ 1984, 410, 412; vgl. *Burgstaller*, (Fn. 6. Fahrläs.), 170; *Schütz*, (Fn. 6), 181. もっと狭く限局するのが，*Dölling*, (Fn. 38), 91「所為が被害者の意思と一致するなら，それで一般的には，自己決定という重要な価値に鑑み既にそれだけで承諾による正当化に十分であるが，この一致があっても，生命という高い序列にある法益の故に，正当化されるのは，自己決定の価値が所為によって追求される目的と一緒になって生命の危険を凌駕するときにだけ正当化される」。
　オットーは自己答責原理の観点からは，自己答責的自己危殆化と了解的他人危殆化の区別は無意味であると説く。「自己答責に且つ危険状況を完全に認識して危険状況に赴くものは，自己の決定の帰結も引き受けるのであり，第三者に刑法上の責任を負わせることはできない。第三者が危険の現実化に関与していても，自己答責者は第三者のこの現実化に対する答責を不可能にする」。例えば，酩酊状態で運転能力を失っている甲が，その状態を知りながら同乗をせがむ乙を同乗させて貨物自動車を運転したところ，運転無能力のため事故を起こし，乙は死亡したという場合，自己危殆化，他人危殆化という区別は形式的であって，事態の答責問題の解決には適さない。重要なことは，甲が危険の原因と成っていることでなく，乙がいかなる危険状況に赴くかを知っていることである。乙は危険を余すところ無く認識していたのであるから，**乙の自己答責的自己危殆化**がある。*H. Otto*, Grundkurs Strafrecht AT, 7. Aufl., 2004, § 6 Rn 62; *ders.*, Eigenverantwortliche Selbstschädigung und -gefährdung sowie einverständliche Fremdschädigung und -gefährdung, in: Tröndle-FS, 157, 169 ff.; vgl. *B. Schünemann*, Moderne Tendenzen in der Dogmatik der Fahrlässigkeits- und Gefährdungsdelikte, JA 1975, 715, 722 f.

る事故で負傷した場合，運転者は不処罰であるとされるのである[50]。もっとも，この規準が一般的に妥当であるとしても，その具体的適用に当っては注意を要する。運転者を超過速度運転へせかした同乗者が超過速度運転に起因する事故で負傷した場合，運転者は不処罰である[51]とされるのには問題があること，それは同乗者の答責が，自動車を結局のところまさしく単独で運転している運転者の答責と同じとはいえないと思われるからである[52]。また，アルコールの影響で運転能力の低下している状態の者に，その状態を知りながら乗せてくれるように頼む者も，その規範の保護目的からはずす[53]ことにも疑問があるように思われる。同乗者は，運転者が自分の状態にあった運転をしてくれるように信頼してよいと思われるからである[54]。結局，自動車交通における安全確保に関する規範の重要性に鑑みるとき，規範の保護目的を狭めることには問題がある[55]。

　自己答責的自己危殆化と了解的他人危殆化の区別が困難な場合もある。例えば，エイズヴィルス非保菌者が，その相手がエイズウイルス保菌者であることを知りながら無防備の性交渉をもつといった場合である。両当事者が同じ危険認識を有するとき，非感染者は自発的に危険に陥るのであり，危殆化行為を決定的に共働支配しているので，自己危殆化と捉えるのが適切だとする見解[56]，及び，感染の危険は既に感染している者に由来するから，他人危殆化であると捉える見解[57]がある。出来事が両当事者によって担われているとき，他の当事者も事態とそのありうる結果を知っていても，行為の帰属を肯定することには疑問がある。両当事者のいずれにも出来事の進行過程を止める可能性があるので，非感染者の自己答責的決定を無視したくないなら，その自己危殆化から出立せざるを得ない。すなわち，感染者が非感染者に自己の病気を打ち明けた場合には，非感染者の自己答責を認めて感染者の行為帰

50　*Roxin*, (Fn. 49. Schutzzweck), 252 f. これに対して，誰が行為支配をしているかによって自己答責的自己危殆化と了解的他人危殆化を区別しながら，同一の行為が両方に当る場合があるとすることは不可能であると指摘するのが, *Kindhäuser*, (Fn. 22), § 12 Rn 70 ; *Krey/Esser*, (Fn. 24), § 17 Rn 673.
51　*Roxin*, (Fn. 49, Schutzzweck), 252 f.
52　*Burgstaller*, (Fn. 6. Fahrlä.), 170.
53　*Roxin*, (Fn. 49. Schutzzweck), 253.
54　*Zaczyk*, (Fn. 38), 59 ; a. A. *Roxin*, (Fn. 1), § 11 Rn 135.

属を否定しても良い。しかし，自己の病気を告げずに性交渉に及ぶときは常に他人危殆化と捉えるのも行き過ぎであろう。感染者が医学的に推奨される感染予防用品を使用した上で性交渉に及ぶとき，それでも，危険性は残るも

---

[55] *Burgstaller*, (Fn. 6. Fahrlä.), 170 f. これに対して，了解的他人危殆化は被害者の承諾の特別の場合であるとして，被害者は結果の発生を承諾していないが，行為者による危険創出を認識しながら，危険な企てに係りあう場合，被害者が行為者の注意義務違反によって創出された危険を認識しているとき，過失犯の違法性は阻却されると解するのが，*Heinrich*, (Fn. 4), § 28 Rn 1020; *Kindhäuser*, (Fn. 22), § 12 Rn 71; *Kühl*, (Fn. 4), § 17 Rn 83; *Rengier*, (Fn. 41), § 20 Rn 12; *Wessels/Beulke/Satzger*, (Fn. 4), § 6 Rn 274; OLG Zweibrücken, JR 1994, 518（ステーションワゴンの安全帯の具わっていない荷物置き場に同乗させてもらった事案。同乗者は運転者と同じくらい危険性を認識していた）。これに対して，了解的他人危殆化は許された危険の故に義務違反性に欠けると主張するのが，*Krey/Esser*, (Fn. 24), § 17 Rn 675.

ドイツの裁判例は一般に，了解的他人危殆化の場合にも他人傷害への承諾を適用し，承諾の阻害規準として刑第216条，刑第228条をもち出すので，生命に危険のある了解的他人危殆化の承諾は無効だとする。BGHSt 53, 55; OLG Düsseldorf NStZ-RR 1997, 325.

参照，千葉地判平成7・12・13（前掲注11）〔ダートトライアル走行について初心者のレベルにある被告人は，7年くらいのダートトライアルの経験を有する者を同乗させ，ダートトライアル競技の練習走行中，高速のまま進行したため下り坂の急カーブを曲がり切れずコース端の防護柵に激突・転覆させ，柵の支柱が助手席に入ってきて当った同乗者を死亡させたという事案。業務上過失致死罪は不成立・無罪〕。本判決は，被害者の「危険引き受け」と「行為の社会的相当性」を違法性阻却事由として位置づけている。先ず，被害者の**危険引き受けの問題**について次のように説示する。「ダートトライアル競技には，運転技術等を駆使してスピードを争うという競技の性質上，転倒や衝突等によって乗員の生命，身体に重大な損害が生じる危険が内在している。その練習においても，技術の向上のために，競技に準じた走行をしたり，技術の限界に近い運転を試み，あるいは一段上の技術に挑戦する場合があり，その過程で競技時と同様の危険が伴うことは否定できない。ところで，練習走行に同乗する場合としては，①上級者が初心者の運転を指導する，②上級者がより高度な技術を修得するために更に上級の者に運転を指導してもらう，③初心者が上級者の運転を見学する，④未経験者が同乗して走行を体験する等，様々な場合があるようである（……）。これらのうち，少なくとも，①②のような場合では，同乗者の側で，ダートトライアル走行の前記危険性についての知識を有しており，技術の向上を目指す運転者が自己の技術の限界に近い，あるいはこれをある程度上回る運転を試みて，暴走，転倒等の一定の危険を冒すことを予見していることもある。また，そのような同乗者には，運転者への助言を通じて一定限度でその危険を制御する機会もある。したがって，このような認識，予見等の事情の下で同乗していた者については，運転者が右予見の範囲内にある運転方法をとることを容認した上で（技術と隔絶した運転をしたり，走行上の基本的ルールに反すること――前車との間隔を開けずにスタートして追突，逆送して衝突等――は容認していない。)，これに伴う危険（ダートトライアル走行では死亡の危険を含む）を自己の危険として引き受けたとみることができ，右危険が現実化した事態については違法性の阻却を認める根拠がある」。「被告人は……ハンドルの自由を失って暴走し，本件事故を引き起こしているが，この経過は被害者が引き受けていた危険の範囲内にあり，他方，その過程に被告人の重大な落ち度があったとまではいえない」。本件については違法性阻却が考えられる。本判決は，次に，被害者を同乗させた**本件走行の社会的相当性**について検討する。「ダート

のの，許された危険として行為の客観的帰属は否定されるべきである。これに対して，感染者がかかる予防措置をとらないとき，非感染者の感染の危険に関する認識はいまだ観念的に止まり，感染者のそれは具体的且つ確実な認識であるので，行為の客観的帰属は可能である[58]。

なお，自己危殆化という行為関係的検証と区別されるべきなのは，被害者

> トライアル競技は既に社会的に定着したモータースポーツで，JAFが定めた安全確保に関する諸ルールに従って実施されており，被告人の走行を含む本件走行会も一面右競技の練習過程として，JAF公認のコースにおいて，車両，走行方法及び服装もJAFの定めたルールに準じて行われていたものである。そして，同乗については，競技においては認められておらず，その当否に議論のありうるところではあるが，多面，競技においても公道上を走るいわゆる『ラリー』では同乗者が存在しており（……），また，ダートトライアル走行の練習においては，指導としての意味があることから他のコースも含めてかなり一般的に行われ，容認されてきた実情がある。競技に準じた形態でヘルメット着用等をした上で同乗する限り，他のスポーツに比べて格段に危険性が高いものともいえない。また，スポーツ活動においては，引き受けた危険の中に死亡や傷害が含まれていても，必ずしも相当性を否定することはできない。これらの点によれば，被害者を同乗させた本件走行は，社会的相当性を欠くものでない」。本判決は，最後に要約して，「本件事故の原因となった被告人の運転方法及びこれによる被害者の死亡の結果は，同乗した被害者が引き受けていた危険の現実化というべき事態であり，また，社会的相当性を欠くものではないといえるから，被告人の本件走行は違法性が阻却されることになる」と説示した。
> 本判決は，「被害者の危険引き受け」という視点から，被告人の行為の違法性阻却を認めたが，身体への危険性の承諾が身体傷害の承諾を含むことはないし，ましてや死という結果の承諾を含むことはない。仮に死の承諾があっても，生命は被害者の処分できない法益である。しかし，社会的相当性という観点から見ると，ダートトライアルは社会的に認められたスポーツ競技であり，練習走行にあたり指導的立場にある同乗者もこれに伴う不可避的危険を認識しており，しかも，結果がこの危険の範囲内で生じたとき，当該運転は規範的危険の否定される行為（社会的相当行為）であるといえる。これに対して，参照，林幹人『刑法総論』［第2版］2008・174頁以下は，危険の引き受けを「被害者の承諾」で捉え，「被害者が，たとえ，その可能性が低く，また，抽象的なものであっても，結果発生の可能性を認識しており，それにもかかわらず，彼自身の意思により，自由に，その危険に同意した」場合，**構成要件該当性を否定**する。浅田和茂『刑法総論』2005・210「本件は，通常の暴走では，防護柵により，死亡事故は発生しないと考えられていたことからすると，むしろ，予見可能性がなかったことにより，過失犯が成立しない事案であったように思われる」。客観的帰属論から捉えるのが，塩谷毅『被害者の承諾と自己答責性』2004・240頁以下，山中敬一『刑法総論』［第3版］2015・433頁以下。

[56] *Rengier*, (Fn. 41), § 20 Rn 6；*Wessels/Beulke/Satzger*, (Fn. 4), § 6 Rn 274；*J. Wessels, M. Hettinger*, Strafrecht BT 1, 36. Aufl., 2012, § 5 Rn 270；*W. Frisch*, Riskannter Geschlechtsverkehr eines HIV-Infizierten als Straftat?, JuS 1990, 362；vgl. BayObLG NStZ 1990, 81（HIV保菌者と自己答責的に無防備の性交渉をもつ場合，他人の自己危殆化に関与する者は不処罰）。

[57] *Roxin*, (Fn. 1), § 11 Rn 133；*U. Hellmann*, Einverständliche Fremdgefährdung und objektive Zurechnung, in：Roxin-FS, 2001, 271, 273.

[58] *Kühl*, (Fn. 4), § 4 Rn 90.

が事後の過誤行為により自己の法益を決定的に悪化させた場合である。この問題は実質的不法帰属の領域における結果帰属に関係する[59]

---

[59] Vgl. *Steininger*, (Fn. 2), 9. Kap Rn 15.

第2章　自律性原理と被害者の承諾

I　概説

　承諾とは認識をもって法益を放棄することによって包括的に権利保護を放棄することを意味する[1]。それは端的に，ラテン語の法格言，「自己の事柄に自ら不利益を望む者には，不法は生じない（Volenti non fit injuria）」で言い表される。その背後にある思想は，人の自己決定，つまり，**自律性原理**（Autonomieprinzip）であるが，それは同時に**自由主義**に立脚する法秩序の表れでもある。人は財の処分を通して自己の自由を実現できる。処分の一つのありようとして自己の財の破壊もある。それは単に恩恵として認められるに過ぎないというものではない。自由主義に立脚する法秩序においては，自己の利益に関する評価は基本的に法益保持者の自由な決定にある[2]。すなわち，「承諾の承認は憲法の諸原則それ自体から導出できるし，承諾の承認ということの中に国と個々の市民の関係に関する法共同体の基本決定を見ることができる」ということである[3]。

　被害者の承諾は，法秩序が個人に与える処分自由に関係している。この点で，処分できる法益と処分できない法益に分けられる。たいていの個人的法益は少なくとも基本的には処分可能である。例えば，法益保持者は自分の財産，名誉それに意思自由を放棄できる。しかし，自由主義的な把握方法が無

---

[1] *Kienapfel/Höpfel/Kert*, (I-11), E 1 Rn 61 ; *Steininger*, (Fn. I-2), 11. Kap Rn 89 ; vgl. H. *Hinterhofer*, Die Einwilligung im Strafrecht, 1998, 14 ff.
[2] *Fuchs*, (I-17), Kap 16 Rn 13 ; *Steininger*, (I-2), Kap 11 Rn 89 ; *P. Lewisch*, Wiener Kommentar zum Strafgesetzbuch, 2. Aufl., 2005, Nachdem zu § 3 Rn 213.
[3] H. *Zipf*, Die Bedeutung und Behandlung der Einwilligung im Strafrecht, ÖJZ 1977, 379 ff., 380 ; *ders.*, (I-11), 32.

限定に妥当するわけではない。いかなる法秩序も一定の限界を設け，そこから個人は自己の権利をもはや自由に処分できないようにしている。例えば，人の生命は処分できない（刑202条：自殺関与罪，同意殺人罪）。その他，13歳未満の者に対する強制わいせつ罪（刑第176条後段）や13歳未満の者に対する強制性交等罪，未成年者略取・誘拐罪（刑第224条）では，初めから自律的意思決定能力が否定されるので，当人の承諾は例外なく無効であり，したがって，当人はその意思に反しても保護される。

　自己の利益の自発的放棄の思想は法理論的には**犯罪概念全体**に影響を与える。当人の承諾があれば，多くの場合，すでに**構成要件該当性**が否定される。先ず，**消極的に規定された構成要件要素**がある，つまり，明文で当人の承諾なき行為が要求されている場合がある[4]。刑法第215条（不同意堕胎罪），刑法第216条（不同意堕胎致傷罪）は被害者の同意なき行為を要求している。同意があれば，同意堕胎罪（刑第213条，刑第214条）の適用がある。

　次に，**積極的に規定された構成要件要素**によっては，その解釈上，**当人の意思に反した行為**（少なくとも被害者の意思なしに）が前提とされているものがある。意思自由に対する犯罪，例えば，刑法第225条（営利目的等略取及び誘拐罪）では，略取・誘拐という概念は当人の意思に反してしか考えられないし，刑法第223条（強要罪）についても同様である。刑法第130条（住居侵入罪）の場合，居住者の同意を得てその住居に入る行為は「侵入」とはいえない。刑法第235条（窃盗罪）の「窃取」，刑法第246条（詐欺罪）の「欺く」（＝欺罔）についても，被害者が「窃取」を了解していたとか，「欺罔」を見破っていたとき，こういった構成要件要素は充足されないのである。これらの犯罪類型では，刑法上重要な法益侵害は被害者の意思に矛盾しているところにある。その限りで，当人の意思に反していることが不法の積極的要素を構成する[5]。

　こういった犯罪では，当人の承諾がすでに構成要件該当性を否定する効果を有するため，構成要件阻却の**了解**（**合意**）（Einverständnis）という表現が用いられる。これに対して，他人を救うために自分の生体の一部を犠牲にする（臓器提供）場合のような身体の無傷性にかかわる個人的法益は限定的にしか処

---

[4] *Steininger*, (Fn. Ⅰ-2), Kap 11 Rn 90.
[5] *Jescheck/Weigend*, (Fn. Ⅰ-20), §34 Ⅰ 1b；*Steininger*, (Fn. Ⅰ-2), Kap 11 Rn 90.

分可能でない。その保護には一般社会も利益をもつのである。したがって，ここでは被害者の**承諾**（Einwilligung）の**正当化根拠**及び**正当化の範囲**が問題となる[6]。

法益保持者が自己の権利の侵害を了解しただけでなく，自らも自己の法益への侵害行為を行うとき（**自発的自己危殆化**），基本的に関与する第三者は構成要件の次元で客観的注意違反行為が存在しないため不処罰である（第1章参照）。

最後に，被害者の了解は法理論的には**責任**にも表れる。責任は常に不法に関係しているからである。特別の場合には，行為者の行為の動機が，被害者によって意欲された不利益を理解していることの表れでなければならない。例えば，刑法第202条（同意殺人罪）は基本犯である殺人罪（刑第199条）の減軽類型である。被害者の同意には2面性がある。その一は，「私は死にたい」ということであり，これが不法減少に繋がる。その二は，「私を殺せ」ということであり，これが責任減少に繋がる。すなわち，自己決定能力のある者の同意（嘱託・承諾）は不法減少と責任減少をもたらすのである。不法の内実が減少するのは，法益主体の個人がその生命維持に利益を有するのであるが，同時に，社会（法共同体）も第三者によって生命が侵害されることの無いことに利益を有する。同意があることによって後者の利益だけが残るので，不法の内実が減少するのである。責任の内実が減少するのは，被害者の同意が行為者の動機に影響を与え，その動機がそれほど非難に値しないと云えるからである。すなわち，被害者の同意があれば，行為者の類の，しかも法に誠実な人であっても，行為者の状況におかれたならば，やはりこういった決定をしただろうと云える場合である。したがって，被害者の嘱託には少なくとも真摯性が必要であるし，被害者の承諾もその内実において嘱託に等しい場合に限定されることになる[7]。

---

[6] *Fuchs*, (Ⅰ-17), 16. Kap Rn 2 ff.; *Hinterhofer*, (Ⅱ-1), 59 ff.; *Jescheck/Weigend*, (Fn. Ⅰ-20), § 34 Ⅰ 1c; *Kienapfel/Höpfel/Kert*, (Fn. Ⅰ-11), E 1 Rn 60.
[7] Vgl. *R. Moos*, Wiener Kommentar zum Strafgesetzbuch, 2. Augl., 2002, § 77 Rn 8, 36; *ders.*, Die vorsätzlichen Tötungsdelikte im neuen Strafrecht, LJZ 1991, 9, 17 f.
ドイツ刑法は「明示性」と「真摯性」を要求しているが，オーストリア刑法とスイス刑法は「真摯性」と「心迫性」を要求している。スイス刑法は，「尊敬に値する動機から，殊に，哀れみから」を要求することによって，積極的安楽死への適用を可能としている。参照，ド

Ⅱ　ドイツ語圏の承諾に関する法制度

(a)　ドイツ

ドイツでは，承諾は実定法において定められた正当化事由ではないが，慣習法として承認されている。それでも刑法は1933年の改正で傷害罪に関して特別の規定を設け，これが現行刑法第17章（傷害）第228条（被害者の承諾）「被害者の承諾を得て傷害を加えた者は，その所為が承諾の存在にもかかわらず善良な風俗に違反するときに限り，違法に行為したものとする」に繋がり，傷害者の同意があれば傷害は原則として違法でないことが明記された。本条は慣習法上認められてきた正当化事由の限界を定めたものに過ぎず，「承諾」という正当化事由そのものを定めたものではないが，この規定から被害者の承諾は他の個人法益に向けられた犯罪でも違法性阻却事由であると解されるのが一般的となった[8]。しかし，承諾を構成要件阻却事由と解する少数有力説も見られる。承諾の不存在をいわば特別の消極的構成要件要素と捉え，したがって，承諾がある場合は構成要件該当性を否定するのである。処分可能な個人法益では，本来的法益は客体の無傷性でなく，権利者の法益に対する自律的支配であるというがその理由である[9]。なお，憲法上，承諾は基本法第2条第1項（人格の自由な発展）「各人は，他人の権利を侵害せず，かつ，憲法的秩序又は道徳律に違反しない限り，その人格の自由な発展を目的とする権利を有する」から導出される自己決定権に基礎を有しているとされる[10]。

イツ刑法第216条（要求に応じた殺人）「ある者が，殺人の被害者の明示の且つ真摯な要求によって，殺害を決意したときは，6月以上5年以下の自由刑に処する」。オーストリア刑法第77条（要求に応じた殺人）「他人の真摯且つ心に迫る要求に応じてこれを殺した者は，6月以上5年以下の自由刑に処する」。スイス刑法第114条（要求に応じた殺人）「尊敬に値する動機から，殊に，哀れみから他人をその真摯な且つ心に迫る要求に応じて人を殺した者は，3年以下又は罰金刑に処する」。

[8]　*Kühl*，（Ⅰ-4），§9 Rn 20.
[9]　*A. Eser, B. Burkhardt*, Strafrecht I, 4. Aufl., 1992, Nr. 13 A Rn 2；*R. Maurach, H. Zipf*, Strafrecht AT, Bd. 1, 6. Aufl., 1983, §17 Rn 32 ff.；*Roxin*, (Fn. Ⅰ-1), §13 Rn 12 ff.；*Th. Weigend*, Über die Begründung der Straflosigkeit bei Einwilligung, ZStW 98 (1986), 47.
[10]　*Kühl*，（Ⅰ-4），§9 Rn 20.

(b) オーストリア

オーストリアでも，被害者の承諾が一般的に違法性を阻却することを定めた規定はない。立法者は承諾を詳細に規定することを避け，その発展を学説・判例に委ねたのである。それでも，刑法が承諾を基本的に認めていることに疑いはない。各則に，第77条（要求に応じた殺人），第78条（自殺関与）の規定があり，これらは生命が法益主体の自由にならないことを定めている。殊に，刑法第90条（被害者の承諾）第1項が，「傷害又は身体の安全の危殆化は，被害者又は危険に曝された者がそれに承諾し，かつ傷害又は危殆化そのものが良俗に反しないときは，違法でない」と定めているが，この「良俗違反性」という文言から，本規定は，法益が保護された状態そのものにあり，この状態への権利者の自律的支配にあるのではないと解されている。すなわち，傷害や身体の安全の危殆化への権利者の承諾は法益ないし損傷それ自体を除去するものではない。また，本規定及びその他の各則の諸規定から，被害者の承諾が一般的に書かれていない正当化事由であることも導出される。すなわち，傷害への承諾が正当化効果を有するなら，ますます他の個人法益への承諾も正当化効果を有すると解されるのである。その背後にあるのが，個人の自己決定権である。オーストリア刑法にはドイツ刑法，スイス刑法に見られない規定として，第110条（専断的治療行為）の規定がある[11]。

---

[11] Vgl. *M. Burgstaller, H. Schütz*, Wiener Kommentar zum Strafgesetzbuch, 2. Aufl., 2004, § 90 Rn 17 ; *Fuchs*,（Ⅰ-17), 16. Kap Rn 6 ; *Lewisch*,（Fn. Ⅱ-2), Nachbem zu § 3 Rn 216. もっとも，構成要件阻却説（少数説）も見られる。ツィップに依れば，法益保持者が処分可能な法益につき有効な放棄の意思表示をしたとき，構成要件的結果の不法が実現されていない。処分可能な法益を保護する構成要件が充足されるのは，行為が法益保持者の意思に反している場合である。法益はまさに法益保持者を考慮して保護されるからである。身体の無傷性は専ら個人の処分に委ねられた法益ではないので，2段階の評価を要する。法益保持者の有効な承諾があること（構成要件の段階）と良俗性に違反していないこと（違法性の段階）。*Zipf*,（Fn. Ⅱ-3), 381 ; *ders*.,（Fn. Ⅰ-11), 28 ff.

参照，オーストリア刑法第90条「②医師により人に対してその者の承諾を得て行われた避妊手術が，その者がすでに25歳に達しているか又は侵襲が他の理由から良俗に違反しないとき，違法でない。③性的感覚の持続的損傷を招来するのに適した，性器の切断その他の傷害を承諾することはできない」。なお，ドイツでは，2013年9月24日の「第47次刑法改正法」が第226a条（女性器の切断）を新設した。「①女性の外性器を切断する者は，1年以上の自由刑に処する。②それほど重くない場合には，6月以上5年以下の自由刑に処する」。

(c) スイス

スイスでも，承諾者が法益処分の権能を有しているとき，法益主体の承認が不法を阻却することは判例，学説において一般に承認されている。被害者の承諾はその実践的重要性を一般に承認されていることから慣習法とされているが，超法規的正当化事由としても位置づけられている。2002年の刑法改正は，承諾の射程距離が不明確すぎることを理由に，承諾の法制化を断念したが，それはどうにも理解し難い理由だとも評されている[12]。

III 承諾の効果根拠

1 モデル論的考察（ドイツ語圏の学説状況）

伝統的見解は，ゲールツの博士号請求論文『被害者の承諾と了解』[13]以来，被害者の同意を，概念上被害者の意思に反する又は意思無しの行為を前提とする構成要件における構成要件不該当の了解とそれ以外の場合の不法阻却の承諾に分けてきた（区別説）のであるが，1970年以降，ドイツ語圏刑法学では**「人的法益理解」**を背景に，権利者の同意の全てに，もともと不法阻却の効果を与えるのでなく，構成要件不該当の効果を与える説が有力に主張されるようになった。この論争は個人法益の内容に関する理解の相違に決定的に依存している。そこで，以下，レンナウ[14]に依拠して，ドイツ語圏刑法学の理論状況に関する3個の基本モデルを見てみよう。

(a) 衝突モデル

この伝統的見解は**静的な法益理解**を基礎にして，構成要件の段階で，人の

---

[12] Vgl. *A. Donatsch, B. Tag*, Strafrecht I, 8. Aufl., 2006, § 22 2 ; *F. Riklin*, Schweizeirisches Strafrecht AT I, 2. Aufl., 2002, § 14 Rn 55 ; *K. Seelmann*, Basler Kommentar Strafrecht I, 3. Aufl., 2013, Vor Art. 14 Rn 6 ; *G. Stratenwerth*, Schweizerisches Strafrecht AT I, 4. Aufl., 2011, § 10 Rn 3.

[13] *F. Geerds*, Einwilligung und Einverständnis des Verletzten, 1953, 88 ff. ; *ders.*, Einwilligung und Einverständnis des Verletzten im Strafrecht, GA 1954, 262. ゲールツの見解について，山中敬一「被害者の同意における意思の欠缺」関西法学33・3＝4＝5合併号・1983・271頁，275頁以下。

[14] *Th. Rönnau*, Leipziger Kommentar StGB, 12. Aufl., Bd. 2, 2006, Vor § 32 Rn 149 ff. ; *ders.*, Die Einwilligung als Instrument der Freiheitsbetätigung, JURA 2002, 595 ff.

身体，物の所有権といった法益——より精密には法益客体——がその無傷性において保護されるのであって，これらの財を扱う自律性が保護されるのではないと論ずる。これらの財を一定の範囲内で処分できる自由は，違法性の段階で初めて顧慮される。この分離の帰結が衝突事態の発生である。すなわち，構成要件で保護される価値（身体の無傷性，所有権等）が処分自由との対立に陥るが，処分自由は正当化事由によって保護される。規範論理的に見ると，個々の構成要件の基礎にある禁止ないし命令規範が許容原則と衝突する。承諾がそれに設けられた限界内で衝突を解消するのであるが，それは行為規範が許容原則を前にして効力を失うからである（衝突モデル）。

承諾の正当化根拠については，衝突モデルの支持者の間でも見解が分かれる[15]。法益保持者の**利益放棄**[16]ないし**利益欠缺（欠如）**[17]にその根拠を求める古くからある見解があるが，近時は，自己決定権によって正当化される「**権利（法的）保護の放棄**」[18]に求める見解，「**規範による具体的保護の放棄**」[19]に求める見解がある。そのほか，**財衡量説**[20]がある。これに依れば，一方で，保護される法益ないし法益の維持に有する共同体の利益が，他方で，自由な法・社会秩序において同じく社会的価値として等級づけられるべき個人の自己決定権と衡量される。この衝突は，刑法第216条（要求に応える殺人罪），刑法第228条（承諾）の定める限界状況に至るまで，法益主体の行為自由に有利な形で解

---

[15] Vgl. *H.J. Hirsch*, Leipziger Kommentar StGB, 11. Aufl, Vor § 32 Rn 104.

[16] *R. v. Hippel*, Deutsches Strafrecht Ⅱ, 1930, § 19 Ⅱ 2；*R. Honig*, Die Einwilligung des Verletzten, 1919, 116 ff.；*F. v. Liszt, E. Schmidt*, Lehrbuch des Deutschen Strafrechts I, 1932, § 35 Ⅳ. 本説に近いのが，保護客体欠如説（構成要件該当の不法は権利者の処分自由への攻撃にもあるから，承諾があれば保護客体がなくなる）。*M. Marx*, Zur Definition des Begriffs „Rechtsgut", 1972, 62 ff., 67, 82 m. Fn 18.

[17] *E. Heinitz*, Das Problem der materiellen Rechtswidrigkeit, 1926, 42, 118；*Geerds*, (Fn. Ⅱ-13), 45；*ders.*, (Fn. Ⅱ-13. GA), 263；*ders.*, Einwilligung und Einverständnis des Verletzten im Strafgesetzentwurf, ZStW 72 (1960), 42, 43；*W. Gropp*, Strafrecht AT, 4. Aufl., 2015, § 5 Rn 76. 鈴木茂嗣『刑法総論』［第 2 版］2001・60 頁，平野龍一『刑法総論Ⅱ』1975・248 頁。

[18] BGHSt 4, 88, 90；17, 359；OLG Hamburg NJW 1969, 336, 337；KG JR 1954, 428「権利保護意思の放棄」；*Welzel*, (Fn. Ⅰ-7), § 14 Ⅶ2a

[19] *Hirsch*, (Fn. Ⅱ-15), Vor § 32 Rn 105；vgl. *K. Amelung, F. Eymann*, Die Einwilligung des Verletzten im Strafrecht, JuS 2001, 937, 939.

[20] *P. Noll*, Übergesetzliche Rechtfertigungsgründe, im besonderen die Einwilligung des Verletzten, 1955, 74 ff.；*ders.*, Tatbestand und Rechtswidrigkeit：Die Wertabwägung als Prinzip der Rechtfertigung, ZStW 77 (1965), 1, 14 ff.

消される。さらに，**折衷的見解**[21]も見られる。これによれば，法益主体が，自分にとってより価値のある利益を満足させるためには他の可能性がないということだけを理由に，自分の財を犠牲にするとき，承諾は正当化事由の特徴である**優越的対抗利益**の原則に帰することができる。

衝突モデル全般に対して次のような批判が加えられる[22]。①構成要件によって保護された個人法益の説明が適切でない。生命，身体の無傷性，所有権というような法益は「それ自体のために」あるいは社会にとっての価値の故に保護されるのではない。その価値はむしろ，行為自由の発展のための手段として法益主体が自由に処分できるところにある。そのことは，所有権という法益の場合，ドイツ民法第903条（所有権者の権能）「物の所有者は法律又は第三者の権利に反せざる範囲内に於て自由に物を処分し及び物に対する他人のすべての干渉を排除することを得」[23]からはっきりする。物の所有者はその人格の発展のために物を「自由に」処分できる。生命，身体も無傷性，所有権というような法益を法益主体の意識ないし意思と関連づけることなく法益を評価することは難しい。②衝突モデルは，処分可能な財を客体の利益と自由の利益に技巧的に分割するだけでなく，国からの干渉の危険を内蔵している。個人法益をそれだけであるいは少なくとも主としてその固有の価値の故にあるいは社会共同体のために保護する者は，個々人にその法益侵害への同意を禁止する根拠の水準を低下させる。というのは，本モデルに依れば，財はもともと個々人に帰属するのでなく，いわばその利用のために割り当てられるに過ぎず，したがって，承諾遮断を容易に根拠づけることができる。したがって，衝突モデルは，個人を自律的個人人格としてではなく，社会の一員としてのみ解釈する集団主義に傾く。

(b) **統合モデル**

本モデルに依れば，承諾はすべて構成要件阻却事由であり，同意をもって

---

[21] W. Mitsch, Rechtfertigung und Opferverhalten, 1991, 159 ff., 426 f., 639；J. Baumann, U. Weber u. W. Mitsch, Strafrecht AT, 11. Aufl., 2003, § 17 Rn 96 f.
[22] Th. Rönnau, Willensmängel bei der Einwilligung im Strafrecht, 1999, 34 f.；ders., (Ⅱ-14. Einwilligung), 596 f.
[23] 東季彦訳『全訳独逸民法』[第3版] 1935年。

他人の客体を扱うことは，法益主体のまったく普通の（社会的相当の）自由活動である。この個人主義的方法論の支持者は，個人法益の**機能的性格**を強調し，個人法益は，人が個人としての発展を基本的に求めていること，このことに満足を与えることができなければならず，そのために個々人に自己答責的生活形成を可能とする自由領域を保障すべきものであると論ずる[24]。ここでは，法益と処分自由の分離は不自然であるとしてきっぱりと否定される。その代わり，処分自由／意思は，個人法益に受け容れられ，処分自由／意思が関係する対象物と結合され，一体化される（**統合モデル**）。したがって，個人法益に対する犯罪の保護客体は，——強要罪（ドイツ刑法第240条）は例外として——特定の，各構成要件から取り出される物質的又は理念的客体と関連した処分自由である[25]。権利者が保護された客体の侵害に承諾を与えるとき，もう犯罪の成立に必要な——了解と同じく——適格な「攻撃に曝される面」が欠ける。実質的に見ると，同意がある場合に構成要件不該当になる理由は，法益主体が他人の介入の下に，刑法によって自分に保障された，財を自分の発展のために投入する可能性をまさに利用するという点にある。理論構成的には，承諾は多くの場合消極的に表現された構成要件要素として扱われる[26]ので，個人法益を保護する犯罪の構成要件を充足するのは，「権利者の有効な承諾なしに」他人の法益を攻撃する者に限定される。

　本モデルに対しては次の批判が加えられる。①本モデルを徹底させると，強いられて存立状態が維持された場合も改善された場合も制裁に値する行為態様として等級づけられることになる[27]。かかる行為が現行法上処罰されないのは，器物損壊罪（ドイツ刑法第303条）が「他人の物を損壊し，又は破壊した」と定めているからに過ぎないこととなる。②法益主体の意思の中に個人法益の中核部分を見る説[28]には，法益主体が「おおよそですら自分の全ての

---

[24] *Kindhäuser*, (Ⅰ-22), §12 Rn 1.
[25] *E. Schmidhäuser*, Strafrecht AT, Studienbuch, 2. Aufl., 1984, 5. Kap Rn 107「決定的価値側面は処分可能な財に関する権利者の自律性，つまり，**客体関係的自律性**から生ずる（——純粋に行為関係的自律性とは異なる，例えば，刑法第240条の強要罪においては行為関係的的自律性が法益として侵害される）」。Vgl. *Roxin*, (Fn. Ⅰ-1), §13 Rn 12 ff.
[26] *E. Samson*, Systematischer Kommentar zum Strafgesetzbuch, Vor §32 Rn 18.
[27] *Hirsch*, (Ⅱ-15), Vor §32 Rn 105.
[28] *M. Maiwald*, Der Zueignungsbegriff im System der Eigentumsdelikte, 1970, 89 ff., 106.

利益をいつ何時でも認識しているわけではない」[29]という問題がある。刑法によって設けられた法益保護が現実の意思の存在に結び付けられると，大きな処罰の間隙が生ずる。これを避けるために，「一般的」，「潜伏的」，「推定的」あるいは「可能的」意思に鞍替えするなら，それは明らかに全くの（意思の）擬制であることを露呈することになる[30]。③自由の行使が事実上又は法的に不可能であるとき，根拠づけが難しい。傷害罪（ドイツ刑法第223条）によって承諾能力の無い幼児や精神障礙者への攻撃が可罰的であることを，子どもの自律性に代わってその親の自律性が保護されるということで基礎づけるなら[31]，それには説得力が無い。それはでっち上げの印象を与えるだけでなく，両親が殺されて保護権者がいないとき，処罰の間隙が生ずる[32]。統合モデルは遅くとも次の場合に限界に突き当たる。存在にかかわる（例えば，臓器提供，断種）決定が世話をされる者への修復できない侵襲の故に擁護できないとき，基本的に意思の代理は排除されるからである[33]。

(c) **基礎モデル**

本モデル[34]は，統合モデルを人的発展を法益考察の中心におき，自分の財を扱うにあたって法益主体の自由に特別の価値を認める点で評価しながらも，その弱点及び衝突モデルの弱点を克服する意図から考案されたモデルである。本モデルは財のただの静的存立状態を絶対化せず，法益の説明にあたり処分自由を絶対化することもない。むしろ，生命，身体の無傷性，所有権等の個人法益が保護されるのは，それらが具体的法益保持者の個人的発展に役立つからである。客体の価値は，法益主体が自分の決めた発展のためにそれを投入することができるところにあり，この投入は自己侵害と並んで承諾による法益放棄の形態でも行われうる。基礎モデルに依れば，刑法上重要な

---

[29] R. Keßler, Die Einwilligung des Verletzten in ihrer strafrechtlichen Bedeutung, 1884, 51.
[30] Rönnnau, (Ⅱ-22), 68 f.
[31] Roxin (Ⅰ-1), §13 Rn 16.
[32] K. Amelung, Die Einwilligung in die Beeinträchtigung eines Grundrechtsgutes, 1981, 26 f. m. Fn. 31；Amelung/Eymann, (Fn. Ⅱ-19), 938.
[33] Rönnnau, (Ⅱ-22), 73.
[34] Rönnnau, (Ⅱ-14. LK), Vor 32 Rn 156；ders., (Ⅱ-14. Einwilligung), 598.

法益毀損は二つのことを前提とする。必要条件としての法益客体への構成要件該当作用に加えて，十分条件として（法益に蓄えられた）行為選択の剥奪がそろわねばならない。権利者の承諾をもって法益客体を侵害する者は，たんなる「価値喪失のない所為客体侵害」を犯しているに過ぎないので，もう構成要件の実現が無いという帰結が導かれる。

　基礎モデルはその長所を次のように論ずる。基礎モデルは衝突モデルとは異なり，個人法益の形成にあたり，「自然主義」（物の固有の価値）や「社会主義」（法益全ての共同体化）に頼る必要はないし，人的自由の抽象化に頼る必要もないばかりか，財の有価値性の規定にあたり行為可能性を保護する目的としての個人の自由に，自由主義の法治国においてそれにふさわしい地位を認める[35]。基礎モデルは処分自由（ないし意思）を個人法益の構成要素にしないことで，統合モデルに向けられうる一連の批判に対処できる。保護の間隙を避けるために結局「意思の擬制」に頼るという必要はなくなる。さらに，統合モデルの法益形成から生ずる際限なき可罰性の危険を，現行法上，可罰性は構成要件の段階でかなり制限されることによってしか食い止めることが出来ないのだといって[36]，基礎モデルを非難することもできない。本モデルに依れば，直接的に基礎だけが構成要件該当の攻撃に対して保護されるのであり，処分自由が保護されるわけではないからである。処分自由が規範的又は事実的に制限されている事情においてすら，基礎モデルは有効である。刑法や刑法理論学によって限定される処分自由は，後に残る領域において財の価値は蓄積された行為機会から生ずるということに変更を加えるものではないからである。おなじことは，自由活動が期限付きで事実上制限されている場合にも妥当する。酔っ払って正体をなくしている者，睡眠者，一時的に意識が無い，麻痺しているあるいは精神に障礙がある者の法益の刑法的保護は，混濁した意識がないないし混濁した意識のある状態の経過後自分の財を任意に投入できる可能性によって正当化される。刑法保護を人の生命の境界領域（例えば，重い障礙のある新生児，失外套症候群にある者）に及ぼすためには，例外的に

---

[35]　*Rönnau*,（Ⅱ-14. Einwilligung），598.
[36]　R. *Brands*, H. *Schlehofer*, Die täuschungsbedingte Selbsttötung im Lichte der Einwilligungslehre, JZ 1987, 442, 447.

形式的根拠づけに頼らねばならない。行為機会の保護という考えはここでは説得力がほとんど無いからである。刑法はそれによって保護される市民の法益を保障するという原則，しかもこの法益が他人によって毀損されることの有効な承諾によって放棄されない間（「権利者の意思無しに」）の保障。

　本モデルにも以下の問題点がある。法益主体が人の身体のような法益をもはや行為のために不可逆的に利用できない場合であっても，刑法はそれでもかかる法益を保護する必要がある以上，モデル形成はそれを真正面から扱わねばならない。ところが，本モデルは，こういった行為自由のない最も弱い者を基礎モデルの例外に位置づけざるをえない。このことは本モデルの脆弱性を示している。さらに，患者が手術を特定の医師に限定していたが，後に，その医師でなく，もともと予定されていた，同じく適任の外科医が手術をしたという場合，本モデルに依れば，「法益関係的自律性侵害」が見られ，この手術医は傷害罪で処罰されることになる。しかし，手術が成功しているとき，それでも傷害罪の成立を認めるのは妥当でない[37]。

2　日本における議論状況

　日本では，ドイツ語圏と同様に，被害者の承諾は主として傷害罪を巡って論議されている。傷害罪に関して，先ず，被害者の承諾があれば**構成要件該当性**が否定されると解する見解が有力に主張されているものの，一部に止まる。傷害罪（刑第204条）は，住居侵入罪（刑第130条）や窃盗罪（刑第235条）と同じく，被害者の意思に反する行為を予定しているので，同意があれば，行為は傷害罪の可罰的違法類型に該当しないと説かれる[38]。また，「人の身体は個人的法益であり，だれでも，その身体のそれぞれの部分の所有者であって，その法益の主体が自由にその意思で処分することができると考える方が（いわゆる自己決定権をみとめる方が），現代の法思想にあうもの」であって，「刑法204条は，被害者の真意に反する傷害についての規定であり，現行刑法のもとでは，同意傷害は，そもそも刑法204条の構成要件にあたら」ないと説かれたりもする[39]。

---

[37]　Vgl. *K. Amelung*, Buchbesprechungen, ZStW 115 (2003), 710, 715 f.
[38]　佐伯千仞『刑法講義（総論）』[3訂版] 1977・219頁。

被害者の承諾を違法性阻却事由と捉える見解はその根拠に関して多岐にわたる。先ず、**公序良俗説**は、ドイツ刑法旧第226a条（現第228条）を援用して、身体傷害が被害者の承諾により為された場合、その承諾があっても、善良の風俗に反するときは違法であると説く[40]。**目的説**からの根拠づけも試みられる。その説くところに依ると、目的説は実質的違法性の概念を国家的に承認せられた共同生活の目的に反することであるとする思想から出立して、行為が国家的に規律せられた共同生活の目的達成のために適当な手段であることが違法阻却の一般的原理であるとするものだが、しかし、違法阻却の一般的原理とは云い得ないものの、規制的原理としては有用であり、被害者の承諾にあっては、法が個人に対して認めているところの処分可能な処分権の保護という国家的に承認せられた共同生活の目的を達成するために適当な手段であるが故に違法性が阻却されると[41]。**社会的相当性**の観点から根拠づける見解は、被害者の承諾に基づく法益侵害が適法であるためには、それが社会的に相当なものでなければならないと説く[42]。さらに、傷害行為をはじめとして承諾のもとになされた行為は、**国家・社会倫理的規範**に照らして相当と見られる場合にのみ違法性が阻却されると説く見解もある[43]。これらの見解はいずれも行為無価値論的立場から出立するのであるが、しかし、被害者の承諾を支える人の自律性が見過ごされているので、違法性の阻却される余地はかなり狭まるであろう。

39　齋藤誠二『刑法講義各論 I』[新訂版] 1979・177頁以下（もし身体についてのその法益の主体の処分権を認めないか部分的な処分権だけしか認めないとすれば、同意傷害の全部又は一部は、傷害罪として204条によって同意殺人よりも重く処罰されてしまうというアンバランスがでてくる場合もありうるので、このことは現行刑法が同意傷害を処罰しない趣旨と理解すべきことも指摘する）。参照、須之内克彦『刑法における被害者の同意』2004・9頁、林（注 I -55）160頁、前田雅英『刑法総論講義』[第5版] 2011・105頁。

40　牧野英一『刑法総論上巻』[全訂版] 1958・489頁。

41　木村亀二『刑法総論』1959・252頁以下、286頁以下。

42　福田平『全訂刑法総論』[第5版] 2011・181頁（債務免除の代償として債務者の小指を切断する行為、健康者からその身体を著しく衰弱させる程度まで採血する行為は、被害者が承諾していても、社会的相当性を欠く）。参照、團藤重光『刑法綱要総論』[第3版] 1990・248頁以下、佐久間修『刑法総論』2009・195頁、最決昭和55・11・13刑集34・6・396「被害者が身体傷害を承諾したばあいに傷害罪が成立するか否かは、単に承諾が存在するという事実だけでなく、右承諾を得た動機、目的、身体傷害の手段、方法、損傷の部位、程度など諸般の事情を照らして決すべきものである」。

43　大塚仁『刑法概説（総論）』[第4版] 2008・418頁注2、注3。

結果無価値論的立場から出立する見解に**法益衡量説**がある。「被害者の同意は，構成要件に定められた法益の放棄によって侵害法益を欠如させるもので，実質的な法益侵害が存在しない故に行為は違法とはいえない」として，**保護法益不存在の原理**から被害者の承諾が違法性を阻却することを基礎づける見解である[44]。しかし，この見解には疑問がある。保護すべき法益が存在しない場合にまで，構成要件該当性を考えることは，構成要件論の見地からは無意味であるので，そうすると，保護法益不存在の原理は，被害者の承諾に基づく加害行為などの「構成要件該当性」を否定する原理であると考えられるからである[45]。そこで，**優越的利益説**が登場する。これは，**優越的利益の原理**からの基礎づけを主張するもので「法益の主体である被害者が同意によりその処分可能な法益の事実的基礎としての生活利益を放棄したことによって，利益不存在の原理が適用され，侵害された法益を刑法によって保護する必要がなくなる」と説く[46]。具体的には，生命・身体に関する承諾について，「生命・身体（の重要な部分）は，処分意思そのものを生み出す前提として，意思を超える価値」であり，「至上の価値たる『**人間の尊厳**』そのものと考えるべきで」ある。したがって，「生命・身体に関する承諾は，具体的な場合に応じて，生命・身体を譲り渡すことによりえられる利益の比較衡量をとおして，その当否が決せられることになる」[47]と論じられる。さらに，基本的に優越的利益説に立ち，「承諾に基づく行為が正当化されるのは，承諾によって実現された自己決定の自由という利益が，行為によって侵害された法益に優越することを根拠としている」と説く**自己決定権対侵害法益利益衡量説**も見られる。「被害者の承諾による行為は，法益客体を侵害することによって構成要件に該当し，かつ，被害者の一方の個別具体的法益（例えば身体の不可侵性）を侵害

---

[44] 浅田（Ⅰ-55）204頁，鈴木（Ⅱ-17）58頁，中山研一『刑法総論』1982・306頁。参照，大谷實『刑法講義総論』[新版第4版] 2012・253頁，西田典之『刑法総論』2008・172頁，平野（注Ⅱ-17）248頁以下，堀内捷三『刑法総論』[第2版] 2004・180頁，山口厚『刑法総論』[第2版] 2007・151頁。
[45] 参照，内田文昭『刑法Ⅰ（総論）』[改訂版] 1986・192頁注1，川端博『刑法総論講義』[第3版] 2013・327頁。
[46] 内藤謙『刑法講義総論（中）』1986・582頁。参照，西原春夫『刑法総論（上巻）』[改訂版] 1998・268頁以下。
[47] 内田（注Ⅱ-45）156頁，川端（注Ⅱ-45）311頁以下。

し，他方の一般抽象的法益（自己決定の自由）を実現することによって違法性の問題となると同時に，両者の比較衡量が正当化の有無・程度を決定する」[48]と。

3 評　価

　承諾を構成要件不該当事由と捉える見解も推定的承諾については正当化事由と捉えるので，そこに一貫性がないのではないかという疑問がある。さらに，**ドイツ刑法の場合**，この見解はドイツ刑法第228条（承諾）の文言を無視しているのではないか，というのも，本条は，他人をその承諾を得て傷害する者は例外的にのみ「違法である」こと，正当防衛（ドイツ刑法第32条），正当化緊急避難（ドイツ刑法第34条）と同じく明らかに構成要件該当性から出立していると理解されるのが一般であるからである。しかし，この点は一義的にそういえるかは必ずしも明らかでない。「違法でない」というのが，「承諾」という正当化事由の帰結としても，承諾がすでに構成要件実現を排除するとも理解されうるからである。したがって，実定法上は構成要件不該当説も正当化事由説も可能といえよう。

　しかし，日本刑法でもドイツ刑法でも等しく云えることだが，日常生活上の語法からすると，人が傷害の承諾を，所有者が物の損壊に承諾していても，傷ついた人は「傷害」（刑第204条）を蒙ったのであり，粉々に打ち砕かれた花瓶は「損壊」（刑第261条）されたのである。この法益が侵害されると，不法が認められるのであるが，これが相殺されるためには特別の正当化事由を要するのである。身体や所有物の無傷性といった法益はまさに法共同体の客観的価値にも関係しているのであり，単に機能的に被害者の意思との関係で捉えられるべきものではない。専ら個々人の自由な発展に資するために，法益は法的承認を得るのだという人的法益概念によれば，権利者が法的権利を放棄するなら，既に法益侵害が無く，構成要件該当性が否定されることになる。しかし，いずれの法益も法秩序の構成要素であり，法秩序によって承認された抽象的価値を具現化していることを看過してはならない。法益は個々人の意思とは関係なく保護に値する価値である。刑法は，身体の無傷性，所有物

---

[48]　曽根威彦『刑法の重要問題〔総論〕』〔第2版〕2005・139頁，同『刑法における正当化の理論』1978・145。

等と関連した自己決定を保護するのでなく，これら自体を「自己決定可能性の前提として且つ関係客体」として保護するのである。例えば，刑法第261条は所有者を民法第206条の定める権能行使という点で護るのでなく，具体的物の完全な存在をこの権能の必要条件として護るのである。本条の適用に当って基礎におかねばならない事態は他人の物の損壊であり，それ以上でもそれ以下でもない。したがって，物を損壊するように所有者を強いる者は，間接正犯の形態における器物損壊罪と強要罪による処罰が可能であり，器物損壊罪だけで処罰されるのではない[49]。

承諾という正当化事由の背景には，法益保持者によって他人の介入に委ねられた法益の保護必要性が欠如するという基本思想がある。法の観点からは，「法益保持者が具体的状況において侵害から保護されたくないとき，財をかかる侵害から保護する誘因は存在しない」。これにより，憲法第13条の定める自己決定権が**直接**刑法における正当化事由として受け容れられることになる[50]。これに対して，自己決定権と法益保護の衡量という観点から，「個人による法益の主観的評価が法秩序によって一定の限界内において重要なものとして承認されるのは，人格の自由（基本法第2条第1項）の無制約の行使がそれ自体として，法益の維持に有する社会の利益と衡量されるべき社会的価値と見られるからである」[51]とする見解も見られる。なるほど，個人的法益の保護は主として権利者の利益に資するためであり，権利者が法益保護を放棄するなら，自己決定権がたいていの法益保護に対して優越することになろうが，しかし，正当化のためのこういう回り道をする必要はないのではなかろうか[52]。

---

[49] Vgl. *Th. Lenckner, D. Sternberg-Lieben*, Schönke/Schröder Strafgesetzbuch, 28. Aufl., 2010, Vorbem§32 ff. Rn 33 a；*Jescheck/Weigend*, (Fn. Ⅰ-20), §34 Ⅰ 2b；*Gropp*, (Fn. Ⅱ-17), §5 Rn 108 ff.；*H. Satzger*, Der Tatbestand der Sachbeschädigung (§303 StGB) nach der Reform durch das Graffiti-Bekämpfungsgesetz, JURA 2006, 428, 433；. *H Satzger, W. Schluckebier u. G. Widmair*, StGB Strafgesetzbuch Kommentar, 2. Aufl., 2014, Vor §§32 ff. Rn 33 f.；*Wessels/Beulke/Satzger*, (Fn. Ⅰ-4), §11 Rn 541. 参照，長谷川裕寿「『合意』と『承諾』との区別の意義（1～3・完）」明治大学『法学研究論集』7（1997）37頁以下，8（1998）53頁以下，9（1998）37頁以下．

[50] *Th. Lenckner*, Der Grundsatz der Güterabwägung als Grundlage der Rechtfertigung, GA 1985, 295, 302；*Kühl*, (Fn. Ⅰ-4), §9 Rn 23.

Ⅳ 承諾の対象と範囲

(a) 対　象

　承諾の対象が特に問題となるのは傷害の領域である。承諾の対象は第一次的には結果であると解するべきである。承諾の意義は先ず何よりも特定の法益損傷を許容するところにあり，行為は第二次的意味を有するに過ぎないからである[53]。この点で，日本刑法やドイツ刑法と異なり，オーストリア刑法第90条第1項は，傷害について，（故意と過失の）「傷害」と（故意と過失の）「身体の安全の危殆化」という二つの異なった結果類型を挙げて，承諾の対象が結果であることを実定法上明らかにしている。この規定は，事前の考察からすると，双方とも原理的に同一の行為態様から生じうるから，承諾の関係客体は行為でなく，結果であるという理解に基づいている[54]。

---

[51] *Burgstaller/Schütz*, (Fn. Ⅱ-11), § 90 Rn 17 ; *Jescheck/Weigend*, (Fn. Ⅰ-20), § 34 Ⅱ 3 ; vgl. *Otto*, (Fn. Ⅰ-49), § 8 Rn 127「法共同体が個人に法益として承認された人的関係の保護を保障するのは，法共同体も，個人が価値関係において自己を発展させることに利益を有しているからである。支援されている者が具体的場合に保護を放棄するとき，価値関係はそれ自体として保護に値せず，むしろ，通常の場合にはまだ存在する社会的利益が刑法上の保護をもはや正当化しない。しかし，例外的に，価値関係の存続に有するまだ残っている社会的利益も，法益保持者の意思とは関係なく，刑法上の保護を正当化することがある。法共同体が一身的法益においても正当化の承諾に限定を設けることができるのも，このように説明できる。例えば，第216条は生命に関係するし，重い傷害もこのように議論される。これらの法益維持に有する全体の利益は法益保持者の自由な処分意思の尊重への利益を凌駕する。――それ故，正当化承諾もその構造からすると正当化利益衡量の下位分類である」。

[52] Vgl. *Kühl*, (Fn. Ⅰ-4), § 9 Rn 23. 参照，町野朔「被害者の承諾」（西原春夫等編『判例刑法研究2　違法性』1981 所収) 165 頁, 169 頁（被害者の自己決定の価値の高低を正面から違法判断の対象とすることに重大な問題がある。個人の自由を基礎におくかのようにみえるが，実は，それとは正反対の思想に基づいている）。

[53] *Burgstaller/Schütz*, (Fn. Ⅱ-11), § 90 Rn 20 ; *Burgstaller*, (Fn. Ⅰ-6. Fahrlä.), 162 ; *Kienapfel/Höpfel/Kert*, (Fn. Ⅰ-11), E 1 Rn 61 ; *Zipf*, (Ⅰ-11), 20 ff.

[54] *Burgstaller/Schütz*, (Fn. Ⅱ-11), § 90 Rn 20 ; *Burgstaller*, (Fn. Ⅰ-6. Fahrlä.), 162 ; vgl. *Hinterhofer*, (Fn. Ⅱ-1), 53 ff. ; *Kienapfel/Höpfel/Kert*, (Fn. Ⅰ-11), E 1 Rn 61 ; *Steininger*, (Fn. Ⅰ-2), 11. Kap Rn 92 ; *Zipf*, (Fn. Ⅱ-3), 382.

　これに対して，承諾の対象を結果と見る見解は承諾の実践的意味を失わせるという観点から，承諾の対象を専ら「行為者の多少とも危険な行為」に見る説もある。被害者の承諾が有効であるとき，行為者の行為は適法であり，被害者の重い傷害それどころか死が生じても，当該行為が事後になって反転して違法になるということはありえない。行為者の行為が，承諾があるにもかかわらず，是認できないほど危険であるとき，承諾は無効であり，

結果が承諾の第一次的対象であるが，承諾の名宛人が行う行為も第二次的に考慮されうる。法益損傷の承諾が前提条件なしに行われることは実際上稀であり，事物的，場所的，時間的及び人的条件が伴うのが普通である。したがって，承諾者が最終的に生じた結果に同意の意思表示をしていただけでなく，この結果に至る行為にも同意していたことによって，承諾の違法性阻却効果が生ずる。承諾の対象としての行為は違法性阻却の「限定機能」を有している[55]。

同意殺人罪（刑第202条）の規定から分かるように，生命侵害への同意が刑法上意味を有しないことは明らかであるが，生命の危殆化への承諾は可能かという問題は残る。この点で，二つの場合に分ける見解が見られる。①承諾から危険に内在する結果の現実化を取り除くと，結局，承諾は結果の生じない危険にだけ関係する。そうすると，結果の発生の可能性のない危険だけが受け容れられることとなり，実際には危険は全く引き受けられないこととなる。したがって，危険に内在する結果も法益放棄の中に取り入れられる場合にだけ，法益放棄があったといってよい。危殆化への承諾が法的意味をもつのは，危殆化に内在する傷害が承諾者によって実際考慮に入れられ（承諾意思

些細な傷害しかもたらさなかった場合でも，行為は違法である。*Ch. Bertel*, Schifahren und Bergsteigen in strafrechtlicher Sicht, in：*R. Sprung, B. König* (Hrsg.), Das österreichische Schirecht, 1977, 61, 73；*Ch. Bertel, K. Schwaighofer*, Österreichisches Strafrecht BT I, 9. Aufl., 2006, § 90 Rn 1f.；*W. Brandstetter*, Aktuelle Probleme des Rechtfertigungsgrundes der Einwilligung, StPdG 1993, 171, 181ff. 本説に対して，行為が事前の観点からその特別の危険性の故に正当化されず，この危険性が些細な傷害となって現実化したが，この傷害結果は承諾によって被覆されていたとき，問題の生ずることが指摘される。例えば，同乗者が生命にかかわるオートバイ暴走運転に同意するとき，この運転はその特別の危険性にもかかわらず違法である。しかし，同乗者が軽い傷害を負ったが，この傷害結果は承諾によって被覆されていたとき，過失犯では危険な行為だけでは処罰されないので，運転者はこの傷害に関して不処罰となる。しかし，この結論を，承諾を厳格に行為に関連づけることで説明することはできない。このことから，「結果対象」説と「行為対象」説を結合する説が導かれる。すなわち，承諾が行為者を正当化するのは，①法益保持者が傷害結果を承諾した，つまり，法益損傷それ自体を許容したか，又は，②法益保持者が危険な行為を承諾した，つまり，一定の，その財にとり危険な行為を許容した（一定の危険水準の許容）場合。この場合，有効な承諾があれば，行為はもはや承諾者に対して社会的不相当に危険とはいえない，したがって，この行為は場合によって生じた結果の帰属を可能にする適格性を有しない。*Fuchs*, (Fn. Ⅰ-17), 16. Kap Rn 13 f.

[55] *Burgstaller/Schütz*, (Fn. Ⅱ-11), § 90 Rn 22；*Burgstaller*, (Fn. Ⅰ-6. Fahrlä.), 162 f.；*Zipf*, (Fn. Ⅰ-11), 27f.

表示の範囲）且つ法的に重要として含まれうる（処分権能の範囲）場合に限られる。しかし、②生命への危殆化はこれと異なった扱いを必要とする。生命保護の放棄不可能性を相対化しないため、つまり、危険にしないため、生命を無限定に、放棄できない法益と見て、その帰結として、生命危殆化への承諾も排除することの方が、刑事政策的に見て説得力があると[56]。

しかし、生命の危殆化への承諾は可能といえよう。生命の危殆化と殺人はなるほど、事前の観点からは、同一の行為に基づいているものの、しかし、非常に異なった評価を受ける結果を表す。承諾の第一次的対象は結果である。したがって、被害者が実際に生じた傷害には承諾を与えていたが、この傷害行為が生命にかかわるものだったという場合でも、違法性阻却効果が認められる。そうだとすると、傷害の承諾はあったが、同一の行為が傷害を生じさせなかったが、生命の危殆化を生じさせたに止まった場合も違法性阻却効果を認めるのが一貫している[57]。

被害者が危険に曝されることに承諾していたが、傷害や死という結果が生じたとき、例えば、飲酒をしていて運転能力の落ちている者の運転する自動車にその危険性を認識しながら同乗させてもらった同乗者が、酩酊運転に起因する事故で傷害又は死亡したという場合は、客観的帰属の問題として扱われる（参照、第1章Ⅵ）。学説の一部には、この場合、危険に曝される者の側でその認識がありながら危険を冒したことによって、行為者が遵守すべき客観的注意義務の程度が自ら危険に赴く者の不利な形で相対化され、危険な行為の客観的注意義務違反が除去されうるという見解が見られる[58]。たしかに、

---

[56] *Zipf*, (Fn. Ⅱ-3), 383.
[57] Vgl. *Burgstaller*, (Fn. Ⅰ-6. Fahrlä.), 164；*Burgstaller/Schütz*, (Fn. Ⅱ-11), §90 Rn 9；*Hinterhofer*, (Ⅱ-1), 115 ff.
　なお、ブルクシュタラー、シュッツは、第90条を第89条（身体の安全に対する危殆化）「第81条〔特別に危険な状況下における過失殺人〕第1項第1号ないし第3号に挙げられた場合において、それが単なる過失による場合であっても、他人の生命、健康又は身体の安全に対する危険を招来した者は、3月以下の自由刑又は180日以下の日数罰金に処する」との関連で捉え、第82条（遺棄）「①他人を保護のない状態へ移置し、かつそのような状態のままに放置することによって他人の生命を危険に曝した者は、6月以上5年以下の自由刑に処ずる。②……」に関しては承諾の有効性を否定する。*Burgstaller/Schütz*, (Fn. Ⅱ-11), §90 Rn 10f.
[58] P. *Frisch*, Das Fahrlässigkeitsdelikt und das Verhalten des Verletzten, 1973, 118 ff.

他人の行為によって危険に曝される者がそれに承諾を与えているという事実は，当該行為が社会的に相当な危険（客観的注意違反）か否かの評価にあたって考慮される一要因であるとしても，上記の場合，被害者がそれと認識しながら危険を冒しているからといって，飲酒運転行為の客観的注意義務違反が除去されるわけではない。したがって，被害者がそれと認識しながら危険を冒すことは「不真正の危険引き受け」と呼ばれるべきものである[59]。

(b) 範 囲

承諾の対象が定まると，承諾の範囲，つまり，具体的な承諾の意思表示によって被覆される結果と行為が定める。結果に関連する範囲を精確に定めるには，承諾者の承諾対象との心理的関係が問題となるのであるが，故意との類似から，承諾は，承諾者が真剣に可能だと考え，甘受した結果だけを被覆すると考えられる[60]。

傷害については，承諾は，傷害でなく，身体の無傷性の危殆化だけを被覆するのが普通である。このことは，この種の承諾の不法阻却効果もこれに応じて限定されることを意味する。危殆化への承諾は危殆化だけを不処罰とするのであって，この危殆化から生ずる傷害を不処罰とするものではない[61]。

承諾によって許容される行為は，法益保持者による意思表示の範囲内に止まらねばならない。承諾の限界は意思表示の解釈を要するが，些細なことにこだわってはならない。承諾者にとって本質的な条件が遵守されておれば，それで十分である。例えば，家主が留守番の者に，時には冷蔵庫にある缶ビール一缶を取り出して飲んでも良いと告げて旅行に出かけたが，留守番の者が

---

[59] *Burgstaller*, (Fn. I -6. Fahrlä.), 169.
　これに対して，フリッシュはさらに進んで，行為者の認識なき過失の場合，被害者が自分を危険に曝す危険を認識しえたに過ぎないときでも，客観的注意義務違反を，したがって，傷害や死をもたらした危険な行為の可罰性を否定する。ブルクシュタラーは正当にもこう批判する。この見解は，被害者も相関的に注意義務違反行為をしているとき，行為者の注意不足はもはや問われないことに帰着する。社会的連帯の義務を負わされている刑法は，このようなまったく個人主義的な構想から出立する見解を受け容れることはできない。*Burgstaller*, (Fn. I -6. Fahrläs.), 169 RN 102.
[60] *Burgstaller/Schütz*, (Fn. II -11), §90 Rn 24 ; *Hinterhofer*, (Fn. II -1), 54.
[61] *Burgstaller/Schütz*, (Fn. II -11), §90 Rn 25 ; *E.E. Fabrizy*, Strafgesetzbuch, 11. Aufl., 2013, §90 Rn 3 ; *Hinterhofer*, (Fn. II -1), 113.

極上の外国産壜ビールを飲んだとか，極上ワインを飲んだという場合，この行為は承諾の範囲を超えている（行為過剰)[62]。

V 正当化事由としての承諾の前提要件と限界

1 法益保持者による承諾

承諾が正当化効果を有するのは，承諾者自身が行為者によって現実化された**構成要件の保護法益の保持者**である場合に限られる。したがって，個人的法益に限られるのであって，公共にかかわる犯罪に対しては承諾ということは問題とならない[63]。偽証罪（刑第169条）は国の審判作用の適正な運用を保護法益とするものであって，被害者の承諾は意味を有しない。しかし，構成要件が処分可能な側面と処分できない側面を有する複合的法益からなる場合，承諾が正当化効果を有するかが問題となる。例えば，虚偽告訴罪（誣告罪）（刑第172条）について，特定の人に向けた誤捜査から刑事司法機関を護るところに保護法益を見るなら（司法説)[64]，被誣告者の承諾はまったく無意味である。それどころか，その承諾は，刑事司法機関の捜査を迷わせたことによって，所為の不法内実をいっそう重くする[65]。司法機関と並んで不当な捜査から個人を護ることも保護法益と解する見解によっても，両法益を二者択一関係で捉えるなら，いずれかが侵害されると，違法性は阻却されない（二者択一説)[66]。

---

[62] Vgl. *Burgstaller/Schütz*, (Fn. II-11), § 90 Rn 27; *Kienapfel/Höpfel/Schütz*, (Fn. I-11), E 1 Rn 73.
[63] 大判大正15・2・25評論15刑法106「刑法第百九十五条ニ所謂陵虐ノ行為トハ，汎ク被害者ヲ陵辱苛虐スル一切ノ行為ヲ包含スルモノニシテ，其ノ行為ガ被害者ノ意思ニ反スルヤ否ヤハ，敢テ問フ所ニ非ズ。何トナレバ，本条ノ罪ハ所謂涜職罪ノ一種トシテ公務員ノ職務違反ノ行為ヲ処罰スルノ趣旨ナリト解スベク，其ノ行為ガ職務違反トナルヤ否ヤハ，亳モ被害者ノ意見如何ニ関セザレバナリ」。東京高判平成15・1・29判時1835・157「本罪（特別公務員暴行陵虐罪）は，このような看守等の公務執行の適正を保持するため，看守者等が，一般的，類型的にみて，前記のような関係にある被拘禁者に対し，精神的又は肉体的苦痛を与えると考えられる行為（看守者等が被拘禁者を姦淫する行為「性交」）がこれに含まれることは明らかである。）及んだ場合を処罰する趣旨であって，現実にその相手方が承諾したか否か，精神的又は肉体の苦痛を被ったか否かを問わないものと解するのが相当である」。
[64] *R. Maurach, F.-Ch. Schroeder u. M. Maiwald*, Strafrecht BT, Tb. 2, 9. Aufl., 2005, 421; *H. Otto*, Grundkurs Strafrecht, Die einzelnen Delikte, 7. Aufl., 2005, § 95 Rn 1.
[65] *Roxin*, (Fn. I-1), § 13 Rn 34.

刑事司法と並んで被誣告者の個人法益（自由，財産，名誉）も保護しており，後者の保護にもかなりの意味があるのだが，しかし，前者の保護の方が優越しているので，承諾は正当化効果を有しないと解する説もある（重畳的優位・劣位説）[67]。これに対して，専ら不当な捜査から免れる個人の利益を保護法益と見るなら（個人法益説）[68]，承諾は意味をもつ。このように諸説が見られるが，誣告罪は，複合的法益からなる犯罪であり，各側面は対等の関係にあり，処分可能な法益部分の承諾があれば，重要な不法要素が欠如することになり，したがって，誣告罪の不法は完全には実現されていないので，誣告罪は成立しないと解すべきである[69]。実際，例えば，自動車の運転者が人身事故を惹き起こしたが，同乗者が運転者に自分が身代わりになると告げ，それを受けて，運転者が警察に運転していたのは同乗者だったと告げたとき，重畳的優位・劣位説からは「自己」誣告教唆罪が成立することになるが，これは妥当でない[70]。

2　承諾者の処分権能

法益保持者が自分に権利のある個人法益を侵害することを承諾しても，それが常に所為を正当化するとは限らない。法益保持者は**自分の個人法益の処分権**を有しなければならない。立法者は**生命**という法益には処分権の認められないことを明らかにした（刑第202条：同意殺人罪）。それ故，生きている人の死を招くことになる臓器摘出，例えば，心臓摘出は例外なく許されない。このような事をする医師の行為は可罰的である。但し，死病者が治療を望まな

---

[66] *Th. Lenckner*, Schönke/Schröder Strafgesetzbuch, Kommentar, 26. Aufl., 2001, § 164 Rn 1, m.w.N.；BGHSt 5, 66；BGH JR 1965, 306.
[67] 大判大正1・12・20刑録18・1566「誣告罪ハ，一方所論ノ如ク個人ノ権利ヲ侵害スルト同時ニ他ノ一方ニ於テ公益上当該官憲ノ職務ヲ誤ラシムル危険アルガ為メ処罰スルモノナルガ故ニ，縦シ本案ハ所論ノ如ク被誣告者ニ於テ承諾アリタル事実ナリトスルモ，本罪構成上何等影響ヲ来スベキ理由ナシ」。*Kienapfel/Höpfel/Kert*, (Fn. Ⅰ-11), E 1 Rn 81；*Steininger*, (Fn. Ⅰ-2), 11. Kap Rn 93；BGHSt 5, 66, 68.
[68] *H.J. Hirsch*, Zur Rechtsnatur der falschen Verdächtigung, in：Schröder-GS, 1978, 307；*Eb. Schmidhäuser*, Strafrect BT 2, Studienbuch, 2. Aufl., 1983, 6/6.
[69] *R. Frank*, Das Strafgesetzbuch für das Deutsche Reich, 18. Aufl., 1931, § 164, Anm. 1；*Fuchs*, (Fn. Ⅰ-17), 16. Kap Rn 27；*Hinterhofer*, (Fn. Ⅱ-1), 28；*Lewisch*, (Fn. Ⅱ-2), Nachbem zu § 3 Rn 223.
[70] *Fuchs*, (Fn. Ⅰ-17), 16. Kap Rn 27.

いとき，治療の中止が死を招いても，同意殺人罪で処罰されることはない。行為の客観的帰属が否定されるからである[71]。

その他の個人的法益については基本的に処分権能が認められるし，そのことは傷害にも妥当する。しかし，傷害には承諾の限界が設けられるのが一般的である。ドイツ語圏刑法にはその趣旨の規定がおかれている。

(a) ドイツ
(aa) 学 説

ドイツ現行刑法第228条 (旧第226a条)[72]は，傷害罪について，承諾があるにもかかわらず，**所為** (承諾でなく) が良俗 (die guten Sitten. 一般に社会倫理と同義と解される。) に反するとき[73]，承諾は刑法上無意味であり，傷害は違法であることを定める。ドイツ基本法第2条第1項は，「各人は，他人の権利を侵害せず，かつ，憲法的秩序または道徳律に反しないかぎり，その人格の自由な発展を目的とする権利を有する」と規定しているので，憲法上，処分権能の制限は可能であるものの，刑法第228条は非常に不明確な，それ故，基本法第103条第2項 (明確性の原則) に照らし，憲法上疑いのある規定であることから[74]，限定的解釈がなされることで法治国主義の観点からようやく甘受されると解されている[75]。一般に，他の法益への承諾に刑法第228条を準用することは

---
[71] 吉田敏雄『不真正不作為犯の体系と構造』2010・119頁以下。
[72] 刑法旧第226a条は1933年5月26日の刑法改正法によって導入され，同年6月1日に施行されたのであるが，その主要な目的は優生学的及び重い社会的適応のある場合に自発的断種を可能とすることにあった。vgl. *Maurach/Schroeder/Maiwald*, (Fn. Ⅱ-64), §8 Rn 13.
[73] 例えば，治験の承諾をするが，謝礼として受領したお金で児童ポルノを購入するためだったという場合，承諾は良俗違反となりうるが，所為そのものは良俗違反とはいえない。vgl. *Maurach/Schroeder/Maiwald*, (Fn. Ⅱ-72), §8 Rn 14.
[74] H.-U. Paeffgen, NomosKommentar Strafgesetzbuch, Bd. 3, 2. Aufl., 2000, §228 Rn 40 ff.; D. Sternberg-Lieben, Die objektiven Schranken der Einwilligung im Strafrecht, 1997, 136 ff.
[75] *Roxin*, (Fn. Ⅰ-1), §13 Rn 38; *Hirsch*, (Fn. Ⅱ-15), Rn 2. ヒルシュは，正当化事由は構成要件ほど厳格に明確化原理に服さないこと，良俗性条項は，所為の良俗性を前提とするのでなく，所為の良俗違反性を際立たせているので，明らかに良俗違反が認められる場合に限って，承諾は無効であるとしていること，所為の評価が不確かであるとき，承諾は有効であること，それでも本条の精密化が喫緊の立法課題であると論じる。Vgl. *H. Niedermair*, Vrletzung mit Einwilligung und die Guten Sitten. Zum Funktionslust einer Generalklausel, 1999.

許されないと解されている[76]。

　一般に，所為が良俗に違反するのは，所為が「公正且つ正しく考える全ての者の礼節感に反する」[77]場合とされている。良俗違反性について，一般的に妥当する，つまり，一般に知られた，思慮分別に従えば疑いようの無い道徳的規準は見出されない場合，疑いのあるとき良俗性違反は否定されるべきと解されているのである[78]。

　良俗違反の判断に当って，所為だけが決定的意味をもつのか，所為と合わせて行為者の目的，動機も考慮されるべきかについては争いのあるところである。先ず，専ら関与者の動機，目的に焦点を合わせる**純粋主観説**[79]がある。所為によって追求される目的が非難に値するとき，良俗違反がある。良俗違反をもっと狭く捉えて，非難可能性の規準を刑法上認されない目的か否かに求める見解もある。すなわち，目的が，犯罪の準備，着手，隠蔽又は仮構にあるときに限り，所為は良俗違反とする見解である[80]。本説の基礎には，身体の無傷性について処分可能であることを認めながら，刑法第228条の意味が法益保持者をその短見から保護するところにあると見るなら，それは理解し難いという考えがある[81]。しかし，本説には次のような問題点がある。先

---

[76] 他の法益への一般的準用も可能とする少数説もある。*G. Jakobs*, Strafrecht AT, 2. Aufl., 1991, Abschn. 14 Rn 9 FN. 12 m.w.N；*Th. Lenckner*, Shönke/Schröder Strafgesetzbuch Kommentar, 27. Aufl., 2006, Vorbem. §§ 32 ff. Rn 37（「特に侮辱的なしかも人間の尊厳に反する名誉侵害」の承諾は，その所為が良俗に反するから，正当化効力を有しない）。

[77] ドイツ民法第138条「善良の風俗に反する法律行為は無効とする」。RGZ 80, 221；BGH 4, 24, 32 u. 4, 88, 91；BayOLG JR 1978, 296, 297.

[78] *Krey/Esser*,（Fn. Ⅰ-24），§ 17 Rn 664；BGH St 49, 34, 41.

[79] *U. Berz*, Die Bedeutung der Sittenwidrigkeit für die rechtfertigende Einwilligung, GA 1969, 145, 151f.

[80] *E. Horn, G. Wolters*, Systematischer Kommentar zum Strafgesetzbuch, Stand：März 2003 § 228 Rn 9；*Maurach/Schroeder/Maiwald*,（Fn. Ⅱ-64），§ 8 Rn 14「公正に且つ正しく考える全ての人の礼節感。社会倫理的価値観は，かなりの傷害，特に，物質傷害が納得できる目的なく生ずるときに常に傷つけられる。犯罪目的の場合は常にそう言えるが，加虐被虐目的のときは（もとより承諾が強要されたときは別だが）そうではない」；*C. Roxin*, Verwerflichkeit und Sittenwidrigkeit als unrechtsbegründende Merkmale im Strafrecht, JuS 1964, 371, 379（旧説。後に改説。例えば，詐欺目的の傷害は，詐欺罪の構成要件で対応されるべきであり，もし傷害罪で処罰されるなら，実質的には詐欺の予備行為が処罰されることになるというのが改説の理由である。*Roxin*,（Fn. Ⅰ-1），§ 13 Rn 39, 49）。

　戦前の判例は，加虐被虐的動機から出た傷害も良俗違反としていた。RG JW 1928, 2229（殴る，つねる，皮膚にかき傷をつける），RG JW 1929, 1015（乗馬用鞭でたたく），RG DR 1943, 234（籐の鞭棒でたたく）。

ず，所為の主観的目的のみが良俗性判断の規準ならば，法文に反して，承諾の良俗違反性・違法性自体が判断に流れ込んでくる。これによって，実質的に「所為」の良俗違反性が放棄されてしまう[82]。加えて，実態にそぐわない，規範の目的にそぐわない結論が生じうる。例えば，刑を無効化にする意図から（刑第258条。日本刑法第103条に相当する犯罪），銀行強盗に警察の手が回らないようにその辮髪を丸坊主にしてやる者は，そのささいな傷害にもかかわらず，傷害罪で処罰されうることとなる[83]。結局，専ら動機・目的を重視し，完全に法益から切り離された考察方法は法的安定性の点で問題を孕んでいる[84]。

そこで，「所為」の良俗違反性が決定的に重要だと見る**法益解決説**（修正重度説）がとりわけ**ヒルシュ**によって展開され，多くの支持者を見出している。これは，構成要件の法益侵害の重さに焦点を合わせ，限界づけのために危険性（危険な傷害罪：刑第224条），強度，重い傷害罪（刑第226条）を援用できるとする説である[85]。さもなければ，追求される目的の非難可能性が処罰根拠となり，構成要件によって把握される法益侵害が処罰根拠でなくなってしまうと論じられる。本説によれば，当人の承諾を得て加虐被虐的動機から蚯蚓腫れを加えても，重大な結果が生じているわけではないので良俗違反ではない。この場合，下劣さは傷害の側面ではなく，性的側面で問題となっているにすぎない。他の犯罪の準備，着手，隠蔽あるいは仮構のために行われた傷害も良俗に違反しない。この動機は，身体の不可侵性を保護する必要性の範囲とは全く関係なく，目的とされた犯罪の対象である法益と関係しているからである。例えば，愛人の承諾を得て，危険でない睡眠剤を注射するが，それは

---

[81] *Horn/Wolters*, (Fn. Ⅱ-80), §228 Rn 9.
[82] *Th. Fischer*, Strafgesetzbuch, 60. Aufl., 2013, §228 Rn 9.
[83] Vgl. *W. Stree*, Shönke/Schröder Strafgesetzbuch Kommentar, 27. Aufl., 2006, §228 Rn 8.
[84] *S. Volz*, Die Anwendung und Interpretation des mysterösen §228 StGB, JA 2009, 421, 422.
[85] *G. Arzt*, Willensmängel bei der Einwilligung, 1970, 39 ; *Hirsch*, (Fn. Ⅱ-15), §228 Rn 9 ; *ders.*, Hauptprobleme einer Reform der Delikte gegen die körperliche Unversehrtheit, ZStW 83 (1971), 141, 166 f. ; *Jescheck/Weigend*, (Fn. Ⅰ-20), §34 Ⅱ3, Ⅲ2 ; *E. Samson*, Systematischer Kommentar zum Strafgesetzbuch, 2. Aufl., 1977, Vor 32 Rn 46 ; vgl. BGHSt 49, 34 ff. u. 166 ff.

愛人の夫が殺人未遂を行ったと仮構するためであったとか，医師が患者の犯した犯罪を隠蔽するためにその顔の整形手術を行うといった場合，不法の内実は傷害にあるのでなく，他の法益に関した犯罪にある[86]。本説によれば，移植目的の器官摘出のように，傷害がそれ自体としてみれば良俗違反であるが，この消極的評価が積極的目的によって相殺されるとき，例外的に目的が意味をもつ[87]。本説は，重さだけが決定的とはいえないことを認め，臓器移植，断種，性転換が違法性を阻却されうることを是認するのであるが，そうすると本説の出立点が相対化されてしまうという批判が加えられる[88]。

　基本的に法益解決策に立つ**ハルトウング**は，「法秩序は，切迫する不利益が利益と不釣合いであるときにはじめて，所為を承諾があるにもかかわらず違法と宣言する根拠を有する」と論ずる[89]。しかし，この見解は，経済学的見方に過ぎ，一方で許容される範囲を不当に狭め，他方でそれを拡大しすぎると批判されるのである。軽い傷害の場合，例えば，一時の気まぐれから，手術しても除去することの難しい刺青をしてもらうとき，それは違法とされることになる。ハルトウングによれば，承諾者が所為の利益と不利益を「分別をもって」評価したとはもはやいえないとき，承諾の違法性阻却効果は否定されるからである。しかし，全く無分別な傷害であっても，それが重い傷害でないとき，許容されるべきである。重い傷害の場合，例えば，多額の謝礼と引き換えに，研究目的のための両脚切断を承諾し，車椅子生活を余儀なくされる者にとって，その経済的状況からして分別のある利益となることもありうる。それにもかかわらず，これは許されるべきでなかろう[90]。

　これに対して，要求に応じた殺人罪（刑第216条）を援用する説が**ロクスィーン**によって展開される。これに依れば，先ず，具体的に生命に危険のある傷害は，被害者の承諾があっても，良俗に違反する。次に，生命に危険は無いが，非可逆的な極めて重い身体損傷が被害者の立場からすらも理解できる根

---

[86] *Hirsch*, (Fn. Ⅱ-15), §228 Rn 9.
[87] *Arzt*, (Fn. Ⅱ-85), 39 ; *Hirsch*, (Fn. Ⅱ-85), 166 f.
[88] *Roxin*, (Fn. Ⅰ-1), §13 Rn 40, 51.
[89] B. *Hardtung*, Die guten Sitten am Bundesgerichtshof, JURA 2005, 401, 405.
[90] H.J. *Hirsch*, Einwilligung in sittenwidrige Körperverletzung, in : Amelung-FS, 2009, 181, 197.

拠なしに加えられた場合も良俗に反する[91]。

　これらの諸説とは異なり，**フリッシュ**に依れば，良俗条項で問題となっているのは承諾者の「自律性欠如」なのであり，これは承諾における意思瑕疵において考慮されるべきである（良俗条項不要説）。したがって，刑法第228条は，「承諾の内容から見て，承諾が自律的人のした決定とは見られないとき，──なぜなら，分別のある人（eine vernünftige Person）ならこういった承諾は与えないだろうから」といった場合，自律性が欠如しているので，承諾は無効であるというように解釈されるべきである[92]。本説に対しては，分別で問題となるのは，意思瑕疵，とりわけ弁識能力におけるのとは異なって，当人が自分のすることを知らない又は十分知っていないということではない，事実，無分別が直ちに自律性の限界を為すのではなく，むしろ，人は無分別な行為によって自分に不利益なことをしてもよい（例えば，一瞬の気まぐれから女友達の名を刺青してもらう），他方，他人の哀れみを引くことで割に合う収入を得るために手足を切断してもらうことは物乞いの分別に合致することになるという批判が可能である[93]。もっとも，フリッシュ説の帰結は法益解決策とほとんど変わらず，追体験理解のできない非可逆的結果を伴う重大な身体侵

91　*Roxin*, (Fn. Ⅰ-1), §13 Rn 41 ff. ロクスィーンの補足説明は次の通り。①立法者は，殺人を被害者の考えとは関係なくいかなる場合でも処罰しようとしているとき，具体的な生命の危殆化がある場合にも同じ判断を下すのが目的合理的である。傷害の可罰性は，危険な傷害罪（刑第224条），傷害致死罪（刑第227条）から分かるように，生命の危険性によって影響を受ける。②懇請された断種とか性転換は，それをしてもらう立場から十分な理由があり，客観的に見ても，人格の自由な発展の表れとして受け容れられうる。しかし，視力を失わせるとか脚を切断させるのはそれとは異なる。承諾者がそれを単なる厭世観とか自己破壊衝動からでなく，物乞い生活をしたい，そのために哀れみを買う姿を見せたい場合ですら，生活の質や生活・機会の喪失はひょっとして得ることの出来る利益と全く釣り合いがとれない。承諾というのは法益保持者の生活発展の可能性を保障すべきものであって，その破壊を保障すべきものでない。③要求に応える殺人罪（刑第216条）は，死を意欲する者を非可逆的性急さから護り，最高価値の生命を第三者の介入に対して禁制化する必要性から制定されたが，刑法第228条も同様に解釈されるべきである。個人は，生涯にわたって活動の可能性を持続的に制約するような形で，身体を良く理解できる理由もなく損傷することから阻止されるべきであり，それは自分自身のためである。一般の人々も，外部の者が身体の不可侵性という中核領域に介入することを禁制化することに関心を有している，つまり，一般予防の理由から及びこのように阻止された者は国の世話や支援を必要とせざるを得ないという理由から。

92　W. *Frisch*, Zum Unrecht der sittenwidrigen Körperverletzung, in : Hirsch-FS, 1999, 485, 490 ff., 498, 504 f. ; vgl. *Niedermair*, (Fn. Ⅱ-75), 59 ff., 260.

襲及び明らかに無意味な，きわめて危険な行為だけが「無分別」であり，違法とされる[94]。

これに対して，**ドゥットゥゲ**は，自律性欠如思想に依拠することなく，憲法上保障された人間の尊厳に決定的意味を見出し，刑法第228条の目的は，「共同体の抜きん出た利益」として「当人の意思に対して人間の尊厳自体を擁護」することにあると論ずる[95]。本説も問題を孕んでいる。「自己の人間の尊厳に自発的に且つ強制されることなく違反したということは，これに関与した者の可罰性すら根拠づけるのに適さない」。人間の尊厳の中核には基本的自由権の保障があるのだが，本説によれば，この中核が変質して自由を制限する方向に働くことになる。そうすると，本説は刑法の濫用を導くことになりかねない。しかも規準は不明確すぎるので，例えば，公衆を楽しませるため広場で犬用鞭による尻たたきをさせるとか，その他の尊厳を傷つける虐待に曝す場合，当然自己の人間の尊厳の放棄を見ることにもなろう[96]。もっとも，ドゥットゥゲも身体の不可侵性の「中核」を護ろうとして，良俗違反の判断にあたっては「侵襲の重さ」が「疑いも無くかなりの重要性」をもつこと，良俗違反の傷害の適用領域を最小限におさえるべきだと論ずるのである[97]。

ヤーコプスは，良俗違反を傷害の誘因と結果の間の不釣合いと解釈する。「分別なき所為」は，被害者が傷害を承諾していても，「不釣合い」の故に刑法第228条の意味で違法であること，この違法な傷害を具体的個人に対する

---

[93] *Hirsch*, (Fn. II-90), 191 f.; *ders.*, Rechtfertigungsfragen und Judikatur des Bundesgerichtshofs, in：50 Jahre Bundesgerichtshof-FG, Bd. 4, 2000, 219ff.; *Roxin*, (Fn. I-1), § 13 Rn 52.

[94] *Frisch*, (Fn. II-92), 499 f.

[95] *G. Duttge*, Abschied des Strafrechts von den》guten Sitten《?, in：Schlüchter-GS, 2002, 775; vgl. *E. Schmidhäuser*, Strafrecht AT (Lehrbuch), 2. Aufl. 8/131「他人の行動を要求する権利としての人の尊厳を誰も処分することはできない」; *ders.*, (Fn. II-25), 5. Kap Rn 120「人間の尊厳が行為者の所為によって侵害されない場合にのみ，承諾は意味をもちうる」。*Gropp*, (Fn. II-17), § 5 Rn 98「良俗に反するのはいずれにしても人間の尊厳に反する扱いである」。

[96] *Hirsch*, (Fn. II-90), 197 f.; *K. Kühl*, Der Abschied des Strafrechts von den guten Sitten, in：Jakobs-FS, 2007, 293, 306 f.; *Roxin*, (Fn. I-1), § 13 Rn 55; *D. Sternberg-Lieben*, Strafbare Körperverletzung bei einverständlichem Verabreichen illegaler Betäubunsmittel—BGH, NJW 2004, 1054, 954, 956.

[97] *Duttge*, (Fn. II-95), 784, 797 f., 801.

犯罪ではなく，公衆の利益に対する犯罪と捉え，身体の不可侵性という個人法益に向けられるその他の傷害と対照をなすと論ずる[98]。しかし，この見解は従来の傷害罪の理解から離れているし，良俗違反を不釣合いで代えることは許される解釈の範囲を超えていると批判されるのである[99]。

(bb) 判　例[100]

第二次世界大戦終戦前，ライヒ裁判所（RG, Entsch. v. 11. 11. 1937, NJW 1938, 30）は，「良俗概念は確固とした判例に依れば正しく且つ公正に考える全ての人の礼節感と一致する。所為自体が——法律上これが重要なのだが——これに反するか否かは個別事例の事情から判断される。本事案では，せっかんがむき出しになった臀部への殴打によって行われたということが重要である。かかるやり方は男子少年に対して，例えば，童を過ぎている場合にはいずれにせよ，かなりの名誉侵害であり，良俗に反する」と説示した。

行為者の動機が重視されて有罪判決が導かれた事案もかなり見られる。加虐被虐的動機に関する事案として，RG, Entsch. v. 3. 1. 1928, NJW 1928, 2229（皮膚をたたいたり，つねったり，かき傷をつけたりしたという事案）「当刑事部が強調したいことは，本件では身体傷害が専ら猥褻目的で行われたこと，それ故，その承諾があってもそれは良俗に反し，法的に無効であるとするのは完全に正しいということである。というのは，承諾は刑法によっても承認される意思に由来するときにだけ，承諾は刑法上意味をもつ。しかし，その活動が良俗に反する意思は法によって承認されない」，RG, Entsch. v. 12. 10. 1928, JW 1929, 1015（乗馬用鞭でたたいたり，乳房をひっぱたりしたという事案）「被害者の承諾があっても，いずれにせよ本事案では，猥褻目的から出ているのであるから法的に効果をもたない」，RG, Entschl. v. 26. 11. 1942, DR 1943, 234（臀部を籐の鞭でたたいたという事案。被告人の『官能的快楽を求める目的』）。

その他，詐欺を準備するための身体傷害に関する事案として，RG, Urt. v. 6. 5. 1932, DRiZ 1932．医療に関する事案として，RG, Entsch. v. 19. 5. 1942, DR 1943, 579（患者から性交の同意を得るために治療のための注射をしたという事案）

---

[98] G. Jakobs, Einwilligung in sittenwidrige Körperverletzung, in: Fr.-Ch. Schroeder-FS, 2006, 507, 520.
[99] Kühl, (Fn. Ⅱ-96), 307.
[100] Vgl. Hardtung, (Fn. Ⅱ-89), 401.

「そこに医師としての義務が見られるが故に」。RG, Urt. v. 23.2.1940, RGSt 77, 91（婦人科医師が性的動機からでなく，医学的動機から行った，しかし医学的には適切でない膣マッサージ）。

　第二次世界大戦後の「良俗性」に関する連邦通常裁判所の裁判例として，先ず，1953年1月判決 (Urt. v. 22.1.1953, BGHSt 4, 88) がある。〔被告人は被害者から殴り合いを要請され，自分の上着を脱ぎ，それからまだ闘いの準備のできていない挑戦者のこめかみをこぶしで殴ったところ，被害者はそれに起因する脳出血で死亡したという事案〕で，連邦通常裁判所はライヒ裁判所判例 (RG, Entsch. v. 11.11.1937) を引き合いに出してごく短く「正しく考える人の道徳観に反するか否かが規準となる」と説示して，本事案につき良俗違反を認めた。しかし，後の判例の基礎となったのが1953年1月29日判決 (Urt. v. 29.1.1953, BGHSt 4, 24) である。それは，被告人がフェンシングでの決闘を行ったという事案で，判断対象について，「身体傷害が被害者の承諾にもかかわらず良俗に反するか否かの問題は，傷害の重さによってだけ答えられるものではない。むしろ，その他の事情も，**とりわけ動機**が重要な役割を果たす」と説示し，判断尺度について，「道徳律を参照することは法治国の観点から基本的疑問なしとはしない。いかなる構成要件が刑罰で警告されるべきかについて不安定な結果が生じかねない。このような明白でない規定は，法治国において耐えられるためには，被告人の有利に狭く解釈されねばならない。それ故，良俗違反と見られうるのは，この刑法的意味では，**公正に且つ正しく考える全ての人の礼節感**によれば疑いも無く刑法上当罰的不法といえることに限定される」と説示して，本事案について良俗違反を否定したのである。1991年10月判決 (BGH, Urt. v. 15.10.1991, BGHSt 38, 83) は，〔刑務所から脱走するために，同房者をその同意を得て縛り，「頭部にほんのちょっとした傷」を与えたという事案〕で，「明らかにほんのわずかの傷に過ぎないことに鑑み，所為の良俗違反を認めることはできない」と判示した。脱走という動機からすると，従前の判例に依れば，良俗違反が肯定されてもよさそうな事案であってことから，本判決は，所為の目的よりもむしろ傷害の重さに力点をおき始めたとも評価される。

　この新しい動きは下級審で顕著になった。〔**自動車サーフィン事件**〕〔被告

人は自動車の屋根に友人3人を乗せて時速70キロないし80キロで走行していてゆるい右カーヴを切ったところ，屋根上の一人が自動車にもはやしっかりと摑まることができなくなり溝へ飛ばされ重い，永続的傷害を蒙ったという事案〕で，原審 (LG Mönchengladbach, Urt. v.20.9.1996, NStZ-RR 1997, 169) は，「社会倫理的に是認できないのは基本的に，人の最高の財，つまり生命が危殆化される危険な企てである。生命という法益の最高位の故に，生命に危険な企ての場合，被害者が単に承諾しているというだけでは正当化に十分でない。むしろ，企ての誘因，目的に関して，危険の予防措置，大きさに関して特別の事情が付け加わる必要があり，これによって行為者の行為の義務違反の否定が正当化される。この理由から，承諾によってあらわれる被害者自律性の価値が所為によって追求される目的と一緒になって生命の危殆化にある無価値を凌駕するか否かが詳細に検討されるべきである。衡量にあたっては次の原則が働く，つまり，企てにおいて死の結果又は重い身体傷害の蓋然性が大きいほど，追求される目的も，その実現がこの種の危険を犠牲にしてでもなお相当と思われるために，それだけ重大でなければならない」と説示して，本事案では目的の重大性を否定した。上訴審 (OLG Düsseldorf, Beschl. v. 6.6.1997, NStZ-RR 1997, 325) も原審に組した。「承諾があるにもかかわらず良俗に反するか否かの判断に当たって決定的に重要であるのは，冒された危険の程度とそれの所為目的との関係である。危険が大きいほど，所為目的のもつ価値が少ないほど，良俗違反が認められる」。本件では，「冒された危険が所為目的と釣り合いが取れていない」。

BayObLG, Beschl. v. 7.9.1998, NJW 1999, 372 [**少年ギャング入会儀式事件**]〔15歳の被害者少年はある「少年ギャング」に加入するつもりだったし，その受け容れ儀式に服する覚悟があった。ギャング仲間3名から1分半にわたって身体，頭に拳打ちや足蹴りをされねばならなかった。被疑者は倒れてもなお虐待行為を受けた。1分が経過してから，被告人らは被害者に「入会試験」を止めたいか否かを問うたところ，被害者は引き続き受けたいと答え，被告人らはさらに暴行を加え続けた。結局，被害者はとりわけ頭部に重い打撲傷を受け，全治2週間の診断書がでたという事案。第1審では無罪，原審では危険な傷害罪で有罪判決が言い渡された〕。本事案において，バイエルン上級

地方裁判所は本件所為が良俗違反であるとして,傷害罪の成立を認めた。「傷害が,被害者の承諾があるにもかかわらず良俗違反となるのは,自己の身体の不可侵性に関する処分権が基本的に承認されていても,傷害の目的,動機,手段及び性質からすると,公正に且つ正しく考える全ての人の礼節感に反する,それ故,承諾の法的承認が共同生活の基礎にある秩序によって拒まれねばならないときである (BGHSt 4, 88 [91] …)。本件はその場合にあたる。『入会試験』の内容は,——初めから予定されていたし,『試験者』が望んでもいたのだが——何度も何度も残虐な,手心を加えないそして無慈悲な拳打ちと足蹴りであり,『受験者』が倒れた場合ですら続けるつもりであったし,実際そうされた。それにまた拳打ち,足蹴りは頭部に向けられた。まともな人には直ちに明らかであるが,とりわけこのようにして加えられた頭部傷害によって,きわめて重い損傷が,それどころか被害者の死が生じかねない。『受験者』に差し迫った且つ重大な危険は,受験者が攻撃者に対して防衛してもよい,いつでも試験の中止を要求してもよいということによって,かなりの程度低下するものでもない。というのは,3人の攻撃者の圧倒的力に鑑みると,条件の防禦の見込みはわずかでしかない。被害者が暴行の中止を要望するまで,多くのそして重い傷害が加えられていたのであって,被害者はたぶん,中止又は継続を望むか否かを,もはやまったく（自由に）決定できなかった。原審の認定したこういった事情の下では。被告人らの所為は社会倫理的価値観念に反している。被害者少年は被告人らの行為態様によって客体へ貶められ,重い健康障害の危険に曝される」。バイエルン上級裁判所は,「公正に且つ正しく考える全ての人の礼節感」に依拠した上で,被害者が「客体に貶められ,重い健康障害の危険に曝された」こと,それどころか死の危険に曝されたと説示しているところから,本判決は法益説に近い立場にあると評価される[101]。

　連邦通常裁判所も従前の立場から離れ,新しい方向へ踏み出したと評価されるのが次の二つの判決である。BGHSt 49, 34 (11.12.2003), 3. Senat [**ヘロイン注射事件**]〔被害者は,アルコール依存者であり,痙攣の発作にも罹ってい

---

[101] *H. Otto*, Anmerkung zum Beschluß des BayObLG v. 7.9.1998, JR 1999, 124 f.

V 正当化事由としての承諾の前提要件と限界　55

て，治療薬を服用していた。身体の状態は悪かった。その両手は小刻みに震え，歩行も不自由で身障者用の三輪自転車を使わねばならなかった。被告人は，被害者が時々ヘロイン注射をしているのを知ってから，二度被害者と一緒にヘロインを費消した。被告人はヘロインを吸引したが，被害者はヘロインを自己注射した。被害者は2回とも被告人に「放心状態」にあるとの印象を与えたが，話しかけには応答した。犯行当日の夕方，被告人は，スーパーマーケットの前で飲み友達と話し込んでいて，缶ビールを手に持っていた被害者に会った。被害者はこの時までに相当ビールを飲んでいたが，アルコール順応のために脱落症状にはなかった。被告人と被害者は一緒にヘロイン1グラムを費消することにした。被害者の住まいで，二人は先ずアルコールを飲んだ。それから被告人は自ら入手したヘロインの半分をアスコルビン酸と水と一緒に煮沸して，それを自己注射した。被告人の長い経験からすると，その効き目は普通だった。注射器を熱湯消毒してから，被告人はもう半分のヘロインを煮沸した。両手が震えてもはや自己注射ができる状態ではなかった被害者は被告人に注射をしてもらうことにした。被告人はその願いを入れてヘロイン1グラムを静脈注射してやった。被害者は注射をされた後間も無くヘロイン中毒で死亡したという事案]。本判決によれば，良俗違反というのは，所為が，「道理上疑問とはなりえない，一般的に通用する道徳的尺度によれば，良俗違反という明白な欠陥をもっている」場合のことであり，したがって，傷害が，「公正に且つ正しく考えるすべての者の礼節感に反している」ことである。第3刑事部は，良俗違反の判断に当り，所為が非難すべき目的を追求するということだけが考慮されるのでなく，身体的虐待又は健康障害の程度，それに伴う，被害者の身体，生命に対する危険の程度が重要であること，具体的な生命に対する危険が客観的に予見可能であるとき，当該所為は良俗違反であると結論づけた。

　第3刑事部は実質的に二つの点で革命的な方向へと踏み出したと評価される。先ず，本判決は乞われたヘロイン注射の良俗違反を否定した。「本刑事部は，違法な薬物の使用が今日一般的に認められた，疑いようの無い価値観によれば一般的になお良俗と一致しないといえるという判断を下すことはできない。おなじことは，違法な麻酔剤の了解のある投与によって惹起された傷

害にもいえる」と判示するとき，旧判例の道徳化する立場からの最終的離別が見られる。麻酔剤法違反の重い可罰行為すらも良俗に違反しないとき，刑法第228条から導かれる可罰性をおよそ道徳的考慮から導出することはもはやできない。次に，本判決は刑法第228条を精密に限定している。「被害者の承諾があるにもかかわらず傷害が良俗違反，したがって，違法であることは，被害者のためのヘロイン注射によって生じた具体的な生命の危険から導かれる」と判示するとき，「具体的危険」を「一般的道徳感覚からすると，道徳的非難の限界を超えている」から導くのでなく，刑法第226条の法思想から導いた方がよかったと云えるが，それでも刑法第228条の主要適用事例が限定されたところに意味がある[102]。

BGHSt 49, 166 (26.5.2004), 2. Senat [緊縛遊戯事件]〔被告人（男性）の伴侶（女性）は，被告人とは異なり，異常な性的行為，特に，いわゆる緊縛遊戯に大きな関心を示した。これには，被告人が物体で被害者の咽喉，舌骨，気管を圧迫して，被害者の望んでいる一時的酸素不足を惹き起こし，興奮作用を生じさせることが含まれていた。犯行日に，伴侶は被告人に改めて緊縛遊戯を要求し，自ら（綱，木片及び金属管）を用意した。被告人は最初渋ったが，結局，伴侶の要望に応えた。被告人は伴侶が呼吸できなくなることを恐れたが，伴侶は被告人の危惧を吹き飛ばし，今回は今まで使ってきた綱に代わって金属管の利用を要求した。間隔をおいた，伴侶の頚部に向けられた数回の，少なくとも3分は続いた行為の最中に，被告人は金属管で圧迫した。伴侶は，強度の頚管圧迫とそれに伴う脳への酸素供給遮断，それに続く心臓停止により死亡したという事案。地方裁判所は，殺人の（未必の）故意の証明がなかったし，さらに，傷害については承諾があったという理由から傷害致死罪の成立を否定したが，過失致死罪の成立は肯定した。連邦通常裁判所は，生命に危険のある行為は良俗に反するから，それを有効に承諾することはできないとして，原判決を破棄差戻したという事案〕。本事案において，連邦通常裁判所は，加虐被虐的性的行為が良俗違反でないこと，つまり，性的満足の目的は良俗違反でないことを明らかにするとともに，他の理由から，本件所為の良

---

[102] *Roxin*, (Fn. I -1), §13 Rn 62 f.

俗違反を肯定した。所為の良俗違反の概念にとって決定的に重要なことは，傷害結果の性質と重さであること，その場合でも，積極的な又は少なくとも納得できる所為目的があれば，それによって良俗違反が相殺されること，というのも法益保持者の自由な処分領域を超えていないからであること，そして，承諾者に傷害によって具体的な生命の危険が生じないことである。

本判決の特徴は，[**ヘロイン注射事件**]とは異なり，「良俗」を社会の道徳観念，つまり，「公正且つ正しく考える全ての者の礼節感」と結び付けなかったところにある。そこから，本判決に対して，第2刑事部は必ずしも意識していないとしても，実質的に見ると，具体的な死の危険の侵襲がある場合に有効な承諾の限界として良俗違反を用いることを廃止して，それに代わって放棄された利益の処分不可能性を用いたと評する見解も見られる。すなわち，被害者は専ら快楽を得るという目的のために自分の生命を失うことを予期せざるを得ないことになる行為に承諾を与えることはできない。刑法第216条が自分の生命を処分できないことを定めるとき，快楽の獲得だけを求める限り，自己の生命の危殆化も処分の対象とならない。この場合，良俗違反を持ち出す必要はない。本事案においては，処分可能性の限界を超えたという観点から解決できたのであり，[**少年ギャング入会儀式事件**]では，生命の危殆化を伴わない傷害が問題となっており，それはまだ承諾権能の範囲内にあるが，所為の良俗違反から可罰性が肯定される事案であると[103]。

連邦通常裁判所は，[**ヘロイン注射事件**]に見られるように，刑法第228条の良俗違反を基礎づけるために他の刑罰規範違反を援用することをしてこなかったのであるが，次の二つの裁判例は刑法第231条を援用したのである[104]。

BGH, Beschluss v. 20.2.2013, 1. Senat, NJW 2013, 1379 [少年集団抗争事件]〔事件の引き金となったのは，A，B及びCも属する少年集団の構成員の

---

[103] *W. Gropp*, Indisponibilität statt Sittenwidrigkeit. Überlegungen zu BGHSt 49, 166, ZIS 2012, 602；*ders.*, (Fn. Ⅱ-17), §5 Rn 78, 99；vgl. *K. Kühl*, Die sittenwidrige Körperverletzung, in：Schroeder-FS, 2006, 521, 526 ff.；*ders.*, Der Umgang des Strafrechts mit Moral und Sitten, JA 2009, 833, 836 f.；*Roxin*, (Fn. Ⅰ-1), §13 Rn 64 f.；*Wessels/Hettinger*, (Fn. Ⅰ-56), §5 Rn 318a.
[104] Vgl. *Wessels/Beulke/Satzger*, (Fn. Ⅰ-4), §11 Rn 561 u. 564.

一人Dに対して対立少年集団のLが攻撃をしたことにあった。LはDを揺さぶりそれから自動車に押し付けようとした。この争いには仲裁が入りそれ以上の暴行沙汰には到らなかった。しかし，この件に怒りを感じたCは自分の所属集団の構成員らに事件現場に来るように促した。間も無く，補強されたA，B，C及びDから成る集団とL，M，N及びOからな成る集団が対峙した。両集団の構成員は，相互の罵詈雑言が昂じて暴行に発展することを認識していた。関与者らは拳打ちと足蹴りで決着をつけることで一致した。重い傷害も容認された。その後4分ないし5分続いた乱闘から，A，B，C及びDから成る集団が優勢であることがはっきりした。Mがこのことを顧みず対立集団の一人を攻撃したとき，AはMをさんざん殴りつけたので，Mは転倒した。倒れたままのMは一発足蹴りをくらい頭蓋骨打撲傷を負い，病院へ救急搬送され，入院治療を受けねばならなかった。BはNの顔を激しく拳打ちしたので，Nは下顎の歯3本を失い，植歯されねばならないほどだった。加えて，鼻中隔がずれたので，手術による矯正を要するほどだった。血中アルコール濃度3プロミルだったOは拳打ちを食らったのですでに闘争の最初の段階で倒れており，抵抗能力の無い状態だった。それでも，AとCはOの頭部と体を数度足蹴りした。その攻撃が終わったので，Oは四つんばいの状態ではってその場を去ろうとしたが，Bが足を後方に伸ばして弾みをつけてOの顔を蹴った。引き続いて，AとCもOを再度踏みつけた。AはOの頭部も踏みつけ，さらに，その頭部を少し持ち上げ，強くは無かったが，アスファルトに打ち付けた。無数の傷を負ったOは3日間入院し，そのうち1日は集中治療室で治療を受け，14日間は就労不能だったという事案。原審はA，B及びCを少年刑に処した。上告棄却「承諾者に具体的死の危険を伴う傷害行為というのは行為の危険性の程度とそこから生ずる生命及び身体にとっての危険を意味し，それに到れば傷害に良俗違反が認められるのが普通である。しかし，この規準は，刑法第228条が想定する承諾があるにもかかわらず良俗違反が認められる状況を余すところ無く扱っているわけではない」「連邦通常裁判所が従前扱った裁判例はほぼすべて，何人かの間で暴力行為が行われた事案ではなかった。それ故，今まで，所為に伴う被害者ないし被害者らの危殆化を判断するために，集団力学的進行の影響，例えば，集団

内の及び反目する集団間の影響に起因する全体状況の統制不可能性といったことが考慮されえなかった」「所為がそれから生ずる危険性を限定する条件の下で行われるなら、通常、傷害は承諾の表示によって正当化される。これに対して、このような調節措置がなされていないとき、傷害は基本的に良俗に反する。規則がないと、経験上、承諾の範囲を超えて傷害の危険の程度が高まると云えるからである。同じことは、行為者と被害者の間に規則が作られた場合ですら、その取り決めたことが十分に確実な方法で、重大な、それどころか死の危険を伴う傷害の防止への配慮がなされていないときにも云える」、「重要なのは、傷害行為の危険性の程度を事前の観点から評価することである（……）。傷害行為によって惹起された具体的死ないし生命の危険の場合、通常、刑法第228条の意味での良俗違反の限界を超える、身体、生命という法益に対する危険性が生じていると考えることができる（……）。しかし、承諾のなされた傷害の危険性の程度は実行行為に付随する事情によっても影響される」「所為が、そこから生ずる、身体の不可侵性それどころか負傷者の生命に対する危険の程度を限定する条件の下で行われるなら、通常、傷害は承諾の表示によって正当化されると考えられる。これに対して、この種の規制措置がとられていないなら、傷害は承諾表示にもかかわらず。基本的に良俗違反である」「いずれにせよ、本事案におけるような、敵対する集団の間での暴行抗争における傷害には、段階的拡大の危険のあることが考慮されるべきである。このことは、……刑法第231条の基礎にある保護目的からも云える。この抽象的危険犯で（……）、立法者はすでに法益侵害の前域において生命、健康を何人かの者の間の暴力的対決による危殆化可能性から保護しようとしている（……）。乱闘のこの特有の危険性の側面はまさに集団力動的推移の統制不可能性にある。この危険性の側面が本件のような合意の上の相互傷害の事前的判断にあっても考慮されねばならない」、「取り決めによって許された傷害に、少なくとも足蹴りの形で、すでに些細とはいえない危険可能性が伴っている。認定事実によれば、こういった足蹴が喧嘩相手の頭部にも向けられたことは否定できない。頭部への足蹴はそれ自体生命に一般的に危険である。……同じことはLの側の者が蒙ったような頭部に向けられた拳打ちにも云える。……こういった拳打ちが特に敏感な頭部、とりわけこめかみに

向けられると，具体的死の危険すら考えられるのが普通である」「しかし，より重要なのは，……相互傷害行為の段階的拡大，これに伴って，それから生ずる法益危険性の著しい高まりを排除するいかなる取り決めも予防措置も無かったことである。集団間で，……もはや効果的な防禦能力を失った関与者に対する傷害を排除する取り決めがなされたとは認められない。同様に，……一方には多数の『闘士』が揃っているので，数において劣る者にとって重い傷害の危険が高まる状況を起こりえなくする取り決めや安全対策も認定できない」。

　本決定は，少年集団間の対立抗争という面だけでなく，スポーツ，殊にサッカーとの関連で，「第3の地での殴りあい」，「第3ハーフタイム」とか「試合」とか呼ばれる頻繁に発生したフーリガンの抗争事件との関連でも注目を浴びた裁判例である。本事案では，刑法第223条（傷害罪）第1項，同第224条（危険な傷害罪）第1項第4号（傷害の共同）該当行為が承諾によって正当化されるか，所為の良俗違反性の故に承諾が無効となるかが争われた。同第231条（乱闘関与罪）の適用がなかったのは，同条が要求している死亡又は同第226条の意味での重い傷害（客観的処罰条件）が生じなかったからである。第1刑事部は本決定において「行為の危険性」を引き合いに出し次のように説示した。良俗性の判断に当たり重要なのは，傷害結果の性質，重さではなく，むしろ，従来の具体的考察方法に代わって，敵対する集団間の暴行対決ではこれに典型的に伴う，抽象的な段階的拡大であること，こういった対決で，危険性潜在力を限定する取り決め，その遵守のための効果的安全対策がなされないとき，この経過の中で加えられた傷害は，具体的に死の危険が迫っていなくても良俗違反であると[105]。

　BGH, Urteil v. 22. Januar 2015, 3. Senat, NStZ 2015, 270［フーリガン乱闘事件］〔ドレースデンを本拠地とするフーリガンに所属する被告人らは2年以上にわたって他のフーリガンの諸集団と取り決めた上で乱闘を行ってきた。乱闘は不文の，しかし集団間では一般に承認された規則に従って行われた。乱闘は，数秒間，せいぜい数分間続き，一方の全ての闘士が打ちのめさ

---

[105] Vgl. *M. A. Zöllner, M. Lorenz*, Entscheidungsbesprechung zum BGH, Beschl. v. 20. 2. 2013, ZJS 2013, 429.

れるか，逃走するか，負けが認められると終わった。参加者の規則違反や傷害があったとき直ちに介入する「審判員」は用意されていなかった。場合によって，規則違反について引き続き話し合いが行われ，違反者は以後の戦いには参加できなくなったという事案。原審は，一連の乱闘事件のうちの一件にのみ危険な傷害罪の成立を認めた。この一件では，両集団の闘士の人数から見て相互攻撃の危険性が大きく，傷害行為は傷害の承諾があるにもかかわらず良俗に違反するとされた」「刑法第228条の良俗要素はそれだけ捉えれば輪郭を欠いている。道徳的評価の変遷可能性に鑑み，個々の社会集団，それどころか判断を下す裁判所がもつ観念は良俗判断の糸口とはならない(……)。一般的に通用する道徳規準を調べることも多元的社会において問題なしとはしない」「それ故に確認できる良俗という概念の不明確性に対処するためには，この概念が刑法第228条において厳格に傷害罪の法益に関連づけられ，その中核内容に縮減されねばならない。社会的観念や所為によって追求される目的は，例えば，医的治療侵襲の場合のように，承諾を重い法益侵害にもかかわらず有効とするために援用できるに過ぎない」「あらゆる重要な事情を事前の観点から客観的に考察して，承諾者に傷害行為による具体的死の危険が生じた場合に所為の良俗違反が肯定されるのだが，それは刑法第216条の立法者の評価から導かれる限りにおいて，上述したことは従来の判例に沿うものである。すなわち，被害者が承諾しているだけでなく，真摯に要求している殺人がそれでも可罰的であるという事情から，被害者が第三者によって殺害されることの承諾は無効であることが導かれうる。この評価から刑法第228条にかかわる判例は，公共の利益において，自己の身体の不可侵性や自己の生命の法益の生存にかかわる処分を下す可能性が制限されることを導いた。それ故，身体の不可侵性や生命という法益の第三者からの侵害の保護は，そのものでなく，法秩序にとり耐えられうる範囲内においてのみ個人の処分に委ねられる（……）。この範囲が超えられるのは，傷害を承諾する者に所為によって具体的死の危険が発生するときである」「しかし，立法者の評価は，切迫する死の危険にかかわる刑法第216条からだけでなく，傷害行為の態様のために刑法第231条の規定からも得ることができる。この規定に依れば，乱闘に関与する又はいくつかの攻撃中の一つに関与する者は違

法且つ有責に刑法の構成要件を実現する。この者が処罰されるのは，なるほど，乱闘によって又は攻撃によって人の死又は刑法第226条の意味での重い傷害が惹起された場合に限られる。しかし，完全に支配的見解では，この結果は客観的処罰条件に過ぎない。この構成要件の構成に表れているのは，社会倫理的に非難に値する行為が既に乱闘への関与に又はいくつかの攻撃の一つに関与することにあること，なぜなら，それによって，関与自体がもう当罰的不法となるほど経験上重い結果の危険が創出されるからであるということである」「取り決めの上身体的対決に関与した被告人らの集団構成員並びに敵方の関与者は刑法第231条第1項の構成要件を違法且つ有責に実現した。……このことから，——すくなくとも，乱闘に関与した者に必要な事前の視座からすると少なくとも重い健康障害の具体的危険が生じている一連の本事案において——上記の諸原則からすると，対決に伴う傷害行為の（推断的）に与えられた承諾は無視しても良いことが導かれる」「刑法第231条の構成要件の目的は，抽象的危険犯として（……）乱闘によって又は攻撃によって実際に負傷した者又は殺された者の生命，健康を保護することだけでなく，乱闘や攻撃によって危険に曝される——無関与の——全ての者の生命，健康の保護にもある。後者の観点は公共の利益であるから，乱闘に関与した者一人又は全員の承諾は刑法第231条の範囲内では正当化効果を有しない」「これらの諸原則からすると，一方で傷害の所為——本件では刑法第224条第1項第4号——他方で乱闘関与の観念的競合の場合，刑法第231条第1項の構成要件が——違法且つ有責に——実現されると，刑法第228条の意味での傷害所為の良俗違反が認められる（……）。というのは，乱闘関与者が当罰的不法を実現したという法律違反に（……），刑法第231条の立法者評価の無視が見て取れるからである。刑法第231条によって生ずる身体，生命に対する危険の増大に対して，対決の段階的拡大を妨げる予防措置がとられうるか否かとは関係なく，立法者の評価は良俗違反判断を基礎づけている」「刑法第231条の構成要件の充足による傷害行為の良俗違反が常にそして具体的に生じた危険とは関係なく承諾を顧慮しなくても良いか否か，例えば，事前の考察から軽微な傷害しか予期してないときもそうであるかは未決にしておくことができる。少なくとも，——本件のように——負傷者が所為によって重い健康障

害の具体的危険の発生が予見できるとき，……刑法第231条の法律評価に対する違反によって，刑法第228条の意味での所為の違法性が肯定される」。

　第3刑事部は，被告人らの集団が刑法第129条第1項の犯罪的団体であると認定してから，一連の乱闘について危険な傷害罪（刑第224条第1項第4号）を認定した。第3刑事部は，後者の結論を，被告人らは違法且つ有責に乱闘に関与したこと（刑第231条），闘士らが傷害行為の承諾を与えたということは，刑法典の構成上初めから正当化作用を有し得ないということから導出した。一連の殴り合いにおいて，刑法第231条の定める客観的処罰条件（人の死又は刑法第226条の意味での重い傷害）が生じていない，それ故本条による処罰ができないからといってこの結論が変わるものでもない。被告人らの集団形成は乱闘の範囲内での暴行に合わしていたのであるから，その目的，その活動は可罰的（危険な）傷害を行うことにあったと判示した。〔**ヘロイン注射事件**〕でも〔**緊縛遊戯事件**〕でも，刑法第228条の意味内容が刑法第216条で補充されることによって，可罰範囲の限定傾向が垣間見られたのであるが，〔**フーリガン乱闘事件**〕では，刑法第231条が援用されることにより，可罰範囲の拡大傾向が見られるようになった[106]。

(b)　オーストリア

　オーストリア刑法第90条は，承諾の正当化効果を「傷害又は身体の安全の危殆化それ自体が良俗に反しない」場合に限定している（**良俗違反性修正**）。立法理由では，良俗違反とは，「公正に且つ正しく考える全ての者の礼節感に反する」[107]ことと説明されている。本条は，身体の無傷性に関して個人に一般的に承認された処分権能を制限することを意図している。身体の無傷性という高位の法益及びその顕著な社会関連性の故に，法共同体が傷害，身体の安全の危殆化の許容性について「良俗条項」を通して「共同発言権」とでも云うべきものを留保しているということである。「身体の安全の危殆化」という

---

[106]　Vgl. *F. Knauer*, Die Unwirksamkeit der Einwilligung in die Körperverletzung wegen Sittenwidrigkeit in der neueren höchstrichterlichen Rechtsprechung, HRRS 2015, 435, 440.
[107]　EBRV 1971, 221 f. オーストリアの刑法理論について，参照，長谷川裕寿「オーストリア刑法学における『被害者態度』と『行為者答責』」明治大学『法学研究論集』12（2000）35頁以下。

のは，第89条（身体の安全の危殆化罪）を受けた規定であり，危殆化というのは具体的危険を意味すると解されている。危殆化の承諾を与えたに過ぎない者は，傷害の承諾を与えたことにはならない。例えば，被雇用者が被雇用者保護規定を無視した労働の承諾を与えても，それに起因する被雇用者の傷害に対する責任者の可罰性が消滅することはない。本条は，その不明確性の故に批判されるのだが，それでも，法共同体において承認された倫理的価値観の利用が避けて通れないことを明らかにしている[108]。

　法治国の理由から，「礼節感」は厳格に理解されるべきと考えられている。傷害や身体の安全の危殆化は，「公正に且つ正しく考える者」がそれを現実に拒絶する場合にだけ「良俗」に反すると理解されている。換言すると，**一般的に認められた良俗違反の場合にだけ正当化を拒んでよい**という趣旨で理解されている。良俗違反に関する判断は一義的でなければならないのである。判断に疑わしいところがあるとか，対立がある場合には，行為者の利益に働く。このようにして，明確性の要請に最小限の考慮が払われている[109]。

　承諾の対象が，承諾の良俗違反性でなく，承諾者によって許された**傷害，身体の安全の危殆化の良俗違反性**だけであることは，刑法第90条から明らかである。問題は，傷害，身体の安全の危殆化の詳しい理解である。その一は，この概念を包括的な意味で解釈する見解である。生じた傷害結果ないし身体の安全の危殆化結果と並んで完全に全般的に，これに関与した者の目的，動機，用いられた手段の種類，及び具体的所為の凡そあらゆる随伴事情を考慮する見解である[110]。その二は，承諾の対象は傷害結果又は身体の安全の危

---

[108] *Burgstaller/Schütz*, (Fn. Ⅱ-11), § 90 Rn 67；vgl. *Fabrizy*, (Fn. Ⅱ-61), § 89 Rn 1a, § 90 Rn 3；*Hinterhofer*, (Fn. Ⅱ-1), 27.
　ドイツのフリッシュと同趣旨の議論を展開するのがフックス（*Fuchs*, (Fn. Ⅰ-17), 16. Kap Rn 7）である。フックスは，「法秩序は，処分者が自由に行為すること，つまり，傷害の承諾が現実に自由な自己決定の行為であることにのみ注意を払うべきであり，極端な場合に限界を設ける，つまり，例外的に，個人をその自由の無思慮な使用に対して自分自身から護ることが必要となる場合に限界を設けねばならない」と論じているので，その帰結として，良俗条項に見られる自己決定権の制限を「自己決定権の最後の安全対策」と理解することになり，第90条が承諾者の人間の尊厳それ自体を保護する機能も有することに繋がるが，ブルクシュタラー/シュッツはこのような自由の絶対化を批判する *Burgstaller/Schütz*, (Fn. Ⅱ-11), § 90 Rn 68.
[109] *Burgstaller/Schütz*, (Fn. Ⅱ-11), § 90 Rn 69；*Steininger*, (Fn. Ⅰ-2), 11. Kap Rn 94.

殆化結果であるから，結果だけを良俗違反検証の対象と捉える見解である[111]。この見解は刑法第90条の文言から当然出てくる説である。この立場からは，関与者の目的，動機は考慮しなくても良いということになる。さもなければ，承諾の重点が結果から引き離されてしまうからである[112]。そうすると，本説からは，移植目的で臓器を摘出することは正当化されないことになる。臓器摘出という結果はその重さ及び多くの場合に見られる非可逆性の故に否定的判断をうけることとなるからである[113]。そこで，その三（通説）は折衷的見解を採る。出立点は刑法第90条第1項の定める傷害結果，身体の安全の危殆化結果の優越性であり，関与者の目的及び動機は限定的に考慮される。それらが積極的評価を受けるなら，そうでなければ良俗違反と評価されるべき傷害，身体の安全の危殆化も良俗違反とは評価されないことになる[114]。

通説に依れば，良俗違反性となる限界は**重い傷害**を加えた場合である（刑第84条：24日を超えて継続する健康加害又は就労不能，傷害又は健康加害それ自体が重い。刑第85条：重い持続的な結果を伴う傷害）。但し，被害者の承諾を得て結果を惹起した行為が法的に明らかに積極的に評価されうる目的から出ている場合は別である。傷害が重ければ重いほど，この前提要件がそろうことになる。身体の安全の危殆化にも同じことが云える[115]。

軽い傷害及び軽い身体の安全の危殆化の場合，良俗違反性の輪郭はかなり不明確である。良俗違反性を法的に徴表する重い傷害とは異なって，軽い場合には，この徴表機能は逆転する。こういった傷害，身体の安全の危殆化は，関与者の目的，動機を考慮することなく，許容されるのが普通である。但し，刑法第84条の限界に近づくほど，関与者の目的の重要性が増す[116]。

---

110 *W. Brandstetter*, Sreafrechtliche und rechtspolitische Aspekte der Verwendung von Organen Verstorbener, Lebender und Ungeborener, in : *W. Brandstetter, Ch. Kopetzki* (Hrsg.), Organtransplantationen. Medizinische und rechtliche Aspekte der Verwendung menschlicher Organe zu Heilzwecken, 1987, 90, 103 ; SSt 49/9.
111 *O. Leukauf, H. Steininger*, Kommentar zum Strafgesetzbuch, 3. Aufl., 1992, § 90 Rn 13.
112 *Leukauf/Steininger*, (Fn. II-111), § 90 Rn 13 f.
113 Vgl. *Burgstaller/Schütz*, (Fn. II-11), § 90 Rn 75 ; *Steininger*, (Fn. I-2), 11. Kap Rn 94.
114 *Burgstaller/Schütz*, (Fn. II-11), § 90 Rn 75 ; *Steininger*, (Fn. I-2), 11. Kap Rn 94.
115 *Burgstaller/Schütz*, (Fn. II-11), § 90 Rn 76, 78 ; *Steininger*, (Fn. I-2), 11. Kap Rn 94 ; *O. Triffterer*, Österreichisches Strafrecht AT, 2. Aufl., 1985, 11. Kap Rn 166.

特に問題とされているのは，承諾に基づいて加えられた傷害が保険金詐欺目的のように法律違反の目的に資するとか，傷害行為自体が薬物注射のように他の法律に違反する場合である。こういった場合，承諾の許容性が否定されるものではない。良俗違反修正は厳格に法益関係的に見なければならず，上記の規準が妥当すると解されている[117]。

(c) スイス

スイスでも，法益が専ら個人の利益において保護されるにしても，法益保持者の処分権能が法的に無制約でないことは認められている。それ故，生命を故意に消すことの承諾は無効であり（刑第112条，第113条），それどころか被害者の真摯な且つ心に迫る求めに応じた殺人も，自殺（未遂）の構成要件は存在しないという事実とは関係なく，可罰的である（刑第114条）[118]。

しかし，この許容限度の根拠及び射程距離に関しては争いがある。その一は，その法益の無傷性によって個人に保障された自由の量をこの者自身から護ることの必要性であること[119]，すなわち，この財が取るに足りない理由から元に戻せない形で破壊されるとか，ひどく損傷されるといった場合には限定が必要であるという考えである。責任のある臨床医師は，若い，子どものいない女性に，「経口避妊薬」に耐えられないという理由だけで，非可逆的卵管結紮をするつもりはないであろう。もしそういうことをすれば，それが「家父長的解決策」であることに反論しようがない[120]。人の長期的利益という観点からは，身体，生命の保護を短絡的に放棄することから護る必要がある（柔

---

[116] *Burgstaller/Schütz*, (Fn. Ⅱ-11), § 90 Rn 76, 81, 83 ; *Steininger*, (Fn. Ⅰ-2), 11. Kap Rn 94 ; *Triffterer*, (Fn. Ⅱ-115), 11. Kap Rn 166 ; OGH E 12 Os 17/89（自発的加虐・被虐性交渉の過程で生じたそれ自体として軽い傷害は被害者の同意に鑑み処罰できない），OGH EEvBl 1997/14（女友達の同情をかう目的で知人によってひじに打撲傷を加えてもらう被害者の承諾は，その動機とは関係なく，良俗に反しない）。

[117] *Burgstaller/Schütz*, (Fn. Ⅱ-11), § 90 Rn 84 ; *Steininger*, (Fn. Ⅰ-2), 11. Kap Rn 95. 但し，判例はこの立場を採らない。OGH EvBl 2003/79 u. 12 Os 63/01（薬物注射の承諾は結果と関係なく専ら嗜癖剤法第8条に違反し良俗違反である）。vgl. *Lewisch*, (Fn. Ⅱ-2), Nachbem zu § 3 Rn 232.

[118] *Stratenwerth*, (Fn. Ⅱ-12), § 10 Rn 14.

[119] *Donatsch, Tag*, (Fn. Ⅱ-12), 247 f.

[120] *Stratenwerth*, (Fn. Ⅱ-12), § 10 Rn 15.

らかな父親的温情主義)[121]。すなわち,同胞の連帯感は,誰もが良く理解した利益の最善の執事というドグマを相対化することを,時に要求するかもしれない。無思慮は遍在的である。しかし,こういった見方では,重い傷害の場合の承諾の有効性を限定することは可能だが,当人の真摯な且つ心に迫る求めに応じた殺人を一般的に禁止することはできない。当人がこういう要求をすることにあまりにも十分すぎる理由があるからだと指摘される[122]。

それ故,より説得力のありそうな見解が出される。他人に対して自由それ自体を全部又は本質的観点において納得の行く理由なしに放棄する自由を,現行法は誰にも認めていない。基本的人格権は,その保持者がそれを放棄したくても,第三者にとって不可侵である(民法第27条第2項)。例えば,奴隷になることの承諾は無効である。なるほど,個人は自らその生命,健康を処分してもよい。自己決定権は,例えば,患者として生命延長の処置や医学的に緊急に必要な手術を拒否する権能も含む。その動機が「分別を欠いている」としてもそうである。しかし,このことから,法益保持者の同意が他人からの侵襲を同じ重さをもって正当化できるということにはならない。少なくともここから分かることは,何ゆえ殺人の禁止がいかなる場合でも維持されているのかということである[123]。

特に実践的意味をもつのは,身体の無傷性への(非可逆的)侵襲の場合の当人の承諾の射程距離である。比較的古い理論は,有効性を非常に広く認める傾向にあったが,但し,軍事刑法第95条のように,法律が当人の承諾があっても処罰する場合は例外とした[124]。今日,区別説が通説となっている。傷の残らない単純傷害(刑第123条第1項)の承諾は一般的に認められているし,しかも,行為者と被害者が傷害でいかなる目的を追求しているのかも問われない。加虐被虐の目的,保険金詐欺の目的が単純傷害を違法とするものではない[125]。良く挙げられる例としては格闘競技,少なくとも競技規則を遵守して

---

[121] *K. Seelmann*, Strafrecht AT, 4. Aufl., 2009, 42.
[122] *Stratenwerth*, (Fn. Ⅱ-12), § 10 Rn 14.
[123] *Stratenwerth*, (Fn. Ⅱ-12), § 10 Rn 16.
[124] *E. Hafter*, Lehrbuch des Schweizerischen Strafrechts AT, 1942, 170 f.
[125] *Donatsch/Tag*, (Fn. Ⅱ-12), 248;*S. Trechsel, P. Noll*, Schweizerisches Strafrecht AT I, 6. Aufl., 2004, 142.

も通常生ずる傷害に関してもそういえる[126]。これに対して，重い傷害（刑第122条）の場合，傷害行為で追求される目的が納得のいくときに限り，適法と見られる[127]。シュトラーテンヴェルトは，目的の評価が前提とされることから，「侵襲が当人の利益を理解したうえで賢明な又は少なくとも擁護できると思われねばならない」と指摘する[128]。そうすると，腎臓等の重要な臓器の摘出は，患者のためであるときは許されるが，研究のためのときは許されない。臓器提供者が専ら対価としての金銭贈与を目的としているときも，臓器摘出は違法である。犯罪目的のために，例えば，保険金詐欺の準備のために与えられた承諾は手足等の切断を正当化しない[129]。

(d) 日 本
(aa) 学 説

わが国でも，傷害については，被害者の承諾がある場合でも，違法性阻却には一定の制限が設けられる。被害者の承諾の性質と関連して，様々な見解が見られる。先ず，**公序良俗説**によれば，医療の輸血行為のためにする血液の採取は違法性が阻却されるが，債権者が，債務者に対し，履行の延期の代償として，その承諾を得て殴打を加えるのは違法である[130]。**目的説**よれば，承諾による行為は社会的相当の方法・手段及び法益侵害の限度内のものでなければならない。医師又は医師に相当する者が輸血用の採血をしたとか，整形手術に必要な皮膚を患者以外の者の承諾を得て採取する場合，医学上一般に認められた方法及び手段により且つ社会的に相当と考えられる分量の採取にとどめるべきであり，スポーツにおいてはスポーツのルールに従った行為でなければならず，社会的相当性を超えた行為は違法である。承諾の動機は行為の適法性には影響がない。例えば，保険金詐取の目的で公共の危険のない自己所有の家屋の焼燬を承諾しても，承諾によって得た金をもって賭博を

---

[126] *F. Riklin,* (Fn. Ⅱ-12), § 14 Rn 67 ; *Seelmann,* (Fn. Ⅱ-12), Vor Art. 14 Rn 15 ; *Trechsel/Noll,* (Fn. Ⅱ-125), 142, 276.
[127] *Riklin,* (Fn. Ⅱ-12), § 14 Rn 62 ; *Trechsel/Noll,* (Fn. Ⅱ-125), 142.
[128] *Stratenwerth,* (Fn. Ⅱ-12), § 19 Rn 17 ; vgl. *Donatsch/Tag,* (Fn. Ⅱ-12), § 22 2.3.
[129] *Donatsch/Tag,* (Fn. Ⅱ-12), 249 ; *Stratenwerth,* (Fn. Ⅱ-12), § 10 Rn 18.
[130] 牧野（注Ⅱ-40）489頁，490頁注1。

する目的で採血を承諾しても，承諾による行為である器物損壊，傷害行為の違法阻却には影響がない。これに対して，行為者において被害者の承諾を違法な目的のために利用したとか，違法な目的のために承諾を得た場合には違法性は阻却されない。したがって，承諾を利用して被害者に相当性の限度を超えた傷害を与えたとか，嗜虐的行為を行う目的又は科学的に無価値な生体実験をする目的で承諾を得た場合の行為は違法である[131]。**社会当的相当性説**は，社会的相当性の観点から法益侵害の適法性を判断するので，債務免除の代償として債務者の小指を切断する行為は，被害者が承諾していても，違法である。病者に輸血のために，健康者から，その承諾を得て血液を採取する行為は，一応適法であるが，給血者の身体を著しく衰弱させる程度まで採血した場合は違法である[132]。**国家・社会倫理規範説**によっても，病者に輸血するために，健康者の承諾を得て採血すること自体は適法であるが，それが，給血者の身体に大きな傷跡を残すような方法で採血されるとか，給血者の健康に支障をきたす程度にまで採血することは許されない[133]。

　法益衡量説によると，同意傷害について，その原則的不処罰から出発して，結果としての傷害の重大性を基準として，例外的な処罰可能性を留保すること，身体的法益は個人の処分権の範囲を超える場合があるとしても，その行為態様を行為の目的や同意の動機の反良俗性において考慮することは，同意傷害の可罰性を不必要に広げることになる恐れがあること，例えば，賭博に供する資金を得る目的で，輸血用の血液の採取に同意した場合でも，傷害行為の違法阻却性には影響がないと説かれる[134]。**優越的利益説**によれば，「身

---

[131] 木村（注Ⅱ-41）285頁以下。
[132] 福田（注Ⅱ-42）181頁。
[133] 大塚（注Ⅱ-43）244頁。
[134] 中山（注Ⅱ-44）313頁及び同頁注3，浅田（注Ⅰ-55）206頁「生命に危険を及ぼすような傷害について同意がある場合，事態を正確に認識していれば，通常は同意殺人罪の（少なくとも未必の）故意が認められるであろうから，それで対処すれば足りる。それ以外の場合は，原則として，有効な同意があれば違法性が阻却されるものと解すべきであろう。内臓摘出・手足の切断といった重大な傷害であっても，生命の侵害に結びつかないかぎり，その種の自傷行為が不処罰であるのと同様に，違法性が阻却されるものと考えるべきであろう」。参照，平野（注Ⅱ-17）「同意があればすべて違法でないと考えることも，現行法のもとでは不可能ではない。しかし，一挙にそこまでゆくことが妥当でないとするならば，……傷害の重大性で区別するほかない。もっとも『重大』かどうかの規準は，なお不明確であるとすれば，『死の危険』があるかどうかで区別するのも，一つの考え方であろう」。

体の重要部分は,『処分意思そのもの』を生み出す前提として,『意思』を超える価値であり,至上の価値である『人間の尊厳』そのものと考えるべきである。したがって,身体に関する承諾は,具体的なばあいに応じて,身体を譲り渡すことによってえられる利益の比較衡量をとおして,その正当化の可否が決せられる」[135]。生命,身体に関する被害者の承諾は,「法の見地からして,より優越する利益のためになされたものであると認められる限り,その承諾を得て行われた行為(たとえば,安楽死とか外科手術等)は,違法性を阻却しうる」[136]。自己決定権対侵害法益の利益衡量説は,侵害法益が自己決定の自由の利益に優越するときは,承諾にもかかわらず違法となること,承諾殺人が被害者の承諾にもかかわらず違法とされるのは,それが自己決定の自由の実現によっても補いえないほど重大な生命(自己決定権行使の基盤でもある)という法益の侵害を伴うからであること,また,承諾に基づく通常の傷害の違法性は阻却されるにもかかわらず,生命の危険を伴う傷害の場合に承諾があっても違法性が阻却されないのも同様の理由に基づいていると説く[137]。

(bb) 判 例

①**指つめに関する判例**　仙台地石巻支判昭和62・2・18判時1249・145は,〔A一家のBの身内であるCは,Bから不義理に対するケジメをつけるように云われたため指を詰めることを決意し,被告人にこれを依頼し,被告人は,Cの左小指の根元を釣り糸で縛って血止めしたうえ,風呂の上がり台の上にのせた小指の上に,出刃包丁を当て金づちで2,3回たたいて左小指の末節を切断したという事案〕において,「右のようなCの承諾があったとしても,被告人の行為は,公序良俗に反するとしかいいようのない指つめにかかわるものであり,その方法も医学的な知識に裏付けされた消毒等適切な措置を講じたうえで行われたものではなく,全く野蛮で無残な方法であり,このような態様の行為が社会的に相当な行為として違法性が失われると解することはできない」と判示し,行為の「公序良俗違反」と「社会的不相当性」という観点から,違法性阻却を否定した。

---

[135] 内田(注Ⅱ-45)156頁。
[136] 内田文昭『刑法概要上巻(1)』1995・413頁注8。
[137] 曽根(注Ⅱ-48.重要問題)139頁。

②性的加虐行為に関する判例　大阪高判昭和 29・7・14 裁特 1・4・133 は，〔被告人は，従来から時々していたように，性交する際に相手方の承諾を得て首を絞めたが，相手方に異常な徴候が現れたのを軽視して絞め続けたため，窒息死させたという事案〕において，「婦女の首を絞めることはもとより暴行行為であるが，性交中その快感を増さんがため相手方の首を絞めるようなことが行われたとしても，相手方の要求もしくは同意を得ている以上，違法性を阻却するものとして暴行罪成立の余地なきものというべく，ただその場合相手が傷害を受けて死亡したとき，嘱託による殺人罪を構成するが如く，たとえ相手方の同意があってもこれを不問に附し得ないのであるが，本件のように被告人が屢々Ａとの性交に際し同女の首を絞めたことがあり，いずれも同女が死亡するに到らなかった場合には致死につき不確定犯意又は未必の故意があったということはできず，単に危険の発生を防止すべき義務を尽くさなかった点において過失致死罪に問擬すべきである」と判示して，過失致死罪の成立にとどめたが，次の判決は傷害致死罪の成立を認めた。

大阪高判昭和 40・6・7 下刑集 7・6・1166 は，〔被告人は，相手方の求めに応じて，性交するに際し，相手方の首に自分の寝間着の紐を１回まわして交叉させ，両手で紐の両端を引っぱって同女の首を絞めながら性交に及んだ。被告人は相手方が身体的痙攣を起こしたのを，性感の極致に達したものと軽信して，なお紐を強く引き締めたため，死亡させるに到ったという事案。原審は重過失致死罪の成立を認めた〕において，「そもそも被害者の嘱託ないし承諾が行為の違法性を阻却するのは，被害者による法益の抛棄があって，しかもそれが社会通念上一般に許されるからであると解する。従って法益の公益的なもの或いは被害者の処分し得ない法益は行為の相手方たる個人の嘱託ないし承諾があっても違法性を阻却しない。又仮令個人の法益であっても行為の態様が善良の風俗に反するとか，社会通念上相当とする方法，手段，法益侵害の限度を超えた場合も亦被害者の嘱託ないし承諾は行為の違法性を阻却しないものと解する。殺人罪における刑法第202条の嘱託ないし承諾殺の規定は以上の考えの現われと解する。そこで本件に関連する暴行罪について相手方の嘱託ないし承諾があった場合は如何であろうか。暴行罪においては相手方の嘱託ないし承諾は通常，行為を違法ならしめないであろう。嘱託な

いし承諾の下になされた行為はそもそも『暴行』という概念にあたらないとさえ解せられるのである。しかし暴行罪においても，矢張り，その態様如何によっては前記のとおり被害者の嘱託ないし承諾は違法性を阻却しない場合があるものと解する。そこで本件についてみるのに，原判決認定のとおり，被告人は性交に際し相手方である妻の求めに応じ，同女の首を自己の寝間着の紐で1回まわして交叉し両手で紐の両端を引っぱって同女の首をしめながら性交に及び，しかも前叙したとおり相当強く激しく締めている。そして遂に窒息死に到らしめているのである。この絞首が暴行であることはいうまでもなく，且つかかる方法による暴行は仮令相手方の嘱託ないし承諾に基づくものといっても社会通念上許される限度を超えたものと言うべく，従って違法性を阻却するものとは解せられない。おもうに，寝間着の紐で絞めるとなると単に手で絞める場合に比すると一段とその調節は困難であり，相手方の首に対する力の入り具合を知り難いものである。かつ，被害者が真に苦しくなった時，被告人に対し，その意思（ゆるめてくれという）を表示伝達する方法，手段が準備されておらず，かつ被告人から見れば性交の激情の亢じた時紐に対する力を制禦する方法，手段が準備されていない。これは窒息死という生命に対する危険性を強度に含んでいるのである。してみると，被告人の本件絞首は違法性を阻却しない暴行というべく，それによって窒息死に致らしめたもので，被告人の所為は傷害致死罪に該るものと解する」と判示し，本件行為が「生命に対する危険性を強度に含んで」いたことを重視している。同種事案で傷害致死罪の成立を認めたものに，東京地判昭和52・6・8判時874・103〔ナイロンバンドで15分間くらい絞頚〕，大阪地判昭和52・12・26判時893・104〔覚せい剤を使用し，被害者の前頚部から後ろ手にまわして緊縛したうえで様々な加虐行為を加え，窒息死させた〕がある。

③**行為者が承諾を得た動機，目的に関する判例**　　最決昭和55・11・13刑集34・6・396〔保険金騙取目的傷害事件〕は，〔Xは，A，B，Cと共謀し，Xが運転する軽自動車を，Aが運転しB，Cが同乗するライトバンに故意に追突させ，これをXの過失による交通事故を装って保険金を騙取すると同時に，身体障害者であったBに入院治療の機会を得させようと企て，交差点の赤信号で，A運転の車が停止し続いて第三者D運転の軽乗用車が停止し

た際，故意に自車をD車の後部に追突させ，その結果，D車をA車に追突させ，Dに約2ヶ月の入院加療を要する頚椎捻挫の傷害を負わせた。Xは，業務上過失傷害罪で禁錮8月執行猶予3年に処せられ，これが確定した後，真相が発覚し，A，B，Cの傷害はごく軽微であったのに重篤であるかのように装い入院給付金など総額112万円余を騙取したものであるとして，詐欺罪により有罪判決を受けた。そこで，Xは，右業務上過失傷害事件につき，本件は故意の追突であって過失犯ではなく，A，B，Cの傷害は軽微で同意があるから傷害罪も成立しないと主張して再審を請求したという事案〕において，「被害者が身体傷害を承諾したばあいに傷害罪が成立するか否かは，単に承諾が存在するという事実だけでなく，右承諾を得た動機，目的，身体傷害の手段，方法，損傷の部位，程度など諸般の事情に照らし合わせて決すべきものであるが，本件のように，過失による自動車衝突事故であるかのように装い保険金を騙取する目的をもって，被害者の承諾を得てその者に故意に自己の運転する自動車を衝突させて傷害を負わせたばあいには，右承諾は，保険金を騙取するという違法な目的に利用するために得られた違法なものであって，これによって当該傷害行為の違法性を阻却するものではないと解するのが相当である」と説示し，承諾を与えた側の動機，目的を問題とせず，行為者側の「承諾を得た動機，目的」を諸般の事情の一つとして考慮すべきこと，承諾が違法な目的に，本件では保険金騙取の目的に利用するために得られた場合，傷害が軽微であっても，違法性を阻却しないとしたのである。

(e) **評 価**

基本的に承認される自己の身体に関する処分権能といえども，制限されざるを得ない場合がある。というのも，法益保持者が任意に自己の身体の法益保護を放棄するとき，法共同体の正当な対抗利益と衝突することがあるからである。しかし，この制限の根拠を，人間の尊厳という観点から，個人を自分自身から保護する必要性，つまり，「自由の軽率な使用」から保護するところに見るなら，それは適切でない[138]。人間の尊厳によって個人の自律的決定

---

138 *Fuchs*, (Fn. I -17), 16. Kap Rn 7.

自由が保障されるのであるが，個人の処分権能の制限で問題となっているのは，自己決定権の制限なのであって，自己決定権を守ることではないからである[139]。

上記の検討から明らかになるのだが，なにを法益保持者の法益処分権能の制限するための判断対象とするかについては，大まかに見ると，四つの方法が考えられる。その一は，上記最決昭和55・11・13［保険金騙取目的傷害事件］に見られるように，「単に承諾が存在するという事実だけでなく，右承諾を得た動機，目的，身体傷害の手段，方法，損傷の部位，程度など諸般の事情」を考慮する方法である。これは身体の不可侵性という保護法益とは関係の無い事情まで考慮の対象とするのである。その二は，所為の目的を前面に押し出し，傷害の性質と程度を補充的に考慮する方法である[140]。すなわち，先ず，主観指向の方法が採用され，力点は関与者の動機，目的におかれ[141]，ようやく次に，所為の重さが考慮される。続いて，所為が，社会倫理的価値観念と矛盾するか否という考察によって補充される。特に，人間の尊厳を損なうという意味で人格を貶めるか否かが重視される[142]。本説には，力点の置き方が逆転していること，社会倫理的価値観念の内実が明らかでないところに難点がある[143]。その三は，傷害の性質，重さを専ら判断対象とし，行為者の目的，動機は一般的に考慮しない方法である[144]。本説には，移植手術のための生体臓器摘出は許されないことになるところに難点がある。その四は，傷害の性質，程度又は生命の危険性の程度を優先的に考慮し，目的を調整要素としてのみ考慮するという方法である[145]。使用された手段，傷害の性質，程度が評価に含まれる[146]。軽微な傷害行為や専ら治療に資する侵襲では，所為の目的が被害者の意思に反して訴追の方向に影響を与えることはない。さ

---

[139] Vgl. *Burgstaller/Schütz*, (Fn. Ⅱ-11), § 90 Rn 68 ; *C. Roxin*, Strafrecht AT, Bd. 1, 1992, § 13 Rn 39.
[140] BGHSt 4, 24, 31.
[141] Vgl. BayOLG NJW 1999, 372, 373 ; *Stree*, (Fn. Ⅱ-83), § 228 Rn 7.
[142] Vgl. BayOLG NJW 1999, 372, 373.
[143] *Volz*, (Fn. Ⅱ-84), 423.
[144] *Leukauf/Steininger*, (Fn. Ⅱ-111), § 90 Rn 13 f.
[145] BGHSt 49, 166, 170 ; *Stree*, (Fn. Ⅱ-83), § 228 Rn 7.
[146] *Stree*, (Fn. Ⅱ-83), § 228 Rn 8.

もなければ，全く不釣合いにも，道徳的価値観念の侵入口が開かれてしまう。本説の準拠点は傷害行為であるから，身体の不可侵性への侵襲が重いほど，それだけ正当化目的が必要となる[147]。

いかなる文化国でもその法秩序においては，生命と身体が社会生活の基盤を成しており，それ故，刑法は生命と身体を法益にまで高め，それらの不可侵性の尊重を要請しているのである。生命も身体も，法益保持者が有する自己の生命，身体を保持する個人利益と，第三者が他人の生命，身体の不可侵性を尊重する法共同体の利益という2側面をもっている。それ故，同意殺人罪 (刑第202条) は，被害者の承諾があっても，他人の生命侵害は許さないことを明文化することによって生命保護が弱体化することを禁制化している。これに対して，同意傷害の構成要件は存在しないのであるが，それは法がそれを放任することを意味しない。傷害は，死とは異なり，軽重をつけることができる，つまり，量化できるので，場合によっては，被害者の自己決定権が尊重され，その承諾があれば，他人による傷害の許される余地が広いのである。しかし，傷害も一定の程度を超えれば，被害者の自己決定権といえども制限される。実定法上も，母体保護法第3条は，一定の適応事由があるときに限って医師による不妊手術が認めている。本条は本人の承諾の有効性を限定しているのである。そうすると，その他の身体機能であってもこの程度の重さを超えるとき，被害者の承諾があっても，特別の理由がない限り，誰も他人に傷害を加えてはならないと考えられるのであり，人の身体の不可侵性への尊重要求はここに超えてはならない一線が引かれることになる[148]。

許されない傷害としては，先ず，被害者の生命に対する具体的危険をもたらす傷害がある。ここに生命に対する具体的危険というのは，死の結果が生じなかったのは全くの偶然だったということである。次に，生命に対する具体的危険は無いものの，きわめて重い手足の切断のような非可逆的な傷害も許されない。しかし，重い傷害の場合でも，「法的に承認される特別の目的」，つまり，法共同体の視点から，目的によって追求される価値の実現が被害者

---

[147] OLG Zweibrücken JR 1994, 518, 519 ; *Stree*, (Fn. Ⅱ-83), §228 Rn 8.
[148] *H.J. Hirsch*, Einwilligung und Selbstbestimmung, in : Welzel-FS, 1974, 775, 797ff. ; *ders.*, (Fn. Ⅱ-90), 189 ; *ders.*, Delikte gegen die körperliche Unversehrtheit, ZStW 83 (1971), 140, 167.

の傷害を犠牲にしてでも相当であると思われるとき，例えば，移植手術のための片方の腎臓提供のように生命の維持に役立つ生命にかかわる医的侵襲は例外的に正当化される。しかし，単なる「積極的目的」では足りないとするべきである。さもなければ研究目的のための手足の切断が正当化されかねないことになる。性的行為における加虐的被虐的傷害は，重い傷害とはいえない限り，可罰的でない[149]。

　傷害で追求される目的は身体という法益と関係がないので，保険金詐欺などの違法な目的から出た指の切断は，傷害罪との関係では，それが重い傷害でないかぎり，被害者の承諾は有効である。違法な薬物注射のような他の法令に違反する傷害も，傷害罪との関係では同様に考えられる。傷害罪によって把握される法益関係的行為それ自体の可罰性が問題とされるべきなのである[150]。

3　承諾の形式と時点

　被害者の承諾は法的安定性の観点から承諾という意思表示の形で外に向けて表されねばならない。それは私法上の法律行為（Rechtsgeschäft）の厳格な要件を満たす必要（**厳格意思表示説**）[151]はない。承諾の正当化効果は行為者に認められた法的な力に基づくのでなく，専ら，構成要件該当行為が権利者の現在の意思と一致するということから生ずるからである。したがって，承諾の効力は，権利者がその意思を行為者に向けて表示することに依存するものではない[152]。行為者が被害者の承諾を認識していないとき，（不能）未遂が成立する。また，当人が単に内的に同意しているだけで足りる（**意思方向説**）[153]という

---

[149] Vgl. *Burgstaller/Schütz*, (Fn. Ⅱ-11), § 90 Rn 78; *Hirsch*, (Fn. Ⅱ-15), § 228 Rn 9; *ders.*, (Fn. Ⅱ-90), 197; *Krey/Esser*, (Fn. Ⅰ-24), § 17 Rn 664; *Roxin*, (Fn. Ⅰ-1), § 13 Rn 41ff.; *Wessels/Beulke/Satzger*, (Fn. Ⅰ-4), § 11 Rn 560 ff.
[150] Vgl. *Burgstaller/Schütz*, (Fn. Ⅱ-11), § 90 Rn 84; *Hirsch*, (Fn. Ⅱ-15), § 228 Rn 9; *ders.*, (Fn. Ⅱ-148. Delikte), 167; *Roxin*, (Fn. Ⅰ-1), § 13 Rn 43.
[151] *E. Zitelmann*, Ausschluß der Widerrechtlichkeit, AcP 99 (1906), 1.
[152] *Amelung/Eymann*, (Fn. Ⅱ-19), 937; *Kühl*, (Fn. Ⅰ-4), § 9 Rn 31; *Lenckner/Sternberg-Lieben*, (Fn. Ⅱ-49), Vorbem. §§ 32 ff. Rn 43.
[153] KG JR 1954, 428, 429（承諾というのは，「権利保護意思を放棄するという純粋に精神的事象である。それ故，内的同意があればそれで十分であり，それが外に向けて表される必要はない」）; *Fuchs*, (Fn. Ⅰ-17), 16. Kap Rn 10（意思方向説は，被害者の自己決定権，つ

ものでもない。外に出てこない思想は意思の表れでなく，それに法律効果を結びつけるのは適切でない。承諾は**明示的**にだけでなく，**推断的**にも表示されうる (**制限意思表示説**)[154]。承諾は一義的でなければならない。承諾は条件付でも与えられうる（例えば，加虐傷害のための事前の現金振込み）[155]。

法益保持者は，なにを誰によってどのように受け容れたいのかを表示するのであるから，承諾は正当化されうる**所為の前**に，遅くとも**所為の時点**に表示されねばならず，所為時点でも存続しなければならない。事後的承認は刑法では何らの正当化効果をもたない。承諾の撤回はいつでも可能である。例えば，医学実験のために軽い傷害や臓器提供を承諾した者はその承諾をいつでも撤回できる。承諾の撤回にもかかわらず侵襲した場合，傷害罪が成立する[156]。許容された法益損傷を回避することが実際上もはやできない段階に所為行為が達した時点で初めて撤回の可能性がなくなる[157]。

4　承諾能力

自己決定の表れである承諾は，承諾決定のための答責を引き受ける能力を必要とする。この能力は承諾者の民法上の法律行為能力に依存するのでなく，承諾者の具体的**弁識・判断能力**に依存する。承諾者は，その年齢とは関係なく，自分に向けられる所為の，その結果を含めて，本質，意味及び射程距離を把握しなければならない[158]。例えば，医師による身体侵襲の場合，その前

まり，意思が正当化根拠であるから，この内的意思が存在するということだけが重要）; *Frister*, (Fn. Ⅰ-3), 15. Kap Rn 6 f. (当人が，所為行為が既にその着手時点で当人の意思に合致していたことを事後になって打ち明けた場合も，構成要件によって保護された利益侵害はない。しかし，所為行為時点で承諾はなかったが，事後になって初めて承諾したという場合，違法性は阻却されない）; *Hinterhofer*, (Fn. Ⅱ-1), 83 ff.; *Jakobs*, (Fn. Ⅱ-76), Abschn. 7 Rn 115 ; *F. Nowakowski*, Das österreichische Strafrecht in seinen Grundzügen, 1955, 63 ; *Th. Rönnau*, Voraussetzungen und Grenzen der Einwilligung im Strafrecht, JURA 2002, 665, 666 ; *ders.* (Fn. Ⅱ-14), Vor § 32 161f. ; *H. Schlehofer*, Münchner Kommentar Strafgesetzbuch Bd. 1, 2003, vor §§ 32 Rn 120 ; *Schmidhäuser*, (Fn. Ⅱ-25), 5. Kap Rn 126.
[154] *Amelung/Eymann*, (Ⅱ-19), 937, 941 ; *Burgstaller/Schütz*, (Fn. Ⅱ-11), § 90 Rn 30 ; *Kienapfel/Höpfel/Kert*, (Fn. Ⅰ-11), E 1 Rn 57 ; *Kühl*, (Fn. Ⅰ-4), § 9 Rn 31 ; *Lewisch*, (Fn. Ⅱ-2), Nachbem zu § 3 Rn 226 ; *Roxin*, (Fn. Ⅰ-1), § 13 Rn 71 ; *Triffterer*, (Fn. Ⅱ-115), 11. Kap Rn 161.
[155] *Kühl*, (Fn. Ⅰ-4), § 9 Rn 31.
[156] *Fuchs*, (Fn. Ⅰ-17), 16. Kap Rn 32.
[157] *Hirsch*, (Fn. Ⅱ-15), Vor § 32 Rn 113.
[158] *Kühl*, (Fn. Ⅰ-4), § 9 Rn 33 ; *Steininger*, (Fn. Ⅰ-2), 11. Kap Rn 93.

に基本的に,「侵襲の推移,侵襲の成功の見込み,危険,及び本質的に異なった負担を伴う治療選択肢の可能性に関して」,医師による患者への説明(教示)が必要である[159]。すなわち,瑕疵のない説明の対象となるのは次の4個の関連点である。①医学的所見(いわゆる診断の説明),②治療方法,その緊急性,場合によっては用意のある治療選択肢(いわゆる方法の説明),③確実に又は蓋然的に生ずる侵襲結果(いわゆる安全の説明)及び④ありうる典型的危険又はその他の望ましくない付随結果(いわゆる危険の説明)。どの程度の説明が必要となるかは具体的事情に応じて変わりうる[160]。聞く耳を持たない者の決定の無思

---

[159] BGH NJW 2011, 1088, 1089 [レモンジュース事件]; vgl. *Kühl*, (Fn. Ⅰ-4), § 9 Rn 33.
[160] *A. Zöller*, Anm. zu BGH, Urt. v. 22.12.2010, ZJS 2011, 173, 175 [レモンジュース事件]。
　患者の**自己決定権**の行使を担保するための医師による患者への説明(教示)に関して次の諸点に注意を要する。
　(a)**本文①**について。病状に関する完璧な説明は要しない。すなわち,患者がどういう病気に罹っているのか,それがどの程度進行しているのか,間近に迫っている苦難,あるいは限られた余命しか残っていないということを患者に説明する必要は無い。承諾にとって重要なことは,患者が承諾の対象となる治療侵襲の影響範囲を見通しているということであって,その健康状態を詳細に知ることではない。健康状態が実際には患者が思っているよりは悪い場合,処置に承諾を与える動機がそれだけ強固になるに過ぎないのが普通だからである。重要なことは,患者が,処置を受けないという動機(反対動機)を形成しうる全ての事情を知っていることである。患者が,病気の重いことを感じており,医師から勧められた,健康状態を改善する手術をどのみち受けるつもりのとき,不治の癌に罹っているとか,病気がすでにかなり進行しているとか,限られた余命しか残っていないことの説明を受けないと,患者の承諾は無効となるというのは理解し難いことである。さらに病状の完璧な説明をすると患者が絶望し,その心理状態が治療成果の妨げとなる場合も同様である。*Ch. Bertel*, Wiener Kommentar zum Strafgesetzbuch, 2. Aufl., 2000, § 110 Rn 18; *K. Engisch*, Aufklärung und Sterbehilfe bei Krebs in rechtlicher Sicht, in: Bockelmann-FS, 1979, 519, 523 ff.; *A. Eser, D. Strenberg-Lieben*, Schönke/Schröder Strafgesetzbuch, 28. Aufl., 2010, § 223 Rn 41; *H. Fleisch*, Der chirurugische Eingriff aus der Sicht des Juristen, ÖJZ 1965, 421, 433 f.; *G. Grünwald*, Die Aufklärungspflicht des Arztes, ZStW 73 (1961), 5, 19 ff.; *K. Schmoller*, Salzbuger Kommentar zum Strafgesetzbuch, 5. Lfg, § 110 Rn 59.
　もっとも,患者にとって,ひょっとして余命が残りわずかしか残されていないということが,成功の見込みの確かでない手術を受けるのではなく,残された時間をできるだけ平穏に暮らしたい理由そのものとなるときは別である。患者がこのように考えることも具体的状況からありうるように思われるとき,余命わずかであることが反対動機となりうるので,患者の自己決定権を保障するために患者への説明が必要となる。*Schmoller*, (Fn. Ⅱ-160), § 110 Rn 61; *O. Tempel*, Inhalt, Grenzen und Durchführung der ärztlichen Aufklärungspflicht unter Zugrundelegung der höchstrichterlichen Rechtsprechung, NJW 1980, 609, 617.
　(b)**本文③**について。治療侵襲に特有といえる随伴症,後遺症といった合併症状についての説明が必要であることについては異論が見られない。治療侵襲に特有とはいえない合併

症状に関しては，一定の危険閾を越えると医師に説明義務が生ずるものとして，それを百分率でしめすことはできないし，望ましくもない。Vgl. *Engisch*, (Fn. Ⅱ-160), 523 f.; *Fleisch*, (Fn. Ⅱ-160), 432f; *D. Giesen*, Anmerkung zum BGH, Urteil v. 21.11.1995, JZ 1996, 519; *Grünwald*, (Fn. Ⅱ-160), 16 ff.; *Schmoller*, (Fn. Ⅱ-160), §110 Rn 62. 具体的状況から患者に現実に影響を与えうる，つまり，反対動機を形成しうる全ての事情の説明が必要とされるべきである。一般的に云うと，処置の対象となる病気が深刻であるほど，そして，処置の緊急性が認められるほど，それだけ，医師は些細な合併症（例えば，術後1週間程度続く痛み）の生ずる危険についての説明をしなくても良いと云えよう。これに対して，処置の対象となる病気が深刻でないほど，処置の緊急性が認められないほど，それだけ，些細な合併症の生ずる危険についての説明をする必要がある。この場合，手術を拒否する反対動機形成の可能性が十分にあるからである。Vgl. *Bertel*, (Fn. Ⅱ-160), §110 Rn 19 f.; *Eser/Sternberg-Lieben*, (Fn. Ⅱ-160), §223 Rn 40c; *Schmoller*, (Fn. Ⅱ-160), §110 Rn 62. その際，「分別のある患者」にとっての反対動機形成可能性（*Ch. Bertel, K. Schwaighofer*, Österreichisches Strafrecht BT Ⅰ, 9. Aufl., 2006, §110 Rn 6）でなく，「個別具体的患者」にとってのそれ（*Schmoller*, (Fn. Ⅱ-160), §110 Rn 62）が重要である。

　患者がすでに十分情報を持っている限りでは，説明は部分的で済むか，全くしないで済ませることもできる。例えば，患者自身が医師や看護師であって自分の受ける侵襲の危険性に関する専門知識をもち，自ら判断できるとか，患者がすでに他人から侵襲の重要な側面についての説明を受けていた場合である。医学の専門知識がなくてもすぐ分かる治療侵襲の効果，結果に関する個別説明も要しない。こういった場合に医師に説明義務を課することは全く無意味である。例えば，抜歯の後で噛むことが難しくなるとか，ギプス包帯を巻かれた後で体の動きが制約されるといった場合である。*Bertel*, (Fn. Ⅱ-160), §110 Rn 13; *Eser/Sternberg-Lieben*, (Fn. Ⅱ-160), §223 Rn 42; *W. Holzer*, Anmerkung zum OGH 23.6.1982, 373, 377; *Schmoller*, (Fn. Ⅱ-160), §110 Rn 63.

　(c)患者が医師による**説明を放棄**している場合。患者が，医師からなにも告げられる必要がないこと，医師に全幅の信頼を寄せ，これ以上何も知りたくないと言うとき，医師は患者に詳細な医学的説明をする必要はなく，かかる説明がなくとも，治療侵襲の承諾は有効である。*Bertel*, (Fn. Ⅱ-160), §110 Rn 16; *Bertel/Schwaighofer*, (Fn. Ⅱ-160), §110 Rn 6; *H. Speiser*, Einflüsse auf die Rechtsposition des Patienten, ÖJZ 1988, 744, 748. こういった放棄は一部分の説明に関係することもある。この部分的放棄は，患者がいかなる侵襲が為されるのかだけを知りたいのであって，許諾か拒否かの比較検討をはっきり医師に委ねる場合である。又，患者が，いかなる侵襲が為されるかについての精確な知識にはまったく関心がないことを表明し，合目的性の判断も無条件に医師に委ねることもある。つまり，患者はすべてをできるだけ迅速に終えたいだけなのである。こういった説明放棄の場合，患者が自分の精確な病気に関しても，侵襲の種類，その結果，危険についても詳細を知らなくとも，処置の承諾は有効である。*Schmoller*, (Fn. Ⅱ-160), §110 Rn 64.

　但し，患者が質問をしないという事情だけでは説明放棄があったとはいえない。医師は前もって尋ねられなくても必要なことは話すものだと患者は考えるものだからである。したがって，患者がこの点に関する明確な立場を示していることが要求される。もっとも，説明放棄の要求を厳格に捉えてもならない。というのも，患者が自分の病気，手術の精確な経過，手術の伴う危険に関する詳細な知識をもちすぎることで苦しみたくない場合，質問しないことは人としてもっともなことであると思われ，それは尊重されるべきだからである。*Bertel*, (Fn. Ⅱ-160), §110 Rn 17; *Eser/Sternberg-Lieben*, (Fn. Ⅱ-160), §223 Rn 42; *Schmoller*, (Fn. Ⅱ-160), §110 Rn 65; *Speiser*, (Fn. Ⅱ-160), 748.

　心理的に不安定な患者の場合，完全な説明を受けることによって苦しむことになり，かえって病状が悪化したり，不測の事態が生じかねないので，医師は患者と信頼関係を築き

慮さは――「承諾者」の体質的弱さ(精神病，知的障礙，未成年)とは異なって――承諾を与える患者の弁識能力の欠如をまだ意味しない[161]。さもなければ承諾は「自己決定の道具から法的後見の道具になってしまう」。ほろ酔いも(完全酩酊とは異なって)必要な判断力を直ちに否定するわけではない[162]。

承諾能力は刑法の責任無能力とは関係がない。責任無能力の規定(刑第39条)は自分の財を分別をもって扱う能力に関係するのでなく，他人の財を保

差しさわりのない話を交わすことによって，説明をしないで済むような働きかけをすることをしても，当該説明放棄が無効となるものではない。但し，説明放棄は，医師の圧力によって実現されたときは，無効である。*Holzer*, (Fn. Ⅱ-160), 377；*Schmoller*, (Fn. Ⅱ-160), § 110 Rn 66.

(d)患者の**説明要求が明白**な場合。病気の重さ，病気の進行度について精確に告げてほしいという患者の明確な要求に医師は従わないものの，しかし，患者が治療侵襲の種類，結果，危険を知っていてこれを承諾したとき，当該承諾は通常有効である(例外について(a)参照)。これに対して，患者が，完全に特定の，(そうでなければひょっとして無視できる)侵襲の結果，危険について意図的質問をしたとき，こういった危険は当の患者個人にとって，処置を場合によって拒否する動機となることが示されている。こういった場合，承諾の有効性はこの質問の答えにかかっている。質問の対象は反対動機形成にとり重要な意味をもつからである。*Schmoller*, (Fn. Ⅱ-160), § 110 Rn 67.

(e)説明の**形式**。口頭説明も文書説明も同じ価値をもつ。文書による場合，患者がそれに署名したか否かは重要でない。患者が治療侵襲の影響範囲を適切に判断するための十分な情報を実際に得たか否かだけが重要である。*Schmoller*, (Fn. Ⅱ-160), § 110 Rn 68.

(f)**患者自身**への説明。自己答責の患者の場合，常に当該患者自身に説明されねばならない。患者に代わって親族に説明することで済ますやり方は医師の守秘義務から疑問である。*Schmoller*, (Fn. Ⅱ-160), § 110 Rn 69.

なお，患者の自己決定権の行使を担保するための前提となる意思による患者への説明(教示)と異なるのがいわゆる**治療上の説明**(Therapeutische Aufklärung)である。これは治療の一部を成すもので，最良の処置をとるため，そして，処置に伴う危険を避けるために患者が必要とする情報に関係する。例えば，服用する薬剤の間隔，量，再検査に最適の日取り，心臓病患者の空の旅に関する情報。治療上の説明が不十分であるということは内容的に不十分な処置ということになり，(過失)致傷や殺人に成立に繋がる。*Schmoller*, (Fn. Ⅱ-160), § 110 Rn 55.

[161] Anders BGH NJW 1978, 1206［歯医者事件］(頭痛に悩まされていた甲はその原因が詰め物をされた歯にあると思った。被告人(歯科医師)は甲に詰め物と頭痛の間に何の関係も無いことを分からせようとしたが，甲は被告人に歯を全部抜いてもらうよう頼んだ。結局，被告人は甲の強い欲求に屈し，抜歯した。被告人は傷害罪で処罰された。甲は侵襲の効果に関して錯誤に陥っていたことが認識できるので，甲の承諾は無効というのがその理由である)；vgl. *K. Amelung*, Anm. zu BGH NJW 1978, 1206；*ders.*, Einwilligungsfähigkeit und Rationalität, JR 1999, 45ff.「承諾能力のある者とは，自分の価値尺度に従えば何が自分の利益になるか損になるかを認識できる者のことをいう」。

[162] Vgl. BGHSt 4, 90［こめかみ殴打事件］(被害者は被告人を挑発する直前に4本のビールを飲み，ほろ酔い状態だった。民事法の意味での法律行為能力，刑法の意味での責任無能力でなくても，承諾の効力は否定されうる)。

護する規範の遵守能力に関係しているからである[163]。

　承諾能力は年齢とは関係がない。例えば，事故で重傷を負った17歳の少年が永らえるためには両脚の切断を要するとき，少年は手術を了承したが，その両親は「身体障礙者」として生きていくことを哀れに思い手術を拒否するとか，両親は手術を了承したが，少年は十分に熟考した上で，両脚の無い生活を送るくらいなら死にたいとして，手術を真摯に且つ断然と断ったといった場合がありうるが，いずれの場合も，少年の承諾は有効である。普通に成長した16歳，17歳くらいの少年であるならば，自己答責的決定能力はある。親の承諾が少年の承諾に取って代わるものではない[164]。

　これに対して，17歳の少年甲は祖父から貴重な絵画を相続したが，全く自分の好みに合わないので，友人乙にその損壊を依頼したところ，乙は直ちに金槌で損壊したという場合，未成年者甲の承諾が有効であるかについて，見解の分かれるところである。弁識・判断能力の**民事法従属性説**（民事法理論）[165]によれば，**財産権侵害**の承諾の場合は，承諾者に法律行為能力がなければならないか，法定代理人による承諾が必要である（ドイツ民法第107条以下の準用），しかし，一身専属的法益侵害に関しては，承諾者の弁識・判断能力が決定的である。このような異なった扱いをすることの根拠は，民事法と刑法を一体に扱うことの必要性にある。未成年者が有効に処分できないとき，なぜ未成年者がその所有物の損壊を承諾できることになるのか，その理由が分からない。なるほど，承諾は法律行為の意思表示（rechtsgeschäftliche Willenserklärung）でないが，その意義において意思表示に相当する法的行為（Rechtshandlung）であり，未成年者のために民法第107条以下が準用されねばならない。これに対して，一身専属的利益の場合，本人自身に関する自由な自己決定への権利が優越する。この限りで，承諾能力は弁識・判断能力と一致する。この解決策の帰結は，未成年者の所有・財産侵害への承諾は無効である。したがっ

---

[163]　*Th. Rönnau*, Voraussetzungen und Grenzen der Einwilligung im Strafrecht, JURA 2002, 665, 669.
[164]　*Krey/Esser*, (Fn. I -24), § 17 Rn 666 ff.
[165]　*Jakobs*, (Fn. II-76), Abschn 7 Rn 114 ; *Lenckner*, (II-76), Vorbem. §§ 32 ff. Rn. 39 ff.; *Schlehofer*, (II-153), Vor §§ 32 ff. Rn. 148 ; vgl. *Heinrich*, (I-4), § 16 Rn 467 f.; *Th. Hillenkamp*, 32 Probleme aus dem Strafrecht AT, 12. Aufl., 2006, 40 f.

て，乙は損壊罪で処罰されうる。承諾の有効性に関する（通常は回避可能な）禁止の錯誤だけが問題として残る。しかし，本説には大きな疑問が残る。未成年者は極めて重い身体の傷害を承諾できるとすべきだが，所有物の侵害の承諾はできないとすべき理由が分からない。

承諾者の具体的**弁識・判断能力説**（**刑法理論**）[166]によると，上述したように，自分に向けられた侵襲及び法益保護を放棄することの本質，意味及び射程距離を完全に把握し，事実に適った判断できる能力が決定的であるから，民法の意味での法律行為能力は必要でない。刑法では，法益の放棄にもかかわらず行為に当罰性があるかが問題とされるのであり，権利の移転が問題となっているのではないから，民法の定める年齢制限は適当でなく，個別具体的弁識・判断能力の有無が重要である。刑法における有効な承諾は行為を肯定的意味で適法とするのでなく，当人の自己決定との矛盾を，したがって刑法上重要な不法だけを消滅させるのであり，その限りで刑法秩序と民事法秩序の矛盾は存在しない。行為が民法上適法ではない場合ですら，刑法の補充性原則が刑罰を要求しないこともありうることである。刑法上の財産保護が民事法上の財産保護を超えてはならないが，この後ろに下がっていることはできる。未成年者の承諾の有効性は具体的事態に応じて判断されるべきである。甲はその所有する絵画を乙に損壊してもらうことを完全に理解しているとき，その承諾は有効であり，乙の損壊行為は正当化される。

5　第三者による承諾

本人に承諾能力がある限り，第三者による承諾は許されないのであるが，しかし，承諾に必要な弁識・判断能力に欠けている未成年者に手術が必要とされる場合，親権者あるいは未成年後見人がその者に代わって承諾をすることができる（参照，民法第820条）。すなわち，未成年者が治療侵襲を承諾することの射程距離を評価できない場合がある。又，未成年者は承諾の結果を評価

---

[166] BGHSt 12, 379；*K. Amelung*, Über die Einwilligungsfähigkeit, ZStW 104（1992），525, 526；*Amelung/Eymann*,（Ⅱ-19），941；*Hirsch*,（Fn. Ⅱ-15），Vor 32 Rn 109, 118；*Jescheck/ Weigend*,（Fn. Ⅰ-20），§34 Ⅳ 1, 4；*Roxin*,（Fn. Ⅰ-1），§ 13 Rn 84, 90；*G. Stratenwerth, L. Kuhlen*, Strafrecht AT Ⅰ, 5. Aufl., 2004, § 9 Rn 24 f.；*Wessels/Beulke/Satzger*,（Fn. Ⅰ-4），§ 11 Rn 554；vgl. *Heinrich*,（Fn. Ⅰ-4），§ 16 Rn 466；*Hillenkamp*,（Fn. Ⅱ-165），39 f.

できるが，治療を拒否した場合の結果を十分に評価できない場合，拒否は無効であり，第三者が本人に代わって承諾をすることができる[167]。しかし，生存にかかわる性質を有する決定が問題となっている限り，承諾の代理は許されない。したがって，未成年者からの臓器提供は許されないが，緊急に手術を要する者のために，輸血に適合する血液型の持ち主である識別能力の欠けている未成年者にその血液提供を求めるとき，その親権者が未成年者に代わって承諾をすることはできる[168]。親権者といえどもその子の虐待を許す決定権限を有するものではない[169]。

　緊急性は無いが，親権者が親権を濫用して必要とされる手術を拒否するとき，医師は，児童虐待防止法第6条又は児童福祉法第25条に基づき，福祉事務所若しくは児童相談所に通告しなければならない。通告を受けた児童相談所長は，児童福祉法第33条の7に基づき，親権停止の審判の請求をすることができ，児童相談所長及び児童福祉施設の施設長は児童福祉法第33条の2第4項及び同第47条第5項に基づき，緊急措置をとることができる。この場合，医師は，家裁によって選任された職務代行者もしくは児童相談所長など

---

[167] Vgl. *Schmoller*, (Fn. II-160), §110 Rn 49.
[168] Vgl. *Jescheck/Weigend*, (Fn. I-20), §34 IV 4; *Kindhäuser*, (Fn. I-22), §12 Rn 16 ff.; *Roxin*, (Fn. I-1), §13 Rn 92 ff. これに対して，わが国では，宮内裕「違法性の阻却」（『刑事法講座』第1巻（1952）217頁以下，225頁）が，「同意の代理に関しても，民法的理論は肯定的であろうが，刑法的保護をうける利益が人格的性質をもつものである所から，否定されねばならぬ」と論じており，これが現在の通説である。大谷（注II-44）256頁，内藤（注II-46）594頁，西原（注II-46）275頁。たしかに，メッガーは，その体系書の本文で，「意思の代理は可能であろうか。この場合も，民法の規則が重要なのでないし，意思の代理は刑法の保護をうける利益の人格的性質と一致しないので，この問いは否定されねばならない」と論ずるが，注9において，「これに対して，優越的利益の原則と組み合わせることで（治療侵襲等）代理が考えられうる」と論じ例外を認め，さらに，小児・少年の必要とする治療行為の場合，意思の代理というものがありえないとするのは受け容れ難いことであり，「一般の人々は，健康の維持（刑法第223条の法益）に不可欠な処置としての治療行為にきわめて明白な利益を有する。それ故，法秩序は『優越的利益の原則』に従い財衡量の観点の下で広く正当化を認める余地を残さねばならない。法秩序がこれを次のように実現する。法秩序は，意思の代理を許すこと（父親のその子への手術の有効な承諾）等によって，承諾がさもなければ何の効果も及ぼさない場合であっても不法阻却の意味をあたえることによって（切断手術，危険な薬物治療）」。*E. Mezger*, Strafrecht, 1931, 211 mit Fn. 9 u. 244.
[169] 参照，朝鮮高等法院昭和10・6・6評論24・刑法170「甲乙等ハ精神病者丙ノ親トシテ同女ヲ看護スベキ正当ノ地位ニアルモノトスルモ，被告人等ガ丙ノ精神病ヲ治療スル目的ヲ以テ紐ニテ同女ノ手足ヲ制縛シ其ノ身体各箇所ヲ棒ニテ乱打スルニ際リ同人等ノ被告人等ニ与ヘシ承諾ハ該暴行ノ違法性ヲ阻却スベキモノニ非ザルヤ言ヲ俟タズ」。

の公的依頼に基づいて手術を行うことになる。このような手続きを踏む時間が無く，緊急の手術を要するとき，正当化緊急避難の要件が充足される限り，医的侵襲は正当化される。

未成年者に承諾に必要な弁識・判断能力はあるが，意識喪失等のため一時的に決定能力を失っているとき，法定代理人による承諾の代理ではなく，推定的承諾の問題として扱われることになる。法定代理人の意思表示は，未成年者の推定的意思を確かめるのに資するにすぎない[170]。

6　意思瑕疵なき承諾

承諾は瑕疵のない承諾表示を要する。脅迫や欺罔による意思瑕疵は承諾を無効にする。欺罔に起因しない錯誤も意思瑕疵となる。これに対して，人に由来しない強制，つまり，純然たる物的強制は承諾の有効性に影響を与えない。例えば，医学的適応の手術を要する患者の承諾は有効である[171]。

(a)　脅　迫

脅迫に起因する承諾は，自己決定権のあらわれではなく，自律性の侵害のあらわれであるから，無効となりうるという点については異論がないのだが，影響の行使がどの程度に達すれば承諾が無効となるかということが問題となる。ドイツ刑法第240条の定める「耐え難い害悪をもってする脅迫」に達すれば，被脅迫者の自由な自己決定が損なわれるといってよいだろう。その程度に到れば，被害者は強要者によってその決定自由が侵害されていると云えるからである[172]。例えば，加虐性愛者が断れば告発すると云って相手を脅し

---

[170]　Vgl. *Kindhäuser*, (Fn. Ⅰ-22), §12 Rn 16 ff.; *Roxin*, (Fn. Ⅰ-1), §13 Rn 92 ff.
[171]　*Th. Rönnau*, „Der Lösegeldbote"—Täter- oder Opferhilfe bei der Erpressung?, JuS 2005, 481, 485; *C. Roxin*, Die durch Täuschung herbeigeführte Einwilligung im Strafrecht, in: Noll-GS, 1984, 275.
[172]　*Burgstaller/Schütz*, (Fn. Ⅱ-11), §90 Rn 50; *Hinterhofer*, (Ⅱ-1), 89; *Kindhäuser*, (Fn. Ⅰ-22), §12 Rn 21; *Kühl*, (Fn. Ⅰ-4), §9 Rn 36; *Lenckner/Sternberg-Lieben*, (Fn. Ⅱ-49), Vor §32 Rn 48; *H. Otto*, Einverständnis, Einwilligung und eigenverantwortliche Selbsgefährdung, Geerds-FS, 1995, 603, 614f.; *Roxin*, (Fn. Ⅰ-1), §13 Rn 113. より厳格に，免責緊急避難（ドイツ刑法第35条）の定める「生命，身体又は自由に対する危難」を要求するのが，*W. Joecks*, Studienkommentar zum StGB, 9. Aufl., 2010, Vor §32 Rn 26; *H.-J. Rudolphi*, Bespr. v. Arzt, Willensmängel bei der Einwilligung (1970), ZStW 86 (1974), 82, 85. 限定を

鞭打ちの承諾を得る場合，承諾は無効である[173]。しかし，選手がスポーツ競技の参加要件として血液ドーピング検査を甘んじて受けざるを得ないとき，静脈注射の承諾は有効である。スポーツ競技における機会平等が確保されると同時に，客観的にも競技参加者のためになるからである[174]。

意思瑕疵を惹起する者と実際に侵襲する者（第三者）及び被害者の三者の関係する**三角関係**，例えば，恐喝の行為者，被害者及び喝取金を受け取りに行くが，脅迫をすること，止めることには全く関与していない「受け子」がいる場合，行為者と被害者の関係では承諾は無効であるが，脅迫に関与していない第三者と被害者との関係では，喝取金運搬という幇助行為に関して被害者の与えた承諾は有効である。強制は受け子に由来するのではないからである。これに対して，強制は第三者に起因していないが，承諾は第三者との関係でも無効である，なぜならこういった場合でも承諾者の行為自由のあらわれと云えないからだと解する見解[175]，第三者が脅迫の事実を認識していた場合には，第三者は脅迫者の不誠実な振る舞いを支援しており，その「下働き」をする者だから，第三者との関係でも承諾は無効，認識していなかった場合には有効と解する見解[176]もある。しかし，行為者と被害者の関係では，行為

付さないと思われるのが，*Heinrich*, (Fn. Ⅰ-4), §16 Rn 461.
　参照, 最決平成16・1・20刑集58・1・1〔自動車の転落事故を装い被害者を自殺させて保険金を取得する目的で，暴行，脅迫により保険金を掛けた被害者に，岸壁上から車ごと海中に転落することを強要したという事案〕「被告人は，事故を装い被害者を自殺させて多額の保険金を取得する目的で，自殺させる方法を考案し，それに使用する車等を準備した上，被告人を極度に畏怖して服従していた被害者に対し，犯行前日に，漁港の現場で，暴行，脅迫を交えつつ，直ちに車ごと海中に転落して自殺することを執ように要求し，猶予を哀願する被害者に翌日に実行することを確約させるなどし，本件犯行当時，被害者をして，被告人の命令に応じて車ごと海中に飛び込む以外の行為を選択することができない精神状態に陥らせていたものということができる。被告人は，以上のような精神状態に陥っていた被害者に対して，本件当日，漁港の岸壁上から車ごと海中に転落するように命じ，被害者をして，自らを死亡させる現実的危険性の高い行為に及ばせたものであるから，被害者に命令して車ごと海に転落させた被告人の行為は，殺人罪の実行行為に当る」。内藤（注Ⅱ-46）592頁，平野（注Ⅱ-17）256頁。
173　*Kühl*, (Fn. Ⅰ-4), §9 Rn 36 ; *Roxin*, (Fn. Ⅰ-1), §13 Rn 114.
174　*Kühl*, (Fn. Ⅰ-4), §9 Rn 36 ; *ders.*, Blut oder Urin zur Dopingkontrolle, Schriftenreihe des Bundesinstituts für Sportwissenschaft, Bd. 86, 1996, 31, 57 ff.
175　*Roxin*, (Fn. Ⅰ-1), §13 Rn 116 ; Vgl. *K. Amelung*, Irrtum und Täuschung als Grundlage von Willensmängeln bei der Einwilligung des Verletzten, 1998, 87 ; *Geerds*, (Fn. Ⅱ-13), 180 ; *Gropp*, (Fn. Ⅱ-17), §5 Rn 91 f.

者に由来する強制状況が存在するが，受け子と被害者の関係では，被害者の強制状況は純然たる物的強制の性格を有するに過ぎない。この状況の中で，被害者はできるだけ自分に都合の良い判断を下すのである。受け子が状況を知っているか否かも重要でない。承諾の有効性は承諾受取者の認識とは関係がないからである[177]。このような三角関係における相対的思考の妥当性は次の設例でいっそう明瞭になる。父親（甲）から上腕の刺青を取り除いてもらわないと殴打すると脅された娘（乙）が医師（丙）にかかり，その事情を聴かされた医師（丙）は娘（乙）の要望に沿って刺青を取り除いたという場合，乙は丙の助けを借りて強制状況を切り抜けようとしているのである。乙の決定は尊重されるべきであり，その承諾によって丙の侵襲は正当化される。しかし，甲との関係では乙の承諾は無効であり，甲にはその道具として乙を投入した形の間接正犯として傷害罪で処罰される[178]。

「それ自体許された行為」，例えば，正当な告訴で脅迫するのは，それを濫用して被脅迫者を加虐・被虐性愛行為とか生体からの臓器提供をするように仕向けるために用いられるなら，その承諾は無効である[179]。

(b) 欺罔に起因する承諾

(aa) ドイツ語圏刑法学における理論状況

欺罔に起因する承諾の有効性を巡っても諸説が見られる。現代絵画が全く好きになれない甲がその友人乙宅を訪れたところ，その居間に飾ってあった現代絵画作品を見て嫌悪感をもよおし，それには身体にきわめて有害な絵の具が使用されていると言って乙を騙した上，甲は健康意識の高い乙の承諾を得てその庭で焼却したといったような場合〔ハインリッヒの設例〕[180]，その

---

[176] *Arzt*, (Fn. Ⅱ-85), 32；*Jakobs*, (Fn. Ⅱ-76), 7. Abschn Rn 120；*H.-H. Kühne*, Die strafrechtliche Relevanz eines auf Fehlvorstellungen gegründeten Rechtsgutsverzichts, JZ 1979, 241, 245；*Zipf*, (Fn. Ⅰ-11), 45 f.
[177] *Kühl*, (Fn. Ⅰ-4), § 9 Rn 36；*Paeffgen*, (Fn. Ⅱ-74), § 228 Rn 31 FN 109；*Rönnau*, (Fn. Ⅱ-171), 484 ff.
[178] *Rönnau*, (Fn. Ⅱ-163), 674.
[179] Beispiele von *U. Schroth*, Die Einwilligung in eine nicht-indizierte Körperbeeinträchtigung zur Selbstverwirklichung—insbesondere der Einwilligung in Lebendspende, Schönheitsoperation und Piercing, in：Volk-FS, 2009, 719, 730f.；a. A. *Th. Gutmann*, Freiwilligkeit als Rechtsbegriff, 2001, 69 ff.

承諾の有効性が問題となる。

　①**意思瑕疵自由理論**（一般的無効理論）[181]　　本理論は，欺罔に起因する承諾を刑法上常に無効とする理論であって，**被害者に優しい理論とも云われる**。承諾を正当化事由とする誤表象した前提要件の下で自己の法益を犠牲にすることを誤って最善と考えるのであるから，承諾と因果関係のあるいかなる錯誤も承諾の有効性を妨げる。承諾は承諾者の真意に沿わねばならず，意思瑕疵に基づくものであってはならない。欺罔に起因する承諾は承諾者の決定自由を無にするのである。承諾者はその動機形成に影響力を及ぼされていることを知らず，それ故，承諾の表示が単に部分的に有効だというだけのことではないから，意思表示全体が無効である。本理論によれば，〔ハインリッヒの設例〕の場合，有効な承諾があったとはいえない。乙は，その美術作品に健康に害のある絵の具が使用されていると騙されたのであるから，意思瑕疵を免れていたとはいえず，したがって，甲は物の損壊罪で処罰されうることに

---

[180]　*Heinrich*, (Fn. I -4), § 16 Rn. 468. なお，ドイツと日本の学説を詳細に検討した上で，欺罔に起因する承諾も，錯誤の場合も客観的帰属論での解決を指向するものに，森永真綱「被害者の承諾における欺罔・錯誤（1～2・完）」関西大学『法学論集』52・3（2002）199頁以下，53・1（2003）204頁以下。

[181]　OLG Stuttgart NJW 1982, 2265 (2267)；*Baumann/Weber/Mitsch*, (Fn. II -21), § 17 Rn. 109 ff.；*Heinrich*, (Fn. I -4), § 16 Rn. 469；*Hirsch*. (II -15), Vor 32 Rn 119；*Kindhäuser*, (I -22), § 12 Rn 27；*Stratenwerth/Kuhlen*, (Fn. II -166), § 9 Rn 26；*Rönnau*, (Fn. II -22), 430 ff.；*ders*., (Fn. II -163), 672, 674（法益関係的欺罔の場合は承諾の欠如であり，非法益関係的欺罔の場合は，欺罔に起因する錯誤が承諾と因果関係にあるとき，承諾は無効である）。

　キューネ（*Kühne*, (Fn. II -176), 241）は，法益保持者の錯誤は承諾の有効性に影響を及ぼさないということから出立するが，承諾受取人が意思欠缺を知っているか，それどころか意思的に惹起した場合，交換価値に関する欺罔は別として，承諾を援用することは権利濫用の故に許されないと論ずるので，本説の結論とほぼ一致する。キューネの見解について，山中（注II-13）304頁以下，林美月子「錯誤に基づく同意」（『平野龍一先生古稀祝賀論文集上巻』所収・1991）30頁以下参照。

　アメルング（*K. Amelung*, Willensmängel bei der Einwilligung als Tatzurechnungsproblem, ZStW 109 (1997), 490, 511 ff.；*ders*., Irrtum und Täuschung als Grundlage von Willensmängeln bei der Einwilligung des Verletzten, 1998, 36 ff.）は，承諾の無効判断と帰属の問題を分離する。この二段階からなる検証過程では，最初は，承諾受取人の利益は考慮されず，承諾の有効性だけが判断される。判断規準は完全に錯誤と強制を免れた承諾決定という理念に沿う自律性概念である。承諾者が自己の価値体系に合致した決定をするとき，承諾は自律的に下され，有効である。次に，承諾が，承諾者の価値体系に，したがって，その自律性に矛盾するとき，承諾は無効だが，一般原則に従って，法益侵害を侵害者に帰属させることができる場合にだけ可罰的である。欺罔のあるとき，一般に帰属も可能である。Vgl. *Paeffgen*, (II -74), § 228 Rn 32.

なる。

　本説からは，他説は次のような評価を受けることになる。法益は個人の自由な発展のために保護されるのであるから，刑法の保護は自己の法益を取り扱うに当り決定自由を全体として保護すべきであり，単に断片的にだけ包含すべきというだけのことではない。したがって，承諾が無効な場合を，法益関係的な，存立にだけ関係する誤表象に限定することも，特別に重要な動機の錯誤に限定することも適切でない。法益関係的無効理論（意味認識理論）は，保護される法益を静的に捉えすぎている。自律的意思の保護を法益保護の構成要素と理解するなら，法益保持者のその価値あるものとの意思関係が欺罔によって攪乱されたということは，常に法益侵害でもある。

　本理論に対しては，刑法は回りくどい方法で処分自由を保護すべきでなく，法益喪失それ自体だけを保護すべきだという批判，加えて，反対給付を伴う法益放棄の場合にはまさに，被害者のいかなる動機の錯誤も無視できないというわけにはいかないとの非難が加えられる[182]。この批判に対しては，そうなると高い犯罪エネルギーをもつ行為者が優遇される結果となり，説得力が無いとの反批判がなされることになる[183]。

　②法益関係的無効理論（意味認識理論）[184]　本理論は，欺罔に起因する承諾は，欺罔が法益関係的誤表象に繋がったとき，つまり，被害者が自分の承諾によって法益を放棄することを知らなかった場合にのみ，刑法上無効であるとする理論であって，意思瑕疵自由理論とは対照的に**行為者に優しい理論**と

---

[182] Vgl. *Heinrich*, (Fn. Ⅰ-4), §16 Rn 469；*Hillenkamp*, (Fn. Ⅱ-165), 44.
[183] *Heinrich*, (Fn. Ⅰ-4), §16 Rn 469.
[184] *Arzt*, (Fn. Ⅱ-85), 15 ff.；*ders.*, Einwilligungsdoktrin und Teilnahmelehre, in：Geppert-FS, 2011, 1, 4 ff.；*Eser/Burkhardt* (Fn. Ⅱ-9), Nr. 13 A 14 ff. *Gropp*, (Fn. Ⅱ-17), §5 Rn 119；*M-K. Meyer*, Ausschluss der Autonomie durch Irrtum, 1984, 202；*Krey/Esser*, (Fn. Ⅰ-24), §17 Rn 661；*Wessels/Beulke/Satzger*, (Fn. Ⅰ-4), §11 Rn 559. アルツトの見解について，山中（注Ⅱ-13）302頁，林（注Ⅱ-181）24頁以下，森永（注Ⅱ-180。(1)) 201頁以下参照。
　ヤコブス（*Jakobs*, (Fn. Ⅱ-76), 7. Abschn Rn 117 ff.) は，法益関連的錯誤がないため承諾が有効な場合，錯誤を惹起した者や錯誤を利用する者を間接正犯として処罰可能だと論ずる。間接正犯が認められるのは，行為のきっかけとなる状況が欺罔されるときとか，放棄がもっともである又は承諾者にもっともだと思われる状況を欺罔者が管轄している場合である。したがって，反対給付に関する欺罔は間接正犯として処罰可能である。Vgl. *A. Göbel*, Die Einwilligung im Strafrecht als Ausprägung des Selbstbestimmungsrechts, 1992, 85 f. ヤコブスとゲーベルの見解について，林（Ⅱ-181）33頁以下参照。

も云われる。この種の法益関係的錯誤だけが法益放棄の意味，射程距離及び影響に関する無知に繋がり，それ故，承諾を無効にする。すなわち，行為者は被害者にまさに放棄されるべき利益自体に関して誤表象を生じさせたというのでなければならない。刑法上の意味をもつ錯誤を法益関係的誤表象に制限することによって，刑法の保護は法益放棄の自己答責を保障することに限定される。欺罔に起因する錯誤を一般的に重要だとしてしまうと，この保障が一転して処分自由・交換自由を刑法上保護することとなり（**法益転換**），このことは立法者によって保護に値すると見られる範囲を超えてしまう。被害者が法益を放棄する理由，つまり，その動機に関してだけ欺かれるとき，承諾は有効である。例えば，甲が，現代絵画作品を所有する乙にそれを損壊してもよいのなら５万円を支払うと嘘をつき，乙がそれを承諾したという場合のように，被害者が場合によっては起こりうる反対給付に関してだけ欺かれるとき，承諾は有効である。というのは，刑法は法益保護の自己答責だけを保護すべきであるからである。これに対して，単なる処分の自由，交換の自由は保護されない。本理論によれば，単なる「動機の錯誤」は承諾を無効としない。したがって，上記の〔ハインリッヒの設例〕では，乙は，その放棄，つまり，現代絵画作品への所有権を放棄することの射程距離と意味に関する錯誤に陥っていないのであるから，乙の承諾は有効だということになる。乙は，その美術作品が燃えて無くなることで損壊され，価値が無くなることを十分に知っていたのである。乙は，甲が言った健康に害のあることに関してのみ，つまり，自分の法益を放棄する動機に関してのみ錯誤に陥った。本説によれば，こういった動機の錯誤は無視される。したがって，甲は，乙の承諾によって正当化されるため，物の損壊罪で処罰されることはない。

　本説は他説に次のように評価を加える。意思瑕疵自由理論は，法益が自律的に放棄されたか否かという問題にとって，どのように成立したかでなく，誤表象の内容だけが重要であることを正しく認識していない。規範的自律性理論は，結果として，犯罪の特定の保護方向を，したがって犯罪それ自体を，錯誤のない任意の利益処分の意味における自律性に対する不特定・一般的犯罪へと歪曲するものである。

　本理論は次のような問題点を抱えている。法益関係的錯誤では，承諾が無

効だということではなく，実際には承諾が存在しない場合であること[185]，さらに，法益をその静的に考えられた存立状態において保護する[186]という点で，法益を静的に捉えすぎていること，動機におけるいかなる錯誤も無視するのは行き過ぎである。法益というのは交換関係において把握されるべきであり，法益は交換価値からその価値の大部分を得る。個人が自己の法益を利用する，つまり，**法益投入**するのは，自分の熱望する，他の自分又は他人の法益と交換するため，又は，法益という形では固まっていないその他の利益を満足させるためである。例えば，血液提供者が報酬を出すからと騙されて採血させたという場合，血液提供者は無条件に法益放棄の決定をしたのではない。行為者が端から報酬を出すつもりがないとき，承諾者は**法益存立**の維持に関心がある。それでも，承諾を有効とするなら，生活の現実を看過していることになる[187]。〔ハインリッヒの設例〕でも，行為者を不処罰とするなら，刑法上の保護が過小評価されると[188]。

③**規範的自律性理論**[189]　本理論は，被害者に優しい理論と行為者に優しい理論の中間に位置するのであるが，これによれば，欺罔に起因する承諾が刑法上無効となるのは，それによって法益保持者の自主決定が排除される場合に限られる。その際，意思活動の自律性は規範的規準によって決められるべきである。身体とか所有権といった法益は保持者から切り離された対象として保護されるのでなく，法益保持者の自己実現を可能にするものとして保護される。自律的実現の可能性というのは，一切の欺罔を無効にするというわけではないし，どの非法益関係的欺罔の場合でも保証されているわけでもない。むしろ，欺罔の意義に関しては，その都度事例群に応じて，自律性思想に基づいた規範的区別がなされるべきである。いかなる欺罔もすべて自律

---

[185] *Jakobs*, (Fn. Ⅱ-76), 7. Abschn Rn 117；*Rönnau*, (Fn. Ⅱ-163), 672；*Roxin*, (Fn. Ⅱ-171), 283.

[186] *Arzt*, (Ⅱ-85), 17 f.

[187] Vgl. *Amelung*, (Fn. Ⅱ-181, Irrtum), 20 ff., 56 ff., 77 ff.；*Paeffgen*, (Fn. Ⅱ-74), §228 Rn 26 f.；*Rönnau*, (Ⅱ-22), 282 ff.；*ders.*, (Fn. Ⅱ-163), 671.

[188] Vgl. *Heinrich*, (Fn. Ⅰ-4), §16 Rn 470；*Hillenkamp*, (Fn. Ⅱ-165), 45.

[189] *Roxin*, (Fn. Ⅰ-1), §13 Rn 97 ff.；*ders.*, (Fn. 171), 275；vgl. auch *Jescheck/Weigend*, (Fn. Ⅰ-20), §34 Ⅳ5；*Otto*, (Fn. Ⅰ-49), §8 Rn 108 ff.；vgl. *G. Arzt*, Heileingriffe aufgrund einer Blanko-Einwilligung bezüglich der Person des Arztes, 201, 206 mit Fn. 12.

的自己実現の可能性を阻止するというわけではないからである。誤表象に起因する承諾がそれでも承諾者の自由な処分の表れといえるか否かは客観的に判断されるべきである。〔ハインリッヒの設例〕では，乙の承諾は有効となる。たしかに，乙はその所有する美術作品に健康に有害な絵の具が使われていると思わされたのであるが，しかし，そのことによって自律的決定を下す能力，例えば，健康と所有権の法益間衡量をする能力が排除されてはいなかった。甲は物の損壊罪に問われない。

本説からは，他説は次の点に問題がある。一方で，反対給付に関して欺罔があった場合，反対給付が行われない危険というのは，交換取引自体から被欺罔者の行為自由の性格を奪うものではない。この点で，意思瑕疵自由理論は狭すぎる。他方で，傷害を医学の進歩に役立つと騙されて承諾したという場合，法益関係的誤表象は生じていないが，この承諾は無効である。自由且つ利他的放棄が欺罔によって無意味な損傷へと切り替えられたのであり，規範的に見ると，これは自律的決定の表れとはいえない。この点で，法益関係的無効理論は狭すぎる。

本説に対しては，犯罪の特定の保護方向が歪曲されるという批判，加えて，自律性思想は無規定に過ぎ，適格な規準とはなりえないという批判がなされる[190]。

(bb)　日本刑法学における理論状況

欺罔に起因する錯誤について，日本では一般に，構成要件阻却事由としての了解と違法性阻却・減少事由としての承諾を区別することなく論じられることが多い。先ず，被害者の錯誤によって得られた承諾は有効ではないと解する説が見られる。例えば，追死の意思がないのに被害者を欺き，追死してくれるものと誤信させて自殺させた行為は殺人罪に当るし，犯人が強盗の意図で「今晩は」と挨拶したのに対して，家人が「お入り」と答えたので住居に立ち入った場合には，住居侵入罪が成立するというのである。被害者は行為者の欺罔行為によって承諾を与えたのであり，その承諾は，**真意**に出たも

---

[190] *Heinrich*, (Fn. Ⅰ-4), §16 Rn 471；*Rönnau*, (Ⅱ-22), 318. この批判に対しては，自律性概念というこの種の法概念が規範的に構成されねばならないことは自明の理であるとの反批判がなされる。*Roxin*, (Fn. Ⅰ-1), §13 Rn 99 FN 158.

のとはいえないから，無効と解するべきというのがその理由である（**真意説**）[191]。より限定的に，被害者本人の動機づけに重大な影響をもつ欺罔行為により，真意に沿わない法益保護の放棄の意思決定が行われたとき，承諾は無効と解する見解もある。本説によっても，上述の偽装心中の場合は殺人罪に当る[192]。これに対して，動機に錯誤が見られるにすぎないとき，承諾は有効だと解する説も見られる。上述の偽装心中の例では，死ぬこと自体には錯誤なく同意しているのであるから，ドイツのように真剣な要求があった場合に限り責任減少事由だとしているのであればともかく，日本法のように，同意を一般的に違法減少事由とする場合には，同意を無効とするのは妥当でないというのである。上述の住居侵入の場合も被害者の同意は有効とされる（**法益関係的錯誤説**）[193]。

これらの見解に対して，被害者の錯誤に基づいてした承諾でも，なお，被害者の処分のあらわれとして，客観的に評価できるかという観点から，法益関係的錯誤の場合は被害者の承諾は無効であるが，それ以外の場合でも承諾が無効でありうること，例えば，欺罔が他人の利益のために法益を犠牲にしようとする目的にある場合とか，欺罔が危害を避けるつもりで法益を犠牲にしようとした目的にある場合，承諾は無効であること，しかし，欺罔が法益を犠牲にすることによって得られる反対給付についてのものである場合とか，欺罔が動機に関係する付随的な事情や（行為者によって実現されるのではない）

---

[191] 大塚（注Ⅱ-43）420頁以下，大谷（注Ⅱ-44）255頁，福田（注Ⅱ-42）181頁，183頁注6，佐久間修『刑法講義総論』1997・187「承諾は，真意から与えたことを要する」。最判昭和33・11・21刑集12・15・3519〔被告人甲は，料理屋の接客婦乙と馴染みになり，やがて夫婦約束するまでに至った。しかし，甲は遊興のため多額の借財を負い，しかも両親から乙との交際を絶つように迫られ，乙に別れ話をもちかけたが，乙はこれに応ぜず，心中を申し出た。甲はその熱意に動かされて渋々心中の相談に乗ったが，その3日後，乙と紀州南端の山中に赴いたときには，心中する気持ちは消えていたものの，追死するつもりであるように見せかけ，あらかじめ買い求めてあった青化ソーダの致死量を乙に与えて嚥下させ，その場で中毒死させたという事案〕「被害者は被告人の欺罔の結果被告人の追死を予期して死を決意したものであり，その決意は真意に添わない重大な瑕疵ある意思であることは明らかである。そしてこのように被告人に追死の意思がないに拘わらず被害者を欺罔し被告人の追死を誤信させた被告人の所為は通常の殺人罪に該当する」。

[192] 井田良『講義刑法学・総論』2008・324頁以下。

[193] 平野（注Ⅱ-17）256頁以下。同旨，浅田（注Ⅰ-55）208頁，川端（注Ⅱ-45）312頁，佐伯仁志「被害者の錯誤について」神戸法学年報1（1985）51頁以下，内藤（注Ⅱ-46）591頁，中山（注Ⅱ-44）312頁，堀内（注Ⅱ-44）184頁，山中（注Ⅱ-13）271頁以下。

期待にある場合，承諾は有効であるとする見解が見られる[194]。同様に，基本的には，法益関係的錯誤説が正当であるが，同意（承諾）が「法益主体の任意かつ真意に出たものかどうか」，つまり，自由な自己決定権の所産であるか否かを規準として，反対給付の錯誤，目的・縁由の錯誤（例えば，偽装心中）では，同意は有効であるが，しかし，緊急状態の錯誤（例えば，炎上する自家用車の中に子どもが閉じ込められていると欺罔され，傷害を負うことを覚悟して高熱をもったドアの把手を握って開けたが，実際には子犬が閉じ込められていたという場合），法益関係的錯誤の原則の例外として，同意は無効であるとする見解がある[195]。

(cc) **評価（承諾の有効性の規準）**

被害者の承諾を支えるのはその自律性（その裏面としての自己答責）にあり，しかも，単に被害者の錯誤が欺罔に起因するから直ちにその自律性が侵害されたということではなく，被害者の承諾が法規範の，したがって客観的観点からその自律性のあらわれと評価できるか否かが決定的に重要である[196]。この見地から，以下，類型別に検討する。

①承諾者に法益を放棄することになることを覆い隠す欺罔によって得られた承諾が無効であることは当然である[197]。法益放棄の意味，射程距離及び影響の不知に繋がる欺罔によって得られた承諾も無効である（**法益関係的錯誤**）。とりわけ無視できないのは，**法益侵害の性質と範囲に関する錯誤**である。これにより欺罔に起因する錯誤が内容的に限定されることになる。結局，法益関係的錯誤は法益の存立に関係しなければならないということである。それ

---

[194] 斉藤誠二『特別講義刑法』1991・110頁以下。
[195] 山中（注Ⅱ-13）219頁以下，221頁注18（緊急状態の錯誤について，緊急状態下にあるより大きいと思われる法益を救うために，それとの相関関係において，自らの犠牲にする法益の相対的価値について錯誤したため，法益の相対的価値の錯誤があり，この場合の同意をとくに無効としたものであり，自分の法益の要保護性についての錯誤はなく，したがって，法益関係的錯誤とは言えない）。なお，山中（注Ⅰ-55）218頁は，法益関係的錯誤説を基本的に妥当とするが，「法益関係的錯誤か否かのみでは十分ではない。同意は，被害者の自主的判断にもとづき強制にもとづくものでないことがその有効性にとって重要であり，したがって，基本的には，法益主体の任意かつ真意に出たものかどうか，すなわち，自由な自己決定権の所産であるとみなされるかどうかが基準となる」と論じているので，規範的自律性理論に改説したと云える。
[196] Vgl. *Burgstaller/Schütz*, (Fn. Ⅱ-11), §90 Rn 48 ; *Jescheck/Weigend*, (Fn. Ⅰ-20), §34 Ⅳ5 ; *Roxin*, (Fn. Ⅱ-171), 281 ; *ders.*, (Fn. Ⅰ-1) §13 Rn 99 ; 斉藤（注Ⅱ-194）110頁。
[197] *Jakobs*, (Fn. Ⅱ-76), 7. Abschn. Rn 117「放棄意思の欠如」。

故、例えば、医師が鎮痛剤注射の健康有害作用に関して欺罔して得られた患者の承諾は無効である。患者には傷害の認識がなかったからである[198]。患者に医師と思われた医学実習生が、医師に代わって、軽度の、非医師の知識でも対処できる身体傷害侵襲を行う場合、患者の承諾は有効である。患者が騙されて承諾したにせよ、医学実習生による侵襲が医師の侵襲よりも危険であるとは云えないので、錯誤の法益関係性が欠ける。このような単に動機にかかわる付随的事情に関する錯誤は法益保持者の決定の自律性を侵害しているとは云えないからである[199]。法益関係的錯誤が故意、過失又は無過失で惹起されたか否かは重要でない[200]。

②欺罔に起因する錯誤が一般的に承諾を無効とするわけではない。被害者は法益を放棄することを認識しているが、欺罔に起因する法益放棄への動機が生じなかったならば、法益を放棄しなかっただろうという単なる**動機の錯誤**の場合、承諾は有効と解される。例えば、アルコール依存者が、つらいが、しかし効果のある禁絶療法を終えたら、その妻に戻ってきてもらえると騙され、薬剤治療を承諾したという場合、その承諾は有効である。もっとも、この設例で、禁絶治療を受けたら、元通り飲酒できると騙されたときは、法益関係的錯誤となる[201]。反対給付に関する欺罔、例えば、血液提供者が報酬を出すからと騙されて採血させたという場合、期待した**反対給付**（報酬）に関し

---

[198] Beispiel 3 bei *Roxin*, (Fn. Ⅰ-1), §13 Rn 98

[199] Vgl. BGHSt 16, 309, 311［医学実習生事件］（治療の承諾は、疑いも無く些細な切り傷、打撃傷といった症例では、患者が医師によって治療されると思っていても、簡単な侵襲の場合には非医師による治療も正当化しうる）「承諾はその客観的意味からすると非医師による治療も含む」。*Burgstaller/Schütz*, (Fn. Ⅱ-11), §90 Rn 62；*Kühl*, (Fn. Ⅰ-4), §9 Rn 37；*Roxin*, (Fn. Ⅰ-1), §13 Rn 101. 参照、山中（注Ⅱ-13) 328頁以下。

本事案について、二段階説を主唱するアメルングも結論的には客観的帰属の観点から可罰性を否定する。承諾者は誰が自分の利益に介入してよいかを自分の好きなように決める自由をもっているから、錯誤を無視することはできない。しかし、法益保持者に法益放棄の意思があるので、傷害という結果無価値が欠如し、しかも、医学実習生にも医師にも同じ適格性があるとき、行為者は許されない危険を創出していない（行為無価値の欠如）から、行為者は不処罰とされる。*Amelung*, (Fn. Ⅱ-175), 63 f. 本説には疑問がある。行為者が被害者の承諾という正当化事由を援用できないことが確定したにもかかわらず、更に続いて帰属を問題にすることは、犯罪理論体系上の問題を生じさせるし、そもそも、行為無価値も結果無価値も無いときに、被害者の自律性が否定されるというのは奇妙なことである。Vgl. *Rönnau*, (Fn. Ⅱ-163), 672；*Roxin*, (Fn. Ⅰ-1), §13 Rn 109.

[200] *Burgstaller/Schütz*, (Fn. Ⅱ-11), §90 Rn 55；*Hinterhofer*, (Fn. Ⅱ-1), 104.

[201] *Gropp*, (Fn. Ⅱ-17), §5 Rn 85.

て欺罔されても，承諾は有効である。いわんや，近所の人も血液提供をしたと騙されて，その人には負けられないという動機から採血に応じたという場合，傷害（注射器による刺し傷）は違法性が阻却される[202]。反対給付を得られることの信頼が損なわれたということは被害者の行為自由を奪うものではない。血液提供に財産的価値が認められるかぎり，この信頼は詐欺罪によって保護されるのであって，傷害罪によって保護されるのではない[203]。すなわち，被害者に財産処分行為のあることが必要である。例えば，対価と引き換えに平手打ちをさせることを承諾するが，行為者が支払い意思に関して欺罔するとき，詐欺罪は成立しない。頬を差し出すことは財産の処分行為とはいえないからである。この場合，傷害罪で処罰することが可能だとすると，反対給付への信頼を詐欺罪に引かれた限界を超えて保護することになり，一身的法益の「商業化」を助長することになる。これは立法者が望んだことではないし，刑事政策的にも望ましくない[204]。

③法益関係的錯誤が惹起されなくても，欺罔に起因する承諾が無効だということはありうる。例えば，医師が患者である子どもへ移植するために角膜が必要だと騙し，実際には他の目的に使うためであるとき，患者の母親から得た角膜提供の承諾までも有効とすることはできない。たしかに，母親には身体侵襲の認識はある。しかし，欺罔によって生じた状態が，相応の脅迫によって惹起された**強制状態**に等しいとき，移植組織体を供することについて，規範的観点から見て，法益放棄に関する自由な決定がなされたとは到底いえない[205]。

そのことは，医師甲が他人に臓器移植をするために，患者である子供乙が

---

[202] Lenckner/Sternberg-Lieben, (Fn. Ⅱ-49), Vorbem. §§ 32 ff. Rn 47；A.A. Otto, (Fn. Ⅱ-172), 615「自律性というのは先ず第一に，何をするかの認識でなく，なぜ行為をするのかの認識である。……それ故，行為の理由に関する決定が他律的影響を受けて歪められるなら，自律的行為というようなことは話にならない」。
[203] Arzt, (Fn. Ⅱ-85), 21；Kühl, (Fn. Ⅰ-4), §9 Rn 38；Roxin, (Fn. Ⅰ-1), §13 Rn 99.
[204] Roxin, (Fn. Ⅰ-1), §13 Rn 99；高橋則夫『刑法総論』［第3版］2016・329頁以下。A. A. Otto, (Fn. Ⅱ-172), 617（処罰することで初めて刑法が自律性を真剣に考えていることが示される）。
[205] Hinterhofer, (Fn. Ⅱ-1), 101 f.；Kühl, (Fn. Ⅰ-4), §9 Rn 39；Lenckner/Sternberg-Lieben, (Fn. Ⅱ-49), Vorbem §§ 32 ff. Rn 47；Roxin. (Fn. Ⅰ-1), §13 Rn 104 f. 参照，高橋（注Ⅱ-204）329頁以下。

致命的な病気に罹っていると騙し，その母親丙からその子乙への移植のための臓器提供の承諾を得るとき，それは子供乙を殺すという脅迫に相当する状態で得られた承諾であることがいっそう明らかである。こういった場合，たしかに，承諾者は，欺罔によって生じた動機にもかかわらず，法益を放棄することを十分に認識しているものの，欺罔によって招来された**緊急避難類似の緊急状態**において，自発的法益放棄があったとは云えないので，承諾は無効と解されるべきなのである[206]。

自殺の場合で，動機の錯誤が認められるにすぎず，法益関係的錯誤が認められない場合，それでも，その関与者に自殺関与罪でなく，間接正犯の形態の殺人罪が成立するかが問題となる。例えば，男性医師が，その入院中の男性患者の妻と昵懇の間だったが，その患者に治療不可能で余命3ヶ月くらいしか残っておらず激痛も伴うと欺き，悲観した患者が自殺したという場合，被害者の決定自由が制限されていたとは云えるものの，被害者の決定が実際上欺罔者によって下されたと云えるほど制限されているわけではない。このような診断が不可避的に自殺に繋がるとも，自殺に繋がるのが普通だとも云えない。被害者はこの診断内容を他の方法で確認することができたし，そうすれば生きながらえることができたのである。欺罔に起因する動機の錯誤があるだけでは行為者の行為支配があるとは云えず，自殺関与罪の成立に止まる[207]。しかし，欺罔に加えて，行為者が付加的影響力を行使することによって被害者の反応を行為者の望ましい方向へと導くことで，被害者の決定自由を狭めた場合，被害者には，理論上は撤退の道は残されているが，実際上は

---

[206] *Kühl*, (Fn. I -4), § 9 Rn 39；*Lenckner/Sternberg-Lieben*, (Fn. II -49), Vorbem §§ 32 Rn 47. その他の例として，自分が飼っている猛獣が檻を破って逃げ出して人に危害を加えていると電話で騙され，それを殺すことに承諾したとか，アタマジラミがいると騙されて髪の毛全部を剃り落とすことに承諾した場合が挙げられる。前者では傷害罪が，後者では物の損壊罪が成立する。*Jakobs*, (Fn. II -76), 7. Abschn Rn 121；*Roxin*, (Fn. I -1), § 13 Rn 105.

[207] A. *Koch*, Grundfälle zur mittelbaren Täterschaft, § 25 I Alt. 2 StGB, JuS 2008, 399, 400 f.；*Kühl*, (Fn. I -4), § 20 Rn 49；*R. Zaczyk*, Strafrechtliches Unrecht und die Selbstverantwortung des Veletzten, 1993, 46；*F. Zieschang*, Gibt es den Täter hinter dem Täter?, in：Otto-FS, 2007, 505, 521f.；A.A. *Frister*, (Fn. I -3), 27. Kap Rn 22；*Heinrich*, (Fn. I -4), § 35 Rn 1264；*R. Rengier*, Strafrecht BT II, 8. Aufl, 2007, § 8 Rn 5；*H. Zipf*, Die mittelbare Täterschaft und ihre Einordnung in § 12 StGB, ÖJZ 1975, 617, 621.

選択肢が残されていないので，自由答責的決定があったとは云えない（錯誤支配）。ここに欺罔者の行為支配が認められるので，殺人罪が成立する[208]。したがって，いわゆる偽装心中の場合，行為者は，一緒に命を犠牲にしたいと偽るだけでなく，被害者の絶望感から出た精神的圧迫による心身消耗状況を利用して，「所為状況全体を具体化し，相手の『自殺』をいわば監督」した場合には，殺人罪が成立すると云える[209]。

[208] 参照，福岡高宮崎支判平成元年3・24高刑集42・2・103〔被告人は，66歳の一人暮らしをしていた女性から欺罔的手段で750万円借りて返せなくなったが，その返済のめどが立たなかったことから，その発覚を防ぐため同女をして自殺させることを企て，同女の行為が出資法違反であり，間も無く警察が調べに来るが，罪となると3ヶ月か4ヶ月刑務所に入ることになると欺罔して，諸所を連れ回して逃避行をし，その間，身内に迷惑がかかるのを避けるためにも自殺以外にとるべき道はない旨執拗に慫慂して同女を心理的に追いつめ，犯行当日には，警察の追及が間近に迫っているが自分もこれ以上庇護してやることができないと突き放し，同女が最後の隠れ家として一縷の望みを託していた大河原の小屋も無いことを確認させたすえ，同女をしてもはやこれ以上逃れる方途はないと誤信させて自殺を決意させ，同女自ら農薬を嚥下させて自殺させたという事案〕「出資法違反の犯人として厳しい追及を受ける旨の被告人の作出した虚構の事実に基づく欺罔威迫の結果，被害者甲は，警察に追われているとの錯誤に陥り，更に，被告人によって諸所を連れ回されて長期間の逃避行をしたあげく，その間に被告人から執拗な自殺慫慂を受けるなどして，更に状況認識についての錯誤を重ねたすえ，もはやどこにも逃れる場所はなく，現状から逃れるためには自殺する以外途はないと誤信して，死を決したものであり，同女が自己の客観的状況について正しい認識を持つことができたならば，およそ自殺の決意をするような事情にあったものとは認められないのであるから，その自殺の決意は真意に添わない重大な瑕疵ある意思であるというべきであって，それが同女の自由な意思に基づくものとは到底いえない。したがって，被害者を右のように誤信させて自殺させた被告人の本件所為は，単なる自殺教唆行為に過ぎないものということは到底できないのであって，被害者の行為を利用した殺人行為に該当する」。

[209] Kühl, (Fn. I-4), §20 Rn 50; ders., Beteiligng an Selbstötung und verlangte Fremdtötung, JURA 2010, 81, 82; Zaczyk, (Fn. II-207), 46.

BGH, Urteil v. 3. 12. 1985, JZ 1987, 474＝GA 1986, 508は，〔数ヶ月前から不貞関係をもっていた被告人は，自分の夫から解放されたいと思い，毒物で殺害する考えを抱いていたところ，犯行当日，足が付かないようにと窃取してきた毒物を被害者に自ら飲むように仕向けようと計画して，毒物をリキュールに混ぜ，それから22時頃車で夫をその職場に迎えに行き，家に戻ってから直ちに夫に一緒に死のうと持ちかけたところ，夫は，「そうしたら永遠に一緒だね」と応じた。被告人は毒物入りの飲み物を用意していることを話し，それから被告人の提案に応じて，被告人に運転する車でさびしい場所に行った。被告人は一緒に夫と死ぬことを確信してもらうために，夫に最後となる性交を約束した。被告人は人気の無い大駐車場に車を止め，二人は衣服を一部脱いだ。被害者は致死量に足る毒入りリキュール一口分を一気に飲んだ。被告人は夫と愛撫を交わしたが，性交には到らなかった。被害者が被告人にその壜を渡したとき，被告人は頭を激しく横に振った。妻の欺罔に気づいた被害者はさらに一口飲み，車から2, 3歩いたところで崩れ落ちた。被告人は被害者を車に引き摺り入れようとしたが無理だった。被告人は興奮して家に行き，粘着テープをもって戻り，それでまだ弱弱しい息をしている被害者の口を巻き，凶悪犯罪を装い，家に戻った。

④強制状態にあるとはいえないが，利他的動機から出た承諾であり，その**具体的な利他的目的**達成を騙されたとき，承諾は無効である。例えば，医師甲が，患者乙に臓器移植をするために患者の隣人丙に臓器提供をしてもらう承諾を得たが，実際には，自分の子丁に臓器移植をするためだったという場合とか，医学研究のためだと騙されて身体侵襲の承諾をするといった場合である。承諾者の利他的目的が達成されていないとき，侵襲を承諾した本来的意味が水泡に帰したのであり，承諾者の行為自由が奪われている[210]。

(c) 錯　誤

錯誤に起因する承諾は，その錯誤が欺罔によって招来されたのでなく，その原因が専ら承諾者自身にある場合，その承諾の有効性が問題となる。例えば，甲がその隣人乙宛てに，「私は，自分の土地の境界にある立木の伐採を了解しない」と書きたかったところ，うっかりして「了解する」と誤記したときである〔ロクスィーンの設例〕[211]。被害者が，法益関係的状況について錯誤

夫は同日夜中毒死したという事案〕で，「当刑事部は，この種の錯誤を惹き起こしただけで，下劣に欺罔を行う者の正犯性を基礎づけるのに十分であるかについて判断を保留する。本事案の事実から，被告人はその夫を欺罔によって死へ追いやろうとしただけでなく，同時に自ら計画した事象経路に関する支配もしっかりもとうとし，実際にもったことが分かる」と判示して謀殺罪の成立を認めた。本判決に結論的に支持するのが，R. Brands, H. Schlehofer, Die täuschungsbedingte Selbsttötung im Lichte der Einwilligungslehre, JZ 1987, 442 ; Jescheck/Weigend, (Fn. Ⅰ-20), § 62 Ⅱ1 ; Krey/Esser, (Fn. Ⅰ-24), § 27 Rn 917 ; Kühl, (Fn. Ⅰ-4), § 20 Rn 47 ; Otto, (Fn. Ⅰ-49), § 21 Rn 100, Rengier, (Fn. Ⅱ-207), § 8 Rn 6 ; J. Wessels, M. Hettinger, Strafrecht BT 1, 36. Aufl., 2012, § 1 Rn 52 ; A.A. C. Roxin, Strafrecht AT, Bd. Ⅱ, 2003, § 25 Rn 71.

これに対して，平野（注Ⅱ-17）256頁，同『刑法概説』1977・158頁「（被害者は）『死』ということの意味は十分理解しているのであり，死ぬこと自体には錯誤はなく，ただ理由に錯誤があるにすぎないから，殺人だとするのは妥当とは思われない」。西田典之『刑法各論』〔第4版補正版〕2009・16頁は，法益関係的錯誤説から，自殺者が自己の生命という法益を処分することについて錯誤に陥っていなければ，自殺に対する同意は有効であり，欺罔して自殺させた場合でも殺人罪は成立しないが，法益の有無・程度・性状等に関して錯誤がある場合，例えば，医師が癌患者に対して，あと1年の余命があるにもかかわらず，あと3ヶ月の命で激痛も襲ってくるからと欺罔して自殺させた場合には，同意は無効であり，殺人罪が成立すると論ずる。偽装心中につき殺人罪の成立を肯定するのが，團藤重光『刑法綱要各論』〔第3版〕1990・400頁，大塚仁『刑法概説各論』〔改訂増補版〕1992・22頁。

[210] Burgstaller/Schütz, (Fn. Ⅱ-11), § 90 Rn 58 ; Ch. Jäger, Strafrecht AT, 6. Aufl., 2013, § 4 Rn 139 ; Roxin, (Fn. Ⅰ-1), § 13 Rn 104. 参照，井田（注Ⅱ-192）322頁以下。A.A. Lenckner/Sternberg-Lieben, (Fn. Ⅱ-49), Vorbem. §§ 32 ff. Rn 47.
[211] Roxin, (Fn. Ⅰ-1), § 13 Rn 111.

に陥っているとき[212]，あるいは，法益保持者が間違って自分の意思とは異なる承諾の表示をするとき[213]，行為者の認識とは関係なく，承諾は無効であるという見解がある。これらの見解によると，上記の設例では，甲の意思表示は無効となる。しかし，これらの見解に与することはできない。というのは，客観的に解釈されうる意思表示の内容への信頼が保護に値するからである。法は，法益保持者が表明したことだけをその意思と見ることができるのであって，内に止まる考えをその意思と見ることはできないということである。上記の設例では，乙が承諾を信頼して立木を伐採しても，違法な侵害をしているわけでない。立木の所有者は，侵害がまだ無いとき，いつでも承諾を撤回できることによって十分に保護される[214]。但し，意思表示の受取人が承諾者の錯誤を見抜きながら，それを意識的に自分のために利用するときは別である。欺罔があれば承諾は無効と見られる場合には，承諾の援用は権利濫用と見られざるを得ない。隣人が，立木の所有者が伐採の同意を拒否するつもりであること，書き誤ったに過ぎないことを正確に知っているとき，損壊罪で処罰されうる[215]。

　なお，欺罔は，作為（明示的及び推断的）によるだけでなく，不作為によっても可能である。行為者が保障人として負う**説明義務**を果たさない限り，不作為による欺罔が問題となる。例えば，医師の侵襲にあっては，医師は，治療侵襲の前に，診断，侵襲の性質，範囲及びありうる結果を説明しなければならない[216]。医師が必要な説明を怠るとき，患者は**法益関係的錯誤**に陥っている。こういった場合，医師は患者の承諾がその実際の意思に合致していることを信頼してはならない。説明の欠如に基づく，錯誤に起因する承諾は無効である。したがって，医師には，説明が故意でなされなかった場合には故意の傷害罪が，説明が過失でなされなかった場合には過失の傷害罪が成立する[217]。意思が説明義務を十分果たしたが，それでも患者が自分の錯誤に固執

212　*Lenckner/Sternberg-Lieben*, (Fn. Ⅱ-172), Vorbem. §§ 32 ff. Rn 46.
213　*Baumann/Weber/Mitsch*, (Fn. Ⅱ-21), § 17 Rn 109.
214　*Kindhäuser*, (Fn. Ⅰ-22), § 12 Rn 31；*Roxin*, (Fn. Ⅰ-1), § 13 Rn 111.
215　*Kindhäuser*, (Fn. Ⅰ-22), § 12 Rn 31；*Roxin*, (Fn. Ⅰ-1), § 13 Rn 111.
216　*Eser/Sternberg-Lieben*, (Fn. Ⅱ-160), § 223 Rn 40b「患者が侵襲の肯定面と否定面を衡量できるために，患者に侵襲の性質，意味及び射程距離の要点を認識可能にすべきである」。

するとき，承諾は有効である[218]。

7 承諾の認識

正当化事由としての承諾の法的前提要件がそろうと，所為は正当化される。行為者は主観的には承諾を認識して行為しなければならない(**主観的正当化要素**)。行為者に承諾の認識だけでは足りず，加えて承諾に基づいて行為することを要求する学説[219]もあるが，その必要はない。権利保護の必要性は承諾それ自体によって消滅しているのであるから，所為の行為無価値は既に法益保持者が法益放棄を認識すると，既に所為の行為無価値が「消滅」しているからである。行為者が承諾について何も知らなければ，(構成要件的) 法益侵害をする決定の故に，未遂類似の不法が残る。承諾者による自己の法益の放棄はこの行為無価値を何ら変えるものでなく，承諾者から正当防衛権だけを取り上げる。しかし，行為者は何も問われないのでなく，不能未遂に相応する不法を実現している。逆に，行為者が承諾の存在を誤認したとき，正当化事由の錯誤がある[220]。

---

[217] *Kindhäuser*, (Fn. Ⅰ-22), §12 Rn 28；Vgl. *Kühl*, (Fn. Ⅰ-4), §9 Rn 40；*Roxin*, (Fn. Ⅰ-1), §13 Rn 112.
[218] *Kindhäuser*, (Fn. Ⅰ-22), §12 Rn 28；Vgl. *Roxin*, (Fn. Ⅰ-1), §13 Rn 112.
[219] *Jescheck/Weigend*, (Fn. Ⅰ-20), §34 Ⅴ；*Wessels/Beulke/Satzger*, (Fn. Ⅰ-4), §11 Rn 567.
[220] *Kühl*, (Fn. Ⅰ-4), §9 Rn 41；*Otto*, (Fn. Ⅰ-49), §8 Rn 117；*Lenckner/Sternberg-Lieben*, (Fn. Ⅱ-49), Vorbem §§32 ff. Rn 51；*H. Rosenau*, Satzger/Schluckebier/Widmaier, Strafgesetzbuch Kommentar, 2. Aufl., 2014, Vor §32 ff. Rn 42

第3章　構成要件阻却の了解

1　構成要件阻却の了解の分類

　構成要件によっては，その文言又は意味，目的から，法益保持者の意思に反した，少なくとも法益保持者の意思なしの行為を前提とする構成要件がある。これらの犯罪では，当人の意思に反するところに，不法を基礎づける事情がある。了解があれば，すでに構成要件が充足されないので，正当化承諾の問題は端から生じないことになる。これが構成要件阻却の了解（Tatbestandsausschließendes Einverständnis）である[1]。これを犯罪類型で見ると，次の3分類が可能である[2]。

　①対抗する当人の意思を抑えつけるところに不法の基礎づけられる犯罪がある。**強制性交等罪**（刑第177条前段），**強制わいせつ罪**（刑176条前段），**逮捕監禁罪**（刑第220条），**強要罪**（刑第223条前段），**強盗罪**（刑第236条），**恐喝罪**（刑第249条）は意思形成又は意思活動の自由を侵害する犯罪である。これらの構成要件は，当人の意思それ自体が攻撃され，曲げられ又は排除されることを要求する。

　②構成要件要素が，当人の意思に依存する事実状態の変更に関係している場合がある。**窃盗罪**（刑第235条）がその例である。隣人の同意を得てビール一缶をその冷蔵庫から持ち出す者はビールを「窃取」していない。窃取という構成要件要素は，他人の占有を侵害し，新たな占有を設定することであるから，「窃取」という構成要件要素は占有者の意思に反してそれまでの占有を消

---

[1] *Jescheck/Weigend*, (Fn. Ⅰ-20), §34 Ⅰ1a.
[2] Vgl. *Kindhäuser*, (Fn. Ⅰ-22), §12 Rn 35 ff.; *Wessels/Beulke/Satzger*, (Fn. Ⅰ-4), §11 Rn 543.

滅させる行為を要求する。もっとも，窃取を占有の消滅と定義し，占有消滅についての当人の了解があっても，窃盗の構成要件は充足されると解することは，一般の語法からは全く可能である。しかし，こういった解釈は別に詐欺罪があることとそぐわない。物を騙し取ることは一般に詐欺として扱われ，窃盗とは扱われない。そうすると，やはり，窃盗罪は当人の意思に反する占有消滅を前提としていることになる[3]。

③構成要件要素が権利状態の侵害に関係している場合がある。**住居侵入罪**（刑第130条）がその例である。他人の招待に応じてその住まいに入る者とか，買い物をするために百貨店に入る者は，他人の住まいや売り場に「立ち入る」が，「侵入」していない。侵入という構成要件要素は，住居権者の意思に反して立ち入ることを意味するので，住居権者が立ち入りを了解しておれば，「侵入」という構成要件要素は充足されない[4]。

Ⅲ 了解の前提要件

構成要件該当性を否定する了解と違法性阻却事由としての承諾は元来異なった有効要件を伴っていたのである。構成要件阻却の了解では，了解者の錯誤は法的に重要でないとか，了解者はその了解の意思表示をする必要もないし，行為者はそれを知る必要もないとされたのである。しかし，今日，このような図式的相違は維持されなくなっている。了解は承諾とは異なり，各構成要件の機能及び保護法益に照らして検討される必要があると解されるようになった。

1 自然的意思能力と弁識・判断能力

①対抗する当人の意思を抑えつけることに関係する構成要件要素は，当人が対抗意思をもたないとき充足されない。当人に意思を形成する普通の能力，

---

[3] Frister, (Fn. Ⅰ-3), 15. Kap Rn 2.
[4] 内田文昭『刑法各論』［第2版］1984・171頁，最判昭和58・4・8刑集37・3・215「刑法130条前段にいう『侵入シ』とは，他人の看守する建造物等に管理権者の意思に反して立ち入ることをいう」。これに対して，事実上の住居の平穏説を主張するのが，團藤重光『刑法綱要各論』［改訂版］1975・488頁。

いわゆる**自然的意思能力**（natürliche Willensfähigkeit）があるだけで十分である。すなわち，行為者によって強いられた行為を自発的に行うことができなければならない。例えば，4歳の子ども甲が，その居る部屋を18歳の少年乙が短時間鍵を掛けることに何も抵抗しなかったという場合，甲はその意思に反して閉じ込められたのでないから，逮捕監禁罪は成立しない[5]。

②事実状態の変更を対象とする構成要件要素においても，当人に**自然的意思能力**があれば足りる。窃盗罪における占有は事実的支配意思に担われた物の支配を要求する。こういった自然的支配意思を子どもや場合によっては精神障礙者ももちうる。それに対応して，占有状態の放棄にも，したがって了解のためにも，自然的意思があればそれで足りる。例えば，球で遊んでいる6歳の子ども甲が，大人の乙に声を掛けられ，その球をもらえないかと問われる。甲は，感じの良い乙に好意を示したいので乙に球をあげる。この場合，乙は甲の球を窃取したことにならない。もっとも，「不法領得」は残る。所有権移転に関して，甲には球の価値，喪失に関して必要とされる弁識能力に欠けるし，有効な贈与に必要な法律行為能力も有していない。したがって，窃盗罪は成立しないものの，窃取なしの不法領得を処罰する横領罪の成立が考えられる[6]。

③権利状態への侵害を対象とする構成要件要素において，了解の有効性が弁識・判断能力を前提とするか否かについては，争いのあるところである。構成要件阻却の了解と違法性阻却の承諾を区別する見解によると，了解は構成要件要素に不該当とするという形式的理由から，他の犯罪類型の了解と同じく，自然的意思で十分であり，この意思が適切な状況判断から来ているか否かは重要でなく，それに対応して，年齢や精神障礙の故に権利者に弁識能力が欠けていても，基本的に了解の有効性の妨げとならないと説かれる[7]。しかし，所有権を保護法益とする物の損壊罪では，承諾には弁識・判断能力が要求されるのであるから，権利状態への侵害を対象とする構成要件要素にお

---

[5] *Lenckner/Sternberg-Lieben*, (Fn. Ⅱ-49), Vorbem. §§ 32 ff. Rn 32 ; *Kindhäuser*, (Fn. Ⅰ-22), § 12 Rn 41.
[6] *Lenckner/Sternberg-Lieben*, (Fn. Ⅱ-49), Vorbem. §§ 32 ff. Rn 32 ; *Kindhäuser*, (Fn. Ⅰ-22), § 12 Rn 42, 48 ; *Wessels/Beulke/Satzger*, (Fn. Ⅰ-4), § 11 Rn 546.
[7] *Gropp*, (Fn. Ⅱ-17), § 5 Rn 118 ; *Wessels/Beulke/Satzger*, (Fn. Ⅰ-4), § 11 Rn 546.

いても**弁識・判断能力**が要求されるべきであり，承諾の場合と異なった扱いをする理由はない[8]。

2 意思瑕疵

①当人意思の抑えつけを対象とする構成要件要素では，了解が，行為者の構成要件的行為によって招来される瑕疵に基づくとき，了解は常に法的意味を有しない。**強制性交等罪**についてみると，甲男が乙女に兇器を突きつけて性交を強要するとき，その了解は無効であるが，甲男が乙女を，自分の本当の意図に反して，高価な贈り物を約束することによって，性交へ誘惑するとき，被害者は反対給付に関する錯誤に陥っているものの，構成要件的方法（暴行，脅迫）で強要されたわけではないから，強制性交等罪は成立しない[9]。婚姻する意思もないのにその約束をして性交渉の承諾をさせる場合も同じことが云える[10]。

---

[8] Vgl. *Kindhäuser*, (Fn. Ⅰ-22), §12 Rn 46.
[9] Vgl. *Roxin*, (Fn. Ⅰ-1), §13 Rn 106；井田（Ⅱ-192）325頁注29。
[10] Vgl. *Roxin*, (Fn. Ⅰ-1), §13 Rn 106；林（Ⅱ-181）39頁。
　なお，準強制わいせつ及び準強制性交等罪（刑第178条）は，心神喪失又は抗拒不能を要求している。抗拒不能にあたるとして準強姦罪（旧178条）の成立を認めた判例に，法益関係的欺罔があった場合：大判大正15・6・25刑集5・285〔患者である少女が医師を信頼しているのを利用し，その面部を覆い，必要な施術のように誤信させて姦淫したという事案〕，東京高判昭和33・10・31判タ85・75〔婦人患者が医師である被告人を信頼し，正当な医療行為がなされるものと信じきって，陰部を露出したまま遮断幕の設備のない処置台の上に仰臥し，羞恥心から施療中瞑目していたのに乗じて，これを姦淫したという事案〕。法益関係的錯誤があった場合：広島高判昭和33・12・24高刑集11・10・701〔被害者が睡気その他の事情により犯人を自己の夫と誤認しているのに乗じて姦淫したという事案〕。法益関係的欺罔・錯誤がなかった場合：名古屋高判昭和55・7・28判時1007・140〔梅毒の治療と偽って性交したという事案〕，東京地判昭和62・4・15〔性病の治療と売春の容疑を晴らすためと偽って性交したという事案〕。準強盗罪（刑第238条）には強盗罪と同じ法定刑が規定されているので，欺罔の内容・方法は強姦罪の暴行・脅迫と同じ程度の心理状態を生じさせる必要がある。準強姦罪の成立を否定した次の判例はその趣旨を説く。東京地判昭和58・3・1刑月15・3・255〔子宮が曲がっていて生理不順になりやすく，将来子供ができても流産しやすいので，霊感療法で治療すると偽って性交したという事案〕〔正常な判断能力を有する成人女性が相手方と性行為を持つことを認識しながらこれに応じ，暴行・脅迫と同程度に相手方の自由意思を無視したと認めざるを得ないような特段の事情が認められないときは，準強姦罪は成立しない〕，岡山地判昭和43・5・6下刑集10・5・561（欺罔による準強姦が成立するのは，欺罔の内容，方法が女子をして高度に困惑，驚愕，狼狽の念を起こさせ，自由な意思の下に行動する精神的余裕を喪失させ，行為者の姦淫行為を拒否することが不能若しくは著しく困難であると客観的に認められる場合に限定される〕。

身体の現実の場所的移動の自由を保護法益とする**監禁罪**についてみると，施錠していないのに，施錠してあるものと誤信させ，脱出が不可能であると誤信させた場合には，監禁罪は成立する。欺罔に起因する法益関係的錯誤によって，被害者はもはや場所的移動を自由に決めることができないからである。しかし，監禁の目的を欺罔したとき，例えば，姦淫の目的で女子を家に送ると言って自動車に同乗させ連行した場合には，被害者は同乗を，つまり，その間車内で自由を奪われることを了解しているのであって，いまだ自己の移動の自由を支配していると云える。被害者は行為者の意図を察知して下車を要求したときから，監禁行為が始まる[11]。

②事実的状態の変更に関係する構成要件要素では，欺罔に起因する意思瑕疵は重要でない。事実的状態の放棄では，実際の意思だけが重要である。**窃盗罪**についてみると，例えば，9歳の子ども甲が，その持っている球と引き換

---

[11] Vgl. *A. Eser, J. Eisele*, Schönke/Schröder Strafgesetzbuch Kommentar, 28. Aufl., 2010, § 239 Rn 6 ; *Rengier*, (Fn. Ⅱ-207), § 22 Rn 7 ff.
　最決昭和33・3・19刑集12・4・636は，〔被告人が被害者を母のもとに連れて行くと騙してタクシーに乗せ，自分も同乗してその方向へ走行させたが，途中で違った方向の道に入ったのを気付いた被害者が下車要求をしたところ，措置に迷った運転手が減速したところで車外に逃げ出したという事案。1審は被害者を乗車させた時点から脱出した時点まで監禁罪が成立するとし，原審もそれを是認したという事案〕で，「『監禁』とは，人を一定の区域場所から脱出できないようにしてその自由を拘束することをいい，その方法は必ずしも所論のように暴行又は脅迫による場合のみに限らず，偽計によって被害者の錯誤を利用する場合をも含む」と説示した。しかし，その後，最判昭和38・4・18刑集17・3・248は，〔家まで乗せてやると被害者を騙して，原動機付自転車の荷台に乗せて疾走し，被害者の自宅を過ぎたところで，騙されたと気付いた被害者が降ろしてくれと言ったにもかかわらず，そのまま約1キロ走ったという事案〕で，家の前まで来て，被害者が降ろしてくれと言ったのにもかかわらず，走り続けたところだけ監禁を認めた原判決を是認した。同旨，名古屋高判昭和35・11・21下刑集2・11=12・1338。しかし，これと趣旨を異にする下級審判決が見られる。広島高判昭和51・9・21刑事裁判月報8・9＝10・380「被告人らが甲あるいは乙を自動車に乗せて犯行現場に連行した際，被告人らは自動車を疾走させたほかには同女らが自動車から脱出するのを困難ならしめる方法を講じておらず，また同女らは被告人らの意図に全く気付かず，途中被告人らに対し降車せしめるよう求めたこともないことは所論のとおりであるけれども，およそ監禁罪にいわゆる監禁とは人をして一定の区域外に出ることを不可能またはいちじるしく困難ならしめることをいい，被拘禁者が行動の自由を拘束されていれば足り，自己が監禁されていることを意識する必要はないと解するのが相当である。本件において被告人らは同女らを強姦する目的で偽計を用いて自動車に乗車させて疾走したものであり，自動車を疾走させることは，同女らをして容易に自動車から脱出することができないようにしてその自由を拘束するものであって，これは外形的にも社会的にも監禁行為と評価さるべきものであり，これを監禁の実行行為ということを妨げない」。

えにアイスをくれると約束した乙にその球を渡したが，乙はその球を持ったまま姿をくらました場合のように，乙が欺罔によって自分のために甲にその物の占有を放棄させるとき，「窃取」がないので，窃盗罪は成立しない。このような場合を想定して規定されたのが詐欺罪である。これに対して，甲が10歳の子ども乙に抵抗したら殴ると脅して乙の球を奪うときのように，事実的状態の変更に抵抗する乙の意思が強要によって強制されるとき，了解は無効である。甲には強盗罪又は恐喝罪が成立する[12]。

③権利状態の侵害に関する犯罪である**住居侵入罪**に関して，例えば，住居権者甲は，新聞購読勧誘員を名乗る乙を住まいに入れるが，実際には，乙は甲を襲い，物を奪うつもりであるといった場合，甲は乙が甲の住まいに入ることを知っているのであるから，乙は住居に「侵入」したことにならない。住居権者が現実の意思表示をしているとき，その者の「真意（仮定的意思）」に依拠して，「侵入」を肯定する見解[13]は適切でない。他人が住居に立ち入ることを許す者は，欺罔されていても行為者の立ち入りを認識しているのであり，しかも強制されているわけでもないので，その了解には任意性が認められる。住居権者が相手方の行為に関して抱く期待は住居侵入罪の保護領域に入らない。但し，立ち退き要求に従わないとき，不退去罪（刑第130条）が成立する[14]。住居権者の了解が行為者の欺罔に基づく場合には，住居権者がその私的領域に関する認識のある任意の処分が欠如しているとして，「侵入」を肯定する[15]なら，窃盗罪の「窃取」についても，欺罔された占有者の「真意」を問題とせざるを得なくなり，物を騙し取った場合にも，詐欺罪ではなく，窃盗罪が成立することとなるが，これは立法者の意図に反すると云えよう[16]。

欺罔によって得られた了解が相応の脅迫によって惹起された強制状態に等しいとき，例えば，「憲兵隊の佐藤だ」と詐称して了解を得て建物内に入るとか[17]，緊急避難類似の緊急状態のとき，例えば，「殺される，住居に匿ってくれ」と偽って住居権者の了解を得て住居に入る場合も，了解は無効である[18]。

---

[12] *Kindhäuser*, (Fn. Ⅰ-22), §12 Rn 51.
[13] *Kindhäuser*, (Fn. Ⅰ-22), §12 Rn 54；*H.-J. Rudolphi, U. Stein*, Systematischer Kommentar zum Strafgesetzbuch, 2013, §123 Rn 18b；BayObLG NJW 1972, 2275.

3 意思表示の必要性

一般的に，構成要件阻却の了解と違法性阻却の承諾を区別する見解は，構成要件阻却の了解では，当人の明示の又は推断的意思表示を不要とするし，行為者が了解の存在を知っていることも不要とし，当人の内的同意だけで十分であると説く（意思表示不要説）。そうすると，了解が実際にはあるが，行為者がそれを知らないとき，すでに客観的構成要件が充足されず，未遂罪しか成立しない。例えば，甲は不要になった自動車のタイヤの処分に困って，それを誰かがもっていってくれることを期待して，夜間，それを保管していた車庫を開扉したままにしておいたところ，タイヤ窃盗を副業としていた乙が

14　*Heinrich*, (Fn. Ⅰ-4), § 16 Rn 447 ; *Jescheck/Weigend*, (Fn. Ⅰ-20), § 34 Ⅰ2a ; *Krey/Esser*, (Fn. Ⅰ-24), § 17 Rn 661 ; *Kühl*, (Fn. Ⅰ-4), § 9 Rn 25 ; *Lenckner/Sternberg-Lieben*, (Fn. Ⅱ-49), § 123 Rn 22 ; *Roxin*, (Fn. Ⅰ-1), § 13 Rn 106 ; *Wessels/Beulke/Satzger*, (Fn. Ⅰ-4) § 11 Rn 546 ; *J. Wessels, M. Hettinger*, Strafrecht BT 1, 36. Aufl., 2012, § 13 Rn 588.
　わが国の判例は，行為者が犯罪目的を隠していた場合，住居侵入罪の成立を肯定する。最判昭和23・5・20刑集2・5・489「しかし刑法住居侵入罪の『故なく』とは正当の事由なくしての意であるから，強盗殺人の目的を以って他人の店舗内に侵入したのは，すなわち，故なくこれに侵入したものに外ならない。そして住居権者の承諾ある場合は違法を阻却すること勿論であるけれども，被害者において顧客を装い来店した犯人の申出を信じ店内に入ることを許容したからと言って，強盗殺人の目的をもって店内に入ることの承諾を与えたとは言い得ない」。最大判昭和24・7・22刑集3・8・1363「強盗の意図を隠して『今晩は』と挨拶し，家人が『おはいり』と答えたのに応じて住居に入った場合には，外見上家人の承諾があったように見えても，真実においてはその承諾を欠くものであることは，言うまでもないことである」。同旨，大塚（Ⅱ-43）420頁，大谷（Ⅱ-44）255頁。
　なお，威圧に基づく了解が無効であることは一般に肯定されている。最大判昭和25・10・11刑集4・10・2012〔被告人Xらは，多衆とともに神奈川県川崎市役所に対する食糧要求の示威運動に参加していたが，さらに川崎市長の市長公舎に多量の隠匿物資があるとの疑いを持ち，20数名の者を統率して貨物自動車に乗り込み，赤旗一流を押し立てて市長公舎に乗りつけ，市長夫人に対し，「川崎市労働者市民大会の決議により隠匿物資摘発の為め貴宅を見せて貰い度い」との趣旨を申し向けて市長夫人に承諾させた上，公舎内部の各部屋に入り検索したという事案〕「川崎市長夫人Aが被告人X等に対して家宅捜索の承諾を与えたのは，赤旗を擁した多数の威力を背景とする同人等の言動に威圧されたためであって，その真意から出たものでないことをXも知っていたことは，……十分に推認することができる。……従って原判決がXの所為に刑法130条を適用したのは正当であ」る。

15　*K. Amelung, H. Schall*, Zum Einsatz von Polizeispitzeln : Hausfriedensbruch und Notstandrechtfertigung, Wohnungsgrundrecht und Durchsuchungsbefugnis-OLG München, DVBl 1973, 221, JuS 1975, 545 ff., 565 ; OLG München NJW 72, 2275.

16　*Wessels/Hettinger*, (Fn. Ⅲ-14), § 13 Rn 588. 参照，林（注Ⅱ-181）43頁。

17　東京高判昭和38・2・14高刑集16・1・36。参照，山中（注Ⅱ-13）345頁以下，林（Ⅱ-181）43頁。

18　参照，林（注Ⅱ-181）43頁。

それを秘かに持ち出したという場合，乙には窃盗の既遂罪は成立しない。乙が了解の存在を知らないということは，この限りでは重要でない。しかし，窃盗の（不能）未遂罪は成立する[19]。これに対して，行為者が，了解が無いのにそれをあると誤想したとき，構成要件の実現に関して故意が無いことになる。それは構成要件的錯誤であり，主観的構成要件が充足されない。

しかし，法的帰結を伴う了解は，承諾と同じく，明示の又は推断的意思表示が要求されるべきである（**意思表示必要説**）。例えば，物の占有は，人が物を単に占有したいということによって創設されるのでなく，当人に物の支配が帰属されうるためには，加えて，この意思が少なくとも推断的にでも外に向けて認識できることが必要である。それと同様に，占有放棄のためには，少なくとも推断的行為によって，支配の意思がもはや存続していないことが明確にされなければならない。したがって，上記タイヤ窃盗の設例では，窃盗の既遂罪が成立する。車庫を開扉したままであることから，持ち出してほしいという当人の意思が外に表われているとはいえないからである[20]。当人意思の抑えつけを要する構成要件，例えば，強制性交等罪でも，了解は内的同意では足りず，何らかの形で外に向かって認識可能でなければならない。そ

---

[19] Vgl. *Krey/Esser*, (Fn. Ⅰ-24), §17 Rn 659; *Wessels/Beulke/Satzger*, (Fn. Ⅰ-4), §9 Rn 369.

[20] *Kindhäuser*, (Fn. Ⅰ-22), §12 Rn 58; *Roxin*, (Fn. Ⅰ-1), §13 Rn 77.
参照，BGHSt 4, 199（警察は掏りを罠に掛けるため，私服警察官に上に財布を置いた買い物籠を持たせて送り込んだ市の人ごみの中に送り込んだ場合，掏りを働いた犯人は窃盗未遂でしか処罰されない。占有者の了解がありさえすれば，占有侵害を否定するのに十分であるからである）。
BayObLG NJW 1979, 729［泥棒罠事件］は，〔看護助手である被告人は，病室においてあった110マルク入りの鞄を盗んだ。警察は，事件の解明のために紙幣を準備し，それを別の病室で財布に入れさせ，それはナイトテーブルの上に置かれた化粧袋に入れられた。それから，病棟看護師が被告人にナイトテーブルの埃を払うように依頼した。被告人はこの機会を利用してその財布から50マルク紙幣1枚を抜き取り，着用していた上っ張りのポケットにしまった〕という事案において，窃盗既遂でなく，窃盗未遂の成立を認めた。被告人に物の支配をさせようとしたのであり，したがって，被告人は権利者の認識と意欲がある状況下で物の支配を得た。しかし，被告人は窃取の了解のあることを知らずに金を奪う決断をしたのだから，窃盗の未遂罪が成立するとされたのである。本事案について，ロクスィーンは，窃盗未遂の成立は妥当だが，所有者の考えだけで窃盗の構成要件の充足を阻却しうることの例証とはならないこと，本事案では，警察の策略が明らかに外に向かって認識可能だったと論ずる。*Roxin*, (Fn. Ⅰ-1), §13 Rn 76.

れは，当人の言葉で表れることは勿論，当人の反応に表れる場合もある[21]。

---

[21] *Roxin*, (Fn. Ⅰ-1), §13 Rn 77；a.A. *Kindhäuser*, (Fn. Ⅰ-22), §12 Rn 59（当人意思を抑えつけることを対象とする構成要件要素では，他の類型と異なり，行為者が意思形成又は意思活動の自由を消滅させた否かが問題となるので，当人の意思表明は不要である）。

第4章　推定的承諾

Ⅰ　概念と基本思想

1　理論構成

　推定的承諾（Mutmaßliche Einwilligung）というのは，当人はなるほど実際にその法益侵害に同意を与えていないが，しかし，可能であれば，同意を与えたと推定される場合のことを云う。行為者が誤って承諾が存在すると考えた場合とは異なる（誤想承諾あるいは想定承諾）。推定的承諾では，行為者は承諾の表示のないことは知っており，したがって，この点に錯誤はない[1]。例えば，交通事故で瀕死の状態で搬送されてきた意識を失っている者に行われる緊急手術では，傷害罪の成否が，留守中の隣人の家の水道管から漏出している水を止めるために，その家に侵入する場合には，住居侵入罪や物の損壊罪の成否が，長期出張中の夫宛に配達された手紙をその妻が開封した場合には，信書開披罪の成否が問題となる。このような行為者が他人のためにおこなう場合だけでなく，自分自身や第三者のために行う場合もある。例えば，長期休暇旅行に出かけた隣人の庭にあるりんごの木から嵐のために落下したりんごの実を拾うために，その敷地に入る場合，住居侵入罪や窃盗罪の成否が問題となる。

(a)　学　説

　これらの事例において，一定の条件の下で，違法性が阻却される場合のあることについては異論がないのであるが，しかし，その理論構成に一致が見

---

[1] *Hinterhofer*, (Fn. Ⅱ-1), 3；*Steininger*, (Fn. Ⅰ-2), 11. Kap Rn 97.

られるわけではない。わが国では、次の諸説が拮抗している。

　①推定的承諾を**現実の承諾の法理の延長線上**に捉える見解。例えば、「被害者が現実に同意を与えたのではないが、もし彼がその際の事情について完全な知識を有したならば、彼自身の主観的立場からして、その行為に同意を与えたであろうと考えられる場合、……（同意）の理論を拡張して、同様に論じることができる。この推定的同意は、現実の同意を補充しそれに代わるものであるから、行為の際における本人の実際の気持ちが標準となる」[2]とか、「推定的承諾が認められれば現実の承諾があったのと同じ効果が生ずる。その理由は、現実の承諾はないにしても、個々の承諾を生み出す基である被害者の意向に反しない点にあると思われるから、結局は現実の承諾があった場合と同じ理由による……行為者によるその予想（推定）は思慮深い人の判断をもってなされることを必要とし、その代わり十分な注意のもとにこの推定がなされたときは、後になってそれが被害者の真意に反していたことが判明しても、さかのぼって行為が違法となることはない」[3]と論じられる。本説に対しては、被害者の意思に反していたときでも場合によっては違法性が阻却されるのだが、しかし、この場合、被害者の法益はなくなっていないにもかかわらず、現実の承諾がある場合と同様に扱う根拠の説明が十分でないという批判がなされる[4]。

　②推定的承諾を現実の承諾の法理の延長線上に捉えるが、②a **国家・社会倫理規範**や②b **社会的相当性**によって限定する見解。②a「推定的承諾（……）にもとづく行為とは、現に被害者自身による承諾はないが、もし、被害者が事情を知ったならば、当然承諾するであろうと考えられる場合に、その意思を推定して行われる行為をいう。……被害者自身によって侵害を承諾されう

---

[2] 佐伯（注Ⅱ-38）220頁以下。
[3] 中野次雄『刑法総論概要』［第3版］1992・184頁以下。平野（注Ⅱ-17）255頁以下。宮内（注Ⅱ-168）226頁以下。なお、内藤（注Ⅱ-46）619頁「推定的同意を認めるためには、被害者の個人的な意思方向についての仮定的蓋然性判断が為されるということから出発しなければならない。したがって、その意思をできるだけ実際の意思に接近させ、また、その仮定的蓋然性判断を出来るだけ精確なものとするための補助的手段として、優越的原理（……）を援用し、推定的同意による行為によって保全する法益の量・性質、法益侵害行為の必要性の程度などを比較衡量することが必要になろう」。
[4] 斉藤（注Ⅱ-194）120頁。同「『推定的な承諾』の法理をめぐって」警研49・11（1978）・15頁以下。

る法益に関するものであり，また，その推定的承諾の内容を実現する行為自体が国家・社会的倫理規範によって是認されうるものであるときは，違法性が阻却される」[5]。②b「被害者自身による承諾はないが，当該事態に対する客観的かつ合理的判断によって，被害者が，その事情を知っていたならば，当然承諾したであろうと考えられる場合，その意思を推定して行う行為は，違法性を阻却する。……推定的承諾による行為が，違法性を阻却するためには，侵害法益との関連において，その目的・手段が社会的に相当であることが必要である」[6]。本説は，被害者の現実の承諾の場合と同様に，結果無価値論の立場からは，国家・社会倫理規範，社会的相当性による制限に対する疑問が提起されよう。

③**許された危険**の法理から捉える見解。例えば，「推定的承諾にもとづく行為は，法益の主体が自分で決定をすることができないので，一定のかぎられた場合に行為をすることがみとめられ，場合によれば，その意思に反する間違った判断をすることもあるという危険を犯すことが許されるという一種の『許された危険』にもとづいて，正当なものとされる」[7]。本説に対しては，行為者が被害者の意思に反する間違った判断を下すことは，推定的承諾にとり限界的事例であって，それを本質的なものと位置づけることに疑問が出される[8]。

④**推定的承諾を緊急避難類似**のものと捉える見解。例えば，「被害者自身による法益の放棄はない以上，推定的同意は構成要件該当性を否定し得ないので，違法性を阻却する事情の存否の判断が必要となる。より具体的には，重大な法益侵害を含むのに正当化するのであるから，緊急避難ないしそれに準ずる要件が必要である。そして，同意を推定させる事情は，これらの要件の中で評価されることになる」[9]。その他，「緊急避難」を明言しないが，「『推定的承諾』（……）による行為とは，客観的判断によって，理性的人間の見地か

---

[5] 大塚（注Ⅱ-43）422頁。参照，川端（注Ⅱ-45）330頁。
[6] 福田（注Ⅱ-42）183頁以下。大谷（注Ⅱ-44）258頁。
[7] 斉藤（注Ⅱ-194）122頁。
[8] 内藤（注Ⅱ-46）618頁。須之内克彦「被害者の承諾」（阿部純二他編『刑法基本講座第3巻　違法論／責任論』1994）147頁以下，154頁。
[9] 前田（注Ⅱ-39）351頁。

ら，被害者の承諾があったと予期せられる場合，例えば，水道栓の破裂を防止したり，火災を消しとめるために無断で他人の不在の住居に侵入するような行為をいう。……推定的承諾とは，行為者の主観的判断において推定した承諾ではなく，理性的人間が被害者の立場にあったならば客観的判断に従って期待せられたであろうところの承諾と解すべき」[10]とか，推定的承諾は，同意だけで違法性が阻却される場合とは明白に区別される。「これは被害者の実質的利益のために行う行為であって，民法のいわゆる事務管理と同様に，事後的に見れば，たとえ被害者本人の意志に反する場合であっても，構わない。社会の良識から見て，本人が事態を熟知したならば，同意するのが当然だと考えられるような客観的事実のあるときは，いわゆる推定的同意によりその行為は違法でないと認められる。したがって，これを『推定的同意』という言葉であらわすよりも，むしろ『客観的仮定』（……）などと称する（……）方が実体を示している」と論じられる[11]。本説に対しては，被害者の意思とは関係なく，第三者の理性的判断が被害者の個人的判断に優先することになり，被害者の現実の承諾とは扱いが異なることになるところに問題があるとの批判がなされる[12]。

⑤**混合説**と云われる見解。本説は，被害者の同意を構成要件不該当事由と捉えるが，推定的同意を違法性阻却事由と捉えた上で，推定的同意というのは，「同意と緊急避難の両者の要素を含んだその中間的な独自の法制度」であって，同意を得る余裕がない場合に，被害者にとって優越的利益と思われるものを救助する場合や，優越的利益がなくても，一定の利益衝突状態において，被害者の仮定的同意が，被害者との人的関係やそれまでの事情から推論できる兆候から合理的に推定できる場合に，正当化される[13]。本説は，正当化される場合を云っているだけで，正当化の根拠を示していないとの批判が可能である[14]。

---

[10] 木村（注Ⅱ-41）287頁。
[11] 植松正『刑法概論Ⅰ総論』［第8版］1974・187頁。参照，香川達夫『刑法講義（総論）』［第3版］1995・201頁。
[12] 斉藤（注Ⅱ-194）121頁。
[13] 山中（注Ⅰ-55）618頁。
[14] 浅田（注Ⅰ-55）212頁。

これらの説に対して，⑥**推定的承諾の法理無用論**も見られる。「後に本人が行為者に謝意を表明したり，敢えて咎めだてしなかったとしたならば，すくなくとも自由・名誉・財産」に関しては，真正の『承諾』・『合意』があった場合と同視してしかるべきであるし，身体に関しても，『優越的利益』が認められる限り，真正の『承諾』・『同意』があった場合と同様，『違法阻却』」される。推定が破れた場合も，「特殊な違法阻却事由」を必要としない。「『優越的利益』が認められない限り，合法化はできないというべきだからである。『推定的承諾』で『優越的利益』を考えうるのは，せいぜい『緊急避難』であろう。緊急避難は，優越的利益が認められる限り，被害者本人の意思に反しても本人の利益のために可能であるし（火急の際の信書開披とか，交通事故被害者のための手術等），あるいは，被害者の意思を抑圧して行為者自身のために行うことも可能なのである（火急の際の無断宿泊とか自動車の無断借用）」[15]と論じられる。本説は，結果無価値論の立場を徹底させ，「推定的承諾」が破れた場合に，緊急避難の法理による解決を図るのであるが，しかし，問題となる推定的承諾の事例全体を網羅する解決策となっているかが問われる。

(b) **評　価**

以上の諸説の概観から，それぞれ問題点を孕んでいるのが分かるのであるが，以下では，ドイツ語圏刑法学説[16]を概観しながら，さらに検討を続けることとする。先ず，推定的承諾に独自の正当化事由を認めない見解がある。**ボッケルマン**は次のように**正当化緊急避難**の法理で解決しようとする。推定的承諾の下で，当人が問い合わせられたなら承諾を与えたと推定してもよいと理解されるなら，特定の推定をする手掛かりがないとか，時には，その手掛かりがある場合ですら，困ったことになる。事故で病院に搬送された意識のない者が，かねがね身体障礙者として生きるくらいなら死んだ方がましだと言っていたことが判明したけれども，医師が脚を切断しないと生命にかかわると判断してこの患者に手術をするとき，訴追される危険を冒すべきであろ

15　内田文昭（注Ⅱ-136）418頁以下。その他，浅田（注Ⅰ-55）212頁。
16　参照，須之内克彦「推定的同意について」（鈴木茂嗣編『現代の刑事法学(上)』1977）22頁以下。

うか。患者が死に直面してどのような決定をするか，人は分かるだろうか。しかし，「推定的」承諾が，分別のある人なら当人の状況におかれたなら与えるといえる承諾を意味するなら，実際には財衡量原則に帰着し，同一人の利益の衝突しか問題となっていない場合，この原則が役立つ。より高い価値の財をより低い価値の財を犠牲にして救助する者は，当人の「真の福利」のために，したがって適法に行為していると[17]。しかし，本説は，推定的承諾において，利益衡量は当人の自己決定権，つまり，主観的価値基準に基づくものでなければならないこと，これに対して，緊急避難では，利益衡量が客観的価値基準に基づくことを考慮していない。さらに，「行為者又は第三者のための推定的承諾」による正当化ということもあり得ないことになる[18]。

　シュミットホイザーは，「**権利者への緊急性に対処する行為**（いわゆる推定的承諾)」という概念の下で，次の要件が具備すれば違法性が阻却されると論ずる。①権利者に属する財（財客体）が危険に陥り，権利者の複数財中，他の，客観的には重要性の劣る財を侵害することによってしか救助できない。②権利者は自ら決定することを妨げられている。③意思が救助に，したがって，侵害に反しない（少なくとも認識できない）。④行為者は客観的救助目的と当該財の救助意思をもって行為する。こういった要件の具備された緊急事態では，権利者の自律性は危険に曝された財を維持する利益より後退する。例えば，散歩中の者が，他人の家の隙間から水が外に流れ出ているのを目撃し，呼び鈴を鳴らし，叫ぶも返事がないので，窓を叩き割り，中に入り，給水元栓を締めるといった場合，物の損壊罪も住居侵入罪も成立しない。行為者はより大きな損害の生ずることを妨げようとし，実際そうしたからであり，このことは所有者の客観的利益のために緊急に必要だからである。「行為者がここで意欲したこと，したことを，誰もが意欲しなければならないし，することが許されなければならない」。権利者が救助に関心が無かったということが判明しても，それは正当化にとって重要でない。さらに，シュミットホイザーは，他説との違いを明らかにするために，次のように論ずる。具体的事案において，権利者がどのような決定をするかに関する推定は全く問題とならな

---

[17] *P. Bockelmann*, Strafrecht AT, 1973, 105.
[18] *Kindhäuser*, (Fn. Ⅰ-22), §19 Rn 2 u. 10.

い。仮定的意思は重要でない。権利者の実際の対抗意思が認識できないとき，行為者は客観的規準に従った処置をすればよい。決定的なことは，一般的に見て，当人なら皆，その財の救助のためにこのように侵害されるなら，喜ぶということである[19]。本説に対する基本的疑問点は，法益保持者がその場にいるとき，もっぱらその現実の意思がその財への侵害を正当化できるのに，法益保持者が不在のとき，法益保持者が何を意欲しているかの推定をおよそ問題とすべきでないとする理由が不明な点にある[20]。

　ヴェルツェルは，「被害者のための且つ推定的承諾のある行為」という概念の下で，(形式的に)被害を受けた者の実質的利益のために行われる所為は，客観的判断によりその承諾が予期できた場合，適法だと説く。例えば，破損した水道管を修理するために，隣人の家の扉をこじ開けて入るのは適法である。この正当化事由は(超法規的)**緊急避難**に属する(正当な目的のための正当な手段の適用)。主たる正当化の根拠は被害者(つまり承諾)による利益の一般的放棄にではなく，その利益になる積極的行為にある。制約という観点から推定的承諾を要するのは第三者による過度に熱心な配慮を阻止するためである。この点で，承諾の観点が実質的法考察と結合している(実質的に当人のために行われるのなら，形式的権利侵害はない)。実定法上この二つの観点を結合した規定が事務管理である(ドイツ民法第677条以下)。それ故，刑法においても**事務管理**の直接適用が薦められる場合がよくあると[21]。しかし，本説も批判を免れ得ない。当人の利益が擁護されるということは，過度に熱心な配慮とはいえない場合であっても，自己決定を無視する十分な根拠とならない。例えば，イエホヴァの証人にその頑な拒否に抗して輸血することは許されないが，当人の意識が無いとき，直ちに患者の「本当の」利益を援用して本人の意思を無視できるとするなら，それは受け容れ難い後見に帰着する。しかも，正当化緊急避難の厳格な要件を充たすか否かということすらも調べないということは，正当化緊急避難を潜脱していることも意味しよう[22]。やはり本説は，事を逆さまに見ている。当人の仮定的意思は緊急避難の正当化を限定するのに資するの

---

[19] *Schmidhäuser*, (Fn. II-95), 9. Kap Rn 49 f.
[20] *Roxin*, (Fn. I-1), §18 Rn 6.
[21] *Welzel*, (Fn. I-7), 92 f.
[22] *Stratenwerth/Kuhlen*, (Fn. II-166), §9 Rn 35.

でなく，利益衡量は，場合によっては，仮定的意思を確定する補助手段と解するべきである[23]。さらに，利益状況に焦点を合わせることによって，不当にも，当人が行為者や第三者との連帯から侵害を許しただろうといえる場合がはじめから除外されてしまう[24]。

　これらの見解に対し，正当化事由としての**現実の承諾の基本思想**を基礎として，当人の意思を重視して，当人が事態を認識していたなら承諾を与えたと推定できる情況を実際に与えられた承諾とほぼ同一視する見解がある。既に，**メツガー**は，推定的承諾を承諾に引き付けて，当人が事態を完全に認識していたなら，自分自身の立場から行為を承諾したと云える客観的な，裁判官の蓋然性判断であると捉えていた。被害者が，この事態において思慮分別に従って行動すべきであったことが問題となるのでなく，十中八九，そのまったく個人の意思傾向からどのような行動を採ったかが問題となる。したがって，推定的承諾は現実の承諾を完全に補充するものである。推定的承諾の根拠は，専ら**表見的被害者の行為時の意思傾向**にある。擬制が問題となっているのでなく，事案の全事情から生ずる当人の意思傾向の解釈が問題となると[25]。**レンクナー**は通説を概括して，推定的承諾が**独自の正当化事由**であると論ずる。①構成要件阻却の了解や正当化の承諾が適時に得られないが，全体の事情を評価すると，当人が問われうるなら，同意を表明するだろうといえるとき，さらに，②当人の了解，承諾を得ることができるが，例外的であるかもしれないものの，当人が問い合わせを重要視しないということから直ちに出立できる場合に，推定的承諾は重要な意味をもつ。推定的承諾は**緊急避難又は優越的利益原則の特例でなく，独自の正当化事由**である。専ら当人の仮定的意思が重要なのであって，客観的利益衡量が問題となっているのではない。承諾と同様に，推定的承諾は利益欠缺の原則に基づいているが，構造上，承諾とは異なり，**許された危険**の要素を含んでいる。それにもかかわらず，推定的承諾は承諾の代用である。このことから，①意思表示の点は別として，承諾のその他の要件が充たされねばならない，②当人の決定を得る

---

[23] *Roxin*, (Fn. Ⅰ-1), §18 Rn 6.
[24] *Stratenwerth/Kuhlen*, (Fn. Ⅱ-166), §9 Rn 35.
[25] *E. Mezger*, Strafrecht, 3. Aufl., 1949, 219 f.

ことができないか，適時に得ることができず，当人が問われたなら確実に放棄したという2点が導かれる[26]。**イェシェック**によれば，推定的承諾というのは，法益保持者による承諾の可能性に関連する**独自の正当化事由**である。法益保持者ないしその法定代理人に連絡が取れないとか，緊急に治療を要する病人が意識を失っている場合のように，事態に応じて有効に与えられるうる承諾が存在せず，しかもそれが適時に入手できないが，しかし，あらゆる事情を客観的に評価すると事前の観点から確実に承諾が予期できた場合に，推定的承諾が認められる。これと同視できるのが，承諾を得られうるのだが，法益保持者が問われたなら確実に放棄したと云える場合である。推定的承諾の正当化の力は3個の観点の結合に基づく。①被害者の意向における利益衡量，②被害者が状況を認識していたなら，予期されうる意思決定はどういうものであったかに関する客観的推定，③許された危険の思想から生ずる誠実な調査義務[27]。

このように，学説は二つの流れに大別できるのだが，後者の見解が妥当である。すなわち，推定的承諾の基礎には承諾の思想がある。他人が決定できない緊急事態にあってその決定権能の行使を補助するとき，他人の自己決定権を無視したことにならないし，したがって，不法も阻却される。当人自身は決定を下すことができない状態にあり，したがって，他人が当人に代わりその意思に従って行動しなければならない。推定的承諾は所為の時点に存在しなければならず，後で許されるとの期待は重要でない。当人の「利益」は，当人自身どのように決定したかを推定する際の反証可能な徴表にすぎないのである[28]。

推定的承諾は現実の承諾が得られないときにだけ考慮される正当化事由であるから，前者は後者の**補充的性格**を有している。例えば，搬送されてきた意識を失っている患者を手術する必要があるときでも，意識の回復をまだ待てる時間的余裕がある場合，推定的承諾を援用することはできない[29]。軽微

---

[26] *Lenckner*, (Fn. Ⅱ-76), Vorbem §§ 32 ff. Rn 54.
[27] *Jescheck/Weigend*, (Fn. Ⅰ-20), § 34 Ⅶ1, 2.
[28] *Roxin*, (Fn. Ⅰ-1), § 18 Rn 4 ; *Stratenwerth/Kuhlen*, (Fn. Ⅱ-166), § 9 Rn 36 ; *Trifferer*, (Fn. Ⅱ-115), 11. Kap Rn 173.
[29] *Roxin*, (Fn. Ⅰ-1), § 18 Rn 10.

な又は一時的侵害に過ぎないとき，所有者に問い合わせることが可能でも，推定的承諾による正当化が可能である，こういった「利益欠缺」の場合，承諾を求める必要が無いからであるという見解[30]もあるが，妥当でない。些細な侵害であっても権利者の意思表示に反するなら許されないことが，推定的承諾の法理を用いて許されるとするのは理解し難いことである[31]。

2 緊急避難との関係

推定的承諾は緊急避難と似ている。しかし，推定的承諾では，正当化緊急避難とは異なり，客観的利益衡量が重要なのではなく，法益保持者の仮定的意思が重要なのである。すなわち，何が当人の「真の福利」（客観的利益）に沿うかではなく，当人は，無分別であっても，何を意欲したと推定できるかが問題なのである[32]。水道管破裂のために他人の家に侵入し，水道を止めようとするとき，それは確かにもっともなことであり，家主の客観的利益に合致している。しかし，家主はどんな場合でも他人が自分の家に入るのを望んでいないことが，他の出来事から人に知られている場合，行為者は推定的承諾を援用することはできない。推定的承諾がない場合，それが緊急避難の適用によって隠されてはならない。それでも，法益の侵害される者の仮定的意思が多くの場合客観的利益衡量の結果と合致する限りで，推定的承諾は正当化緊急避難に近い。例えば，水道管破裂の設例で，家主の考えが全く不明なとき，家主は客観的にもっともなこと，すなわち，水道管を塞ぐことを望んでいるということから出立してよい。但し，客観的に優越する利益は仮定的意思の徴表にすぎないのである[33]。推定的承諾と緊急避難が同時に存在する場合もありうる。例えば，不在中の上階に住んでいる者甲の住まいの水道管が

---

[30] *Hirsch*, (Fn. Ⅱ-15), Vor § 32 Rn 30 ; *Lenckner*, (Fn. Ⅱ-76), Vorbem §§ 32 ff. Rn 54 ; *K. Tiedemann*, Die mutmaßliche Einwilligung, insbesondere bei Unterschlagung amtlicher Gelder, JuS 1970, 108.

[31] *Roxin*, (Fn. Ⅰ-1), § 18 Rn 11.

[32] *Roxin*, (Fn. Ⅰ-1), § 18 Rn 5 ; BGHSt 35, 249「客観的規準，特に，ある処置を一般に分別があり普通だという判断は独自の意味をもたず，個人の仮定的意思を究明する上で役立つにすぎない」。

[33] *Roxin*, (Fn. Ⅱ-1), § 18 Rn 5 ; vgl. *W. Mitsch*, Die mutmaßliche Einwilligung, ZJS 2012, 38, 39.

破裂し、その階下に住んでいる乙がその住まいの天井に水が滴り落ちるのに気づき、甲の住まいの扉をこじ開け、破裂した水道管の応急処置をするといった場合である[34]。

3 事務管理との関係

被害者の推定的承諾は事務管理（民法第697条以下）とも似ている。法益保持者ができる状態にあるなら自ら処理する案件を、行為者が行うからである。したがって、民法の正当な事務管理を刑法に転用して、当該規定の要件を充足すれば、刑法上も違法性が阻却されるとの考えもありうる。しかし、事務管理の諸規定を刑法に類推適用するべきでない。事務管理は内部の損害賠償義務や費用償還請求権を定めただけであって、他人の法益への侵害が刑法上正当化される要件を定めてはいないからである。刑法では、行為の正当化を専ら推定的意思で根拠づけることができる[35]。バオマンは、「推定されうる承諾―事務管理」という標題の下で、推定的承諾を民法の事務管理と捉え、事務管理の場合の利益状況は、民法第683条[36]が有効な規準を提供するほど、大幅に一致すると論ずる。推定的承諾は、現実の承諾を待つことができない場合にだけ問題となるのであり、後者に対して補充的性格を有すると[37]。ヤコプスも、「被害者のための且つ推定的承諾のある行為」という概念の下で、民法の事務管理に従って、緊急避難と承諾の観点を組み合わせて、事務管理（民法第677条以下）と同じく、（積極的結果の保障）としての利益と（過度に熱心な配慮からの保護としての）推定的意思が同時に必要であると論ずる[38]。しかし、本説に対しては、法益保持者の意思に合致する行為を、その意思が客観的第三者の判断からすると本人の真の利益に資さないからといって、処罰すべきとすることは理解し難いという批判が可能である。当人がその法益の侵害さ

---

[34] *Lewisch*, (Fn. Ⅰ-9), 59.
[35] *Jescheck/Weigend*, (Fn. Ⅰ-20), §34 Ⅶ2；*Mitsch*, (Fn. Ⅳ-33), 39.
[36] 東（注Ⅱ-23）、第683条「事務管理ノ引受カ本人ノ利益及ヒ本人ノ真ノ意思若クハ推知シ得ヘキ意思ニ適スルトキハ費用償還ニツキ受任者ト同一ノ請求権ヲ有ス。第679条ノ場合ニ於テハ管理者ハ事務管理ノ引受カ本人ノ意思ニ反スルトキト雖モ前段ノ請求権ヲ有ス」。
[37] *J. Baumann*, Strafrecht AT, 5. Aufl., 1968, §21 Ⅱ5a.
[38] *Jakobs*, (Fn. Ⅱ-76), 15. Abschn Rn 17.

れることに満足している又はそれどころか喜んでいるとき，その行為者を処罰することは許されない。分別のない承諾が無効でないのと同じく，推定的承諾が客観的尺度からすると利益に反するように見えようとも，推定的承諾の正当化効果を奪うべきでない。法益保持者の客観的利益に反する行為がその推定的承諾に合致することは稀にあるにしても，それは推定的承諾を事実に即して捉えることによって解決されるべきであり，推定的承諾とは別個の「真の利益」との組み合わせで解決すべきことではない[39]。

4 許された危険（社会的相当性）との関係

許された危険というのは独自の正当化理由でなく，実質的に行為の構成要件該当性を否定するための指導原理である。抽象的経験的に危険な行為であっても，規範的に見て是認されるなら，つまり，許された危険ないし社会的相当性の範囲内にあるなら，行為の客観的帰属が否定される。その主要な機能領域は過失犯の構成要件である。しかし，例外的に，正当化事由もこの基本思想からその内容に影響を受けるのである。その一例が推定的承諾である。行為者は，推定的承諾によって正当化される所為を行うとき，その法益侵害が法益保持者の利益に沿わない，それ故その者の意思に沿わないという危険を冒すことになる。法益保持者の意思に関する推定の為される状況に，不確実さと誤評価が常に伴うからである。しかし，この推定的承諾に「つきものの危険」を冒す十分な理由があるとき，所為後に，当人の意思に関する推定が間違っていたことが判明しても，所為推定的承諾の要件が具備していれば，所為は正当化される[40]。

---

[39] Roxin, (Fn. Ⅰ-1), § 18 Rn 7.
[40] Vgl. *Gropp*, (Fn. Ⅱ-49), § 5 Rn 372 ; *Lackner/Kühl*, (Fn. Ⅰ-10), Vor § 32 Rn 20 ; *Mitsch*, (Fn. Ⅳ-33), 39 ; *U. Murmann*, Grundkurs Strafrecht, 3. Aufl., 2015, § 25 Rn 143 ; *Roxin*, (Fn. Ⅰ-1), § 18 Rn 1 ; *Stratenwerth*, (Fn. Ⅱ-12), § 10 Rn 31. 須之内（Ⅳ-8）156頁。なお，行為者の「判断の誤り」のリスクを誰に負わせるかという視点から，井田（Ⅱ-192）327頁は，「事後的にはそれ〔推定的同意—筆者〕が本人の真意に沿わない一定の可能性（不確実さ）が払拭できないとしても，それでも行為の時点の判断として同意を推定することが合理的と認められる（いいかえれば，真意に合致しないことのリスクを被害者Ａの側に負わせることが不当でない考えられる）事情の下では，行為規範による禁止が解除され，行為不法が否定されることにより違法性が阻却される」とする。参照，佐久間（Ⅱ-42）200頁。これとは対照的に，山口（Ⅱ-44）169頁は，「『判断の誤り』のリスクは，現実の同意

II　適用領域

　推定的承諾の適用領域は二つに分けられる。その一は，承諾権利者の内的財衝突の場合であり，その二は，推定的承諾が侵害者のために考慮される場合である[41]。

1　内的財衝突に起因する推定的承諾

　内的財衝突があるが，法益保持者は財の維持に関する決定を自ら下すことができないので(**決定緊急事態**)，外部からその意向に沿った侵害によって解決されねばならないとき，推定的承諾が考慮される。権利者が法益侵害を承諾すると仮定してもよい実質的根拠は，法益を犠牲にすることによって，依然として当人の利益が具体的に可能な限り最善の形で維持されるというところにある。まさにそれ故に，権利者は，実際に問い合わせが来たなら，法益侵害に同意を与えるだろうと仮定してもよいのである。例えば，旅行中の隣人の邸宅で水道管が破裂したとき，扉をこじ開けて入り元栓を閉めることが建物や家具の損害を避けるために必要となる場合である[42]。

　に基づかずに行為する，行為者側が負担すべきものである。……推定的同意は，現実の法益主体の同意はないが，その事態を法益主体が認識していたのであれば，同意を与えていたであろうということが事後的に認められる場合（……）に肯定されるのであり，法益主体の意思の推定は『事前的な立場』からではなく，『事後的な立場』から法益主体の意思を確認しつつ行わなければならない……。いかに事前的な立場からは，法益主体の同意が認められても，事後的に明らかになった事情からそれが否定される場合には，同意はなく違法性の阻却は否定される」と論ずる。参照，佐伯仁志「被害者の同意とその周辺(2)」法教296号（2005）・84頁以下，88頁以下。

[41]　中野次雄「推定的承諾」（『総合判例研究叢書　刑法(1)』所収・1956）71頁以下，115頁以下は，①行為者と被害者との間に一定の親近関係があるときは，推定的承諾の認められる場合が少なくない，②承諾権利者と関係ある者の承諾が一応あることはしばしば本来の承諾権利者の推定的承諾を根拠づける，③従来同種行為につき承諾が与えられていたという事実も推定的承諾の一つの根拠となる，④行為が法益主体の利益のためになされたということはしばしば推定的承諾を肯認する理由となる，及び，⑤承諾権利者の行動もまた承諾を推認させることがあるとして，推定的承諾を5類型化する。ほぼ同旨，西原（II-46）277頁以下。これらの類型のうち④が本文1に，その他が本文2に相当しよう。参照，須之内（IV-16）232頁。

[42]　*Lewisch*, (Fn. II-2), Nachbem zu § 3 Rn 240 ; vgl. *Jescheck/Weigend*, (Fn. I-20), § 34 VII 1a.

同一人の法益の価値関係は専らその者自身の評価によって定まる。常軌を逸した、一般的分別から異なる理由からであれ、法益保持者に価値の低いものが特に気がかりなとき、そのことが行為者に認識可能なとき、行為者は、その客観的低価値のものを、他の客観的により価値の高い、しかし、法益保持者によってそれほど評価されない財のために犠牲にしてはならない[43]。例えば、イエホヴァの証人のように輸血を例外なく拒否する宗教団体に所属する者が意識不明状態で病院に搬送された場合、たとえ生命を救うことができるにしても、この患者に輸血をせずには行い得ない手術を行ってはならないのである。推定的意思が客観的利益に優先する[44]。権利者の仮定的意思はできる限り正確に探索されねばならない。承諾権利者の特別の愛好心が客観的に事前に知られていないか推定できないとき、一般的な価値関係が決め手となる[45]。

---

[43] *Baumann/Weber/Mitsch*, (Fn. II-21), §17 Rn 121. 例えば、甲は雑種犬一匹と純血種の犬一匹を飼っている。甲は乙に雑種犬の方が好きだと言っていた。ある日、乙は甲の犬二匹がかみ殺さんばかり喧嘩しているのを目撃して、どちらかを殺さねばならなくなり、純血種の犬を殺したという場合である。

[44] *Donatsch/Tag*, (Fn. II-12), §22 3 ; *Noll/Trechsel*, (Fn. II-125), 144 ; *Seelmann*, (Fn. II-121), 65.

[45] *Lewisch*, (Fn. II-2), Nachbem zu §3 Rn 241 ; *R. Maurach, H. Zipf*, Strafrecht AT 1, 1983, §28 Rn 7.
　なお、ロクスィーン及びそれに続いてイエーガーが、内的財衝突に起因する推定的承諾の場合、推定的承諾の認定に当たっての「大雑把な準則」を、事物被拘束決定、人物被拘束決定及び生存決定に分けて論ずる。①**事物被拘束決定**、つまり、専ら又は主として法益保持者の事物利益に係る行為の場合、行為が明白により高位の利益のために行われ、行為者に対抗利益が不明なかぎり、推定的承諾を援用することは基本的に可能である。例えば、甲が不在中の乙の地所に入り、乙所有の幌付き自動車の屋根を閉じるが、このようにして既に降り始めている雨から高価な革張りの座席を保護するためだったという場合、住居侵入は推定的承諾に基づき正当化される。②**人物被拘束決定**、つまり、当の人物に特別の形で係る行為の場合は逆に、特別の事情から法益保持者の仮定的意思がはっきりしないかぎり、基本的に推定的意思から出立してはならない。例えば、医師は、患者からその配偶者には何も隠し事は無いとの説明を聞いていた場合ですら、患者との関係である守秘義務を配偶者に対しても破ってはならない。このことは、配偶者が病気について問い合わせをしたとき、医師がいつでも説明できる場合にはなおさら妥当する。③**生存決定**、つまり、生と死に関する決定の場合、明白な承諾を得ることができないかぎり、基本的に生命救助処置を考慮した推定的承諾から出立すべきである。例えば、これ以上は待てない昏睡状態にある患者の生命を救うための手術の場合である。患者が手術を拒否する宗派に所属する者であることが知られているとか、前に身体障礙者として生きていくよりは死にたいと言っていたという場合であっても、当人が死に直面してどう決定するかは誰も知りえない。現実に生命にかかわることになると、前の考えを修正して、生き続けたくなる者が多い。したがっ

法益保持者が実際に留保しているとき，例えば，隣人に，家で何が起ころうと，事前に問い合わせしてくれた場合にだけ家に入ってよいと言われていたとか，全事情を客観的に評価すると，留保があると事前に推定できるとき，推定的承諾は問題外である。すなわち，法益保持者に実際に問い合わせすることが可能だったら，行為者はその承諾を得られたということでは十分でない。したがって，推定的承諾が認められるためには，承諾権利者がその同意をこの明確な問い合わせに認識できるような形では留保していなかった，という付加的条件が必要となる[46]。

2　行為者又は第三者のための推定的承諾

　当人が行為者又は第三者のために自分の法益を放棄すると推定できる場合もある[47]。当人が当該財の維持にあまり関心がないとか，行為者と密接な人

て，もはや治療できない患者であっても，即座に推定的承諾に依拠して生命維持処置を性急に終えることもできない。*Ch. Jäger*, Strafrecht AT, 6. Aufl., 2013, §4 Rn 146；*Roxin*, (Fn. I-1), §18 Rn 19 ff. 参照，須之内（IV-16）233頁以下。

参照，BGHSt 40, 257〔治療中止事件〕〔医師と女性患者（70歳）の息子が心臓停止に起因する脳損傷を蒙り非可逆的意識喪失に陥った患者への人工栄養補給を止めようとした事案〕「本件では死の現象がまだ始まっていなかった。……患者は……非可逆的脳障害のためもはや自己決定能力がなかったので，推定的承諾だけが考慮される。しかし，これまで認定されたことに基づくと推定的承諾は問題外である。……決定的時点の8年又は10年前に患者がテレヴィジョン放送を見た直後の印象として，『あんなふうに終わりたくない』と言ったことは，治療を中止する推定的承諾の十分な根拠とならない。なるほど，患者の生存にはきわめて単純な機能しか残されていない……したがって，その命は周囲の者には無意味と思われたかもしれない。しかし，この事情だけでは，その他の点で生活能力のある患者による間も無く確実な死に到る治療中止への推定的承諾があるとは云えない。……推定的了解があるといえるための要件は厳格でなければならない。決定的なのは，あらゆる事情を注意深く衡量した上で得られる所為時点の患者の推定的意思である。その際，患者が以前口頭または文書で言っていたことが，その宗教的信念，その他の個人的価値観念，その年齢に起因する平均余命あるいは痛みの感覚と同じく考慮されねばならない（vgl. BGHSt 35, 246, 249）。客観的規準，特に，ある処置が，一般に『分別がある』又は『正常である』とか，分別のある患者の利益に通常沿っているとかの判断は独自の意味を有しない。それは個人の仮定的意思を探索するための手掛かりでしかありえない」。同旨，*Roxin*, (Fn. I-1), §18 Rn 25；反対，*R. Merkel*, Tödlicher Behandlungsabbruch und mutmaßliche Einwilligung bei Patienten im apallischen Syndrom, ZStW 107 (1995), 545, 573「自分の症例で治療中止という（予想される）問いに対する失外套患者の前もっての考えを得る手掛かりがないとき」も治療は中止されねばならない。

46　*Lewisch*, (Fn. II-2), Nachbem zu §3 Rn 238.
47　この類型について推定的承諾による正当化を否定する見解として，吉田宣之『違法性の本質と行為無価値』1992・277頁。

的関係があるといった場合が想定される。例えば，休暇旅行中の隣人の庭にあるりんごの木からその実が落ちていたが，そのままでは隣人が戻る前に腐敗してしまうりんごを拾う場合[48]とか，お手伝いさんが家の主人の着古した背広を物乞いに贈るといった場合である。この場合も，具体的状況の全体事情を客観的に考察した事前の判断から，承諾権利者の同意が確実に得られる場合でなければならない[49]。

　この類型の場合も，法益保持者が留保している場合がある。例えば，被害者が，必要ならいつでも持って行ってもいいけれど，常に事前に問い合わせをしないといけないと言っている場合である。この種の場合，権利者の承諾を得られると期待できる十分な理由があるが，しかし，行為者には事前の問い合わせなしに法益保持者の法益を侵害する権限は与えられていない[50]。

　推定的承諾を緊急避難の一事例と捉えたり，少なくとも当人の利益の客観的衡量から捉えたりするなら，上記の設例は正当化されないことになる。シュミットホイザーは，承諾が「推定的に」得られるということは全く意味を有しない，権利者の緊急の利益が問題となっていない場合に，推定的承諾をもって承諾に代えることはできないと論ずる[51]。ヤコプスは，「他人の利益を代償無く減少させることを許すなら，利益保持者の推定的意思によって限定されるに過ぎず，一般的規制として甘受されるには危なすぎる。……軽微な不法が問題となることが多いかもしれないが，それでもやはり不法が問題となっている」と論ずる[52]。しかし，この見解の基礎には，他人に些細な厚意を示し

---

[48] ツイップはこの種の事例を社会的相当性という観点から解決する。「この種の隣人相互間の付き合いのあることは普通であることを前提とすると，社会的相当性という観点を持ち出してよい。これを用いることで他の不自然な構成を避けることができる。『被害者』の推定できる了解というのはこの場合行為の社会的相当性の前提要件そのものである。関係者の間に承認された慣行が存在しなければならないので，適用領域は狭い範囲に止まる」。*Zipf*, (Fn. Ⅰ -11), 55.

[49] *Lewisch*, (Fn. Ⅱ-2), Nachbem zu § 3 Rn 243 ; vgl *Jescheck/Weigend*, (Fn. Ⅰ -20), § 34 Ⅴ 1 b.

[50] *Lewisch*, (Fn. Ⅱ-2), Nachbem zu § 3 Rn 237.

[51] *Schmidhäuser*, (Fn. Ⅱ-95), 6. Kap Rn 92.

[52] *Jakobs*, (Fn. Ⅱ-76), 16. Abschn Rn 18. ヤコプスは，激しい雨の中不意にやってきた友人が不在の家主をその鍵の掛けられていない車庫で待つという設例で，家主にはその車庫を提供する「非公式の（非法律的）義務」があるという理由から正当化する。*Jakobs*, (Fn. Ⅱ-76), 15. Abschn Rn 17. しかし，これは技巧に走りすぎていると批判される。*Roxin*, (Fn. Ⅰ -1), § 18 Rn 17.

たいことがありうるという推定は決して基礎づけられないという考えがあるが，それは妥当とは思われない。刑事政策的にも，他人の友情，助力を惜しまない気持ちを正当にも信頼して行った行為を処罰することは的外れであり，実行し難い[53]。

III　前提要件

法益保持者の承諾は自己決定権の行使であるのに対して，推定的承諾は法益保持者の自己決定権の侵害であるから，これによる正当化にはより厳格な要件が要求される。

1　客観的承諾要素
(a)　弁識・判断能力
承諾と同じく，推定的承諾は処分可能な法益にのみ関係しうる。法益保持者には一般的に決定の射程距離についての十分な弁識・判断能力が具備しなければならない。例えば，医的侵襲の場合，事態から必要とされる医師の説明がなされるなら，意識を失っている患者は侵襲に同意すると見込まれるときにのみ，その推定的承諾から出立してよい。

(b)　切迫性
推定的承諾は，法益放棄に関する当人自身の時宜を得た決定を得ることができない場合に限定される（**推定的承諾の補充性**）。当人にそれほど大きな危険を招くことなく，その決定を得ることができるなら，その決定を待たねばならない。当人の決定を得られない状況には一過性のものも多いので，性急にも推定的承諾に逃げ込むことによって，法益保持者の自己決定権を巧みにかわしてはならない。この基本原則は殊に医的侵襲の場合に意味をもつ。例えば，事故で搬送されてきた意識を失っている患者の生命を救うために遅滞無く下腿の切断手術をする必要があるが，もう片方の足の偏平足も矯正手術を

---

[53]　*Roxin*, (Fn. I -1), § 18 Rn 17.

する方が良いと診断した医師は，直ちに下腿の切断手術をすることは許されるが，しかし，偏平足の手術については，患者の意識回復を待ってその意思を確認しなければならない[54]。

法益保持者が法益客体の維持に関心がない（利益欠缺）とか，所為の前に許しを請われることに関心がないといった場合，切迫性がないときでも，例外的に，推定的承諾に基づく正当化が可能であるという見解がある。例えば，発行年度別の硬貨を収集している小売店の会計係りが勝手に売上金の中から特定の硬貨を自分の手持ちの硬貨と両替したという場合，会計係には窃盗罪又は業務上横領罪の違法性が阻却されるというのである[55]。たしかに，法益毀損が軽微であり，行為者と法益保持者の人的関係から事前の照会が不必要な場合がありうるが，しかし，それは推定的承諾の観点から論じられる問題ではなく，社会的相当性の問題である[56]。

(c) 調査義務

法益保持者の推定的意思がその真の意思に矛盾する危険は避け難いので，行為者は推定的意思の確認にあたり細心の注意を払わねばならない。行為者は，漠然としたそして根拠の薄弱な推測で満足してはならず，推定的意思の推論が間違いないことの蓋然性を確かめねばならない。すなわち，行為者には，推定的意思内容に拘束される前に，調査義務が課せられる[57]。推定的意思のきちんとした調査は「危険減少」とも呼ばれうる客観的要件である[58]。一般に，正当化事由の領域では，所為に伴う不利益をぎりぎり最小限にまで縮減しなければならないのであり，正当防衛では「必要性」の要件が，正当化緊急避難では「補充性」の要件が要求される。推定的承諾では，行為者は，所

---

[54] *Maurach/Zipf*, (Fn. Ⅳ-45), § 28 Ⅱ 12 ; *Mitsch*, (Fn. Ⅳ-33), 41 ; *C. Roxin*, Über die mutmaßliche Einwilligung, in：Welzel-FS, 1974, 447, 461.
[55] *Heinrich*, (Fn. Ⅰ-4), § 16 Rn 478 ; *Kühl*, (Fn. Ⅰ-4), § 9 Rn 46 ; *Mitsch*, (Fn. Ⅳ-33), 41 ; *Tiedemann*, (Fn. Ⅳ-30), 109.
[56] *Rönnau*, (Fn. Ⅱ-14), Vor § 32 Rn 222 ; *Roxin*, (Fn. Ⅳ-54), 461.
[57] *Gropp*, (Fn. Ⅱ-49), § 5 Rn 367 ; *Jescheck/Weigend*, (Fn. Ⅰ-20), § 34 Ⅷ 3 ; *Mitsch*, (Fn. Ⅳ-33), 41 ; 反対, *Rönnau*, (Fn. Ⅱ-14), Vor § 32 Rn 94 ; *Roxin*, (Fn. Ⅰ-1), § 18 Rn 29.
[58] *Th. Lenckner*, Die Rechtfertigungsgründe und das Erfordernis pflichtgemäßer Prüfung, in：H. Mayer-FS, 1966, 165, 180 ; *ders.*, (Fn. Ⅱ-76), Vorbem §§ 32 ff. Rn 56 ; *Mitsch*, (Fn. Ⅳ-33), 42.

為が当人の現実の意思に合致しないという危険を最小限にするために，状況に応じて評価できる要素を自分でできる限り調査しなければならない。だからこそ，誤った評価をする危険が残っているにもかかわらず，**許された危険**の思想に基づいて所為の正当化が受け容れられるのである[59]。但し，法益保持者が所為の前に承諾の意思表示をしており，これが法益保持者の推定的な今の意思に合致しないと考えるべき理由がないとき，付加的な意思探索をする必要はないのが普通である。調査されるべきは，場合によって，承諾の「推定的撤回」が考えられるか否かだけが調査されるべきである。これも，承諾ではなく，推定的承諾の問題である。今は意思形成能力のない又は意思表示能力のない法益保持者によってかつて表明された承諾は，表明された意思が存続していることが推定される，つまり，推定的撤回がないことの強力な徴表である[60]。

(d) **法益保持者の推定的意思**

推定的承諾の場合，所為が正当化されるのは，所為が推定的承諾に合致し，これが法益保持者によって表示されていたなら，有効な承諾の性質を有する場合である。推定的意思を調査するための緒は先ず，当該案件の主題について法益保持者が以前に口頭や文書で表していたことである。例えば，法益保持者が今回と似たような状況で承諾の意思表示をしていたとか，所為を容認していた，あるいは逆に所為を拒絶していた場合，その間に気持ちの変化があったことを示す強力な徴表が無い限り，法益保持者は今の状況において同じ態度表明をしただろうということから出立してよい[61]。

---

[59] *Lenckner*, (Fn. Ⅱ-49), Vorbem §§ 32 ff. Rn 58 ; vgl. *Jescheck/Weigend*, (Fn. Ⅰ-20), § 34 Ⅶ3. 参照, 大谷（注Ⅱ-44）258 頁以下「被害者の真意に合致するものと合理的に推定し，その推定的意思の内容を実現する行為である限り，事後に被害者がこれを是認しなかったとしても，社会的相当行為として違法性を阻却する」。これに対して，山口（Ⅱ-44）169 頁は，結果無価値論の立場から，「法益主体の意思の推定は『事前的な立場』からではなく，『事後的な立場』から法益主体の意思を確認しつつ行われなければならない……。いかに事前的な立場からは，法益主体の同意が認められても，事後的に明らかになった事情からそれが否定される場合には，同意はなく違法性の阻却は否定される」と論ずる。参照，本章注 40。
[60] *Mitsch*, (Fn. Ⅳ-33), 42.
[61] *Mitsch*, (Fn. Ⅳ-33), 42 ; *Wessels/Beulke/Satzger*, (Fn. Ⅰ-4), § 11 Rn 573.

推定的意思内容は，十分に情報を得た法益保持者が錯誤や強制に影響されなかったなら表示したと考えられる承諾から導かれる。いわゆる法益関係的錯誤だけでなく，その他の錯誤から影響されずに表示される承諾が規準となる（参照，第2章V6）[62]。

2 主観的正当化要素

その他の正当化事由と同じく，推定的承諾においても主観的正当化要素が必要である[63]。行為者には切迫性があることの表象と，所為が法益保持者の推定的意思と合致していることの認識がなければならない。この認識は調査義務の結果として生ずるものでなければならない。調査義務の履行の結果，被害者の意思に関する推定がその意思と一致したとき，行為は正当化される。調査義務を履行したが，被害者の意思に関する推定が事後的に誤っていたことが判明した場合も，許された危険の思想に基づき，行為は正当化される[64]。これに対して，調査義務を尽くしたが，行為者が，法益保持者の推定的意思と合致していることの認識を有していないまま行為をし，それが実際には被害者の意思と一致しているとき，行為者は**未遂**でしか処罰されない[65]。調査義務が果たされず，所為が法益保持者の推定的意思と合致しない場合，既遂罪が成立する[66]。

行為者が調査義務を果たさず，軽率にもその行為の正しさを信頼し，その所為が偶然にも法益保持者の真の意思と合致した場合，行為は被害者の真の意思に合致しているので，違法性が阻却され，この限りで調査義務は意味をもたないという見解が見られる[67]。しかし，法益保持者は，他人が法益保持者の法益を弄び，偶然に幸運をつかむなどということを意欲していないので，

---

[62] Vgl. *Mitsch*, (Fn. Ⅳ-33), 42.
[63] *Mitsch*, (Fn. Ⅳ-33), 43；*Roxin*, (Fn. Ⅰ-1), §14 Rn 96.
[64] *Lenchner*, (Fn. Ⅱ-49), Vorbem §§ 32 ff. Rn 58；*Wessels/Beulke/Satzger*, (Fn. Ⅰ-4), §11 Rn 577. なお，この場合を違法性阻却事由を基礎づける事実の錯誤と捉える見解がある。例えば，帝王切開出産後に不妊手術（卵管結紮）を行った手術医師が不妊手術につき推定的承諾があるものと誤認した場合である。*Kühl*, (Fn. Ⅰ-4), §9 Rn 47.
[65] *Mitsch*, (Fn. Ⅳ-33), 43；*Roxin*, (Fn. Ⅰ-1), §14 Rn 104.
[66] *Mitsch*, (Fn. Ⅳ-33), 43；*Roxin*, (Fn. Ⅳ-54), 455.
[67] *Jescheck/Weigend*, (Fn. Ⅰ-20), §34 Ⅷ3；*Kühl*, (Fn.), §9 Rn 47；*Lenckner*, (Fn. Ⅱ-49), Vorbem §§ 32 ff. Rn 58.

その行為は結局法益保持者の推定的意思に合致しないと云えるので，既遂罪が成立すると解される[68]。

　禁止の錯誤は，行為者が，調査義務が履行することなく，行為をしたが，それが被害者の意思に反していたという場合に認められる。例えば，医師が，患者の承諾のないことを認識したが，医学的観点からは侵襲が患者に意味があり，必要であるので，法的に許されると思った場合である[69]。**違法性阻却事由を基礎づける事実の錯誤**が認められるのは次の場合である。①客観的には義務に適っていない調査に基づいて，実際に存在したなら被害者の承諾に関する仮定的蓋然性判断を正当化する事情を誤認した場合，例えば，他人の自動車に損害を与えたが，ぞんざいな調査のため損傷箇所を見落とし，事故現場から去る場合である[70]。②他人の推定的意思には全く関係の無い事実（それ故，義務に適った調査によっては相殺できない事実）だが，それが存在するときに推定的承諾の想定を正当化しただろう事情を誤認した場合，例えば，教師が無作法な言動をしたと誤って思った他人の子を折檻するが，実際にその子が無作法な言動をしたなら，教師はその子の両親から当該行為の承諾を得られたと想定できた場合である[71]。

---

[68]　*Mitsch*, (Fn. Ⅳ-33), 43.
[69]　Vgl. BGHSt 45, 219, 224 f. なお，BGHSt 35, 246〔医師らは患者のために，しかし，その承諾なく帝王切開分娩に続いて行った不妊手術は推定的承諾により正当化できるとされた事案〕は禁止の錯誤と扱われるべきであったと批判される。第一に，患者の生命に危険があるとの医師らの想定は次の出産時に生ずるということだから，患者は先ず不妊を望むか否かを問われねばならなかったからである。医師らの視点からは「新たな妊娠が母子の生命を危うくする」から，医師らが「直ちに処置をする」ことが必要と考えたという事情は，質問をする必要性をなんら変えるものではない。生命を危うくする危険を冒すか否かを決定するのは患者の事柄であるし，新たな妊娠を避けるために卵管結紮以外の方法があったからである。*Roxin*, (Fn. Ⅰ-1), §18 Rn 12 u. 30; vgl. *Kühl*, (Fn. Ⅰ-4), §9 Rn 47.
[70]　*Lenckner*, (Fn. Ⅱ-49), Vorbem §§ 32 ff. Rn 60.
[71]　*Lenckner*, (Fn. Ⅱ-49), Vorbem §§ 32 ff. Rn 60.

第5章　仮定的承諾

1　概　説

　従来，ドイツの刑事判例では，承諾に関して，二種類の違法性阻却事由が認められてきた。すなわち，違法性の段階で，先ず，正当化事由としての実際の承諾があるか否かが問題となる。実際の承諾が無いとき，それを得ることのできなかったやむをえない事情があったのか否かが検証され，これが肯定されると，推定的承諾の問題となる。この場合，客観的事情ではなく，専ら，患者自身の個人的関心が焦点となる。これに対して，近時，実際の承諾があると，その前提要件のすべてが具備されているか否かが検証されねばならないが，説明に瑕疵があるため，承諾の表示が無効であるとき，そもそも仮定的承諾（Hypothetische Einwilligung）という法形象に基づき可罰性が否定される余地があるのではないかが問題とされるようになった。とりわけ医的侵襲の場合，患者の承諾を得る可能性があったにもかかわらず，医師はその努力をしなかったが，患者は事前に問われていたなら，承諾を与えたといえる場合，医師は処罰を免れるというものである。先ず，法規に則った説明がなされえたのか否が調査され，次いで，患者がその説明の後で承諾を与えたといえるか否かが答えられねばならない。正確な説明があった場合の仮定的意思と瑕疵のある説明の後で実際に表示された意思が合致すると，仮定的承諾が肯定されるというのである。しかし，この法形象は，犯罪理論体系上の位置づけに関しては見解が分かれるものの，判例及び一部の学説によって肯定されているが，多くの論者によって否定的に捉えられている。
　仮定的承諾という法形象は元来ドイツの医事民事判例で承認された法形象である。医師は，損害賠償の訴えに対して，患者が法規に則った説明を受け

ていたなら治療に有効な同意を与えたのだとの抗弁をすることができる。そ
れは，損害賠償の民事責任を免れるため，侵襲を正当化するべき架空の承諾
である。それに対して，患者は，法規に則った説明を受けていたなら，承諾
したかどうかの決定をする葛藤に陥ったことの納得のいく説明をしなればな
らない。民事法で仮定的承諾の法形象が創出されたのは，患者が損害賠償請
求を理由づけるために，説明懈怠を事後的に濫用する危険を妨げるためだっ
た[1]。

　仮定的承諾の法形象はドイツ医事刑事判例に継受された。以下で見るよう
に，連邦通常裁判所は，当初，過失の説明過誤の場合にだけ仮定的承諾に基
づき医師に有利な判決を下したが，後に，説明義務を故意に違反した場合に
も仮定的承諾を考慮に入れた。現在，仮定的承諾は刑事判例においても定着
したと云える[2]。

　仮定的承諾の刑事判例継受にあたって，その法形象に変容が見られる。民
事賠償責任手続きでは，民事判例は仮定的承諾の証明を要求していない。先
ず，医師に仮定的承諾の抗弁が許される。これに対して，患者は仮定的承諾
を「真正の決定葛藤」の証明によって反証することができる。これによって，

---

[1]　S. *Jansen*, Die hypothetische Einwilligung im Strafrecht, ZJS 2011, 482, 483.
　　仮定的承諾の問題にかかわるわが国の民事判例に東京地判平成4・8・31判時1463・102
［東大脳動静脈奇形（AVM）除去手術事件］がある。［Eは脳動静脈奇形摘出手術を受け死
亡したところ，その遺族らが国に対して損害賠償請求をした事件。遺族らは担当医師らの
脳動静脈摘出手術における過失と説明義務違反を主張した。本判決は，当該手術における
担当医師らの過失を否定し，説明義務違反については認めたが，それとEの死亡との間の
因果関係は否定した］「担当医師らは本件手術に関して損害賠償義務を負う相手方である
Eに対し，手術の危険性や保存的治療に委ねた場合の予後について十分な説明を尽くさ
ず，その双方の危険性を対比して具体的に説明することもしなかったのであって，このた
め，Eは本件手術を受けるかどうかを判断するために十分な情報を与えられなかったとい
わざるを得ない。……担当医らが手術の危険性等について十分な説明をしていたならばE
が手術を承諾しなかった可能性を全く否定することはできない」。しかし，手術を受けずに
保存的治療に委ねた場合の予後とか，「被告病院の設備とスタッフを考えれば，手術前には
それほど高度な危険を伴う手術とみることはできなかった。これらの事実を併せ考える
と，Eが担当医らから十分な説明を受け，手術にある程度の危険を伴うことを具体的に知
らされたとしても，手術を承諾した可能性を否定することもできない。そうすると，担当
医らがEに対して十分な説明をしておればEが本件手術を承諾しなかったかどうかは必
ずしも明らかではなく，担当医らが必要な説明を尽くさなかったこととEが死亡したこと
との間には相当因果関係があるとはいえない」。
[2]　*Jansen*, (Fn. V-1), 83.

医師と患者の状況を手続き上うまく調整できることとなる。しかし，こういった証拠則を刑法で適用することは許されない。「疑わしきは被告人の利益に」が妥当する刑事法では，患者が法規に則った説明を受けていたなら承諾をしなかったということの証明が必要となる。したがって，仮定的承諾の立証責任の分配は民事法と刑事法では非常に異なる。刑法における仮定的承諾の反証は民事法におけるよりも難しい[3]。

Ⅲ　ドイツの判例

仮定的承諾に関する代表的裁判例は以下の通りである。

【1】　BGH, 25.09.1990—5 StR 342/90 [O脚事件]　〔Pの両脚の位置異常が次第に昂進してきた。最初診察した二人の整形外科医は手術を勧めなかった。両脚の位置異常は手術して矯正するほどひどいものでないこと，手術の危険の方がその効用よりも大きいと思われるというのがその理由だった。それからPは整形外科医（医長）Aに診察してもらったところ，位置異常の手術をした方が良いと言われた。Aは手術に伴う危険と合併発症の可能性についてはおおまかな言い方しかしなかった。骨髄炎の可能性と偽関節に関する詳細な説明は無かった。PにとりAは絶対的権威であり，PはAに全幅の信頼をおいていた。当時の情況と雰囲気からすると，PはAの提案と必要だと考えたことの全てに承諾を与えたと云えた。Pに手術後骨髄炎と偽関節形成が生じた。Pは歩行器の助けを借りてもそれほど長い距離を歩けず，時に車椅子に頼る状態となったという事案〕で，ハンブルク地方裁判所は過失致死罪の成立を否定した。連邦通常裁判所も次のように判示してAに無罪を言い渡した。Aも説明担当の補助医師B（事件の2年前に医師免許を取得したばかりであり，又，Aの病棟に勤務して半年で，しかも外科の予備知識も整形手術の予備知識ももっていない）も骨切り術に際して生じうる骨髄炎と偽関節の説明をしなかった。AはBが法規に則った説明をしたと思ったこと，したがって，故意

---

[3] *Jansen,* (Fn. V-1), 483.

を排除する錯誤に陥った。しかし，AはBによる説明を信頼してはならなかったのであり，このことを知らねばならなかったし，知ることもできたので，過失行為をした。それでも原審の無罪判決は維持されるべきであるのは，「この義務違反が傷害の原因でなかったから」である。というのも，Pは願いをかなえてくれるAにやっとめぐり会えたのであり，その能力，手術の技量を無条件に信頼しており，したがって，手術に伴う全ての危険の説明を受けていた場合でも，手術の承諾を与えたといえるからである。

【2】 BGH NStZ 1996, 34＝JR 1996, 69 [外科手術用骨プラグ事件]　〔医師Aは椎間板の手術を実施したが，痛んだ頸部椎間板を除去した後で間隔留め具として使えるように準備してあった牛骨，いわゆる「外科手術用骨プラグ (Surgibone-Dübel)」を脊椎骨の間に挿入した。当時，ドイツでは自分の骨か合成樹脂からできた間隔留め金が用いられるのが普通だった。外科手術用骨プラグは薬事法によると許可を必要とするが，ドイツではまだ許可されない薬品だった。諸外国では許可され使用されていたが，それは従来用いられていたものよりも危険が少ないからであった。当該骨プラグを病院の薬剤部を通して入手し，それ故法規に違反しないことを信頼していたAは，患者を不安にさせないため，この材料に関する説明をしなかった。患者6人に痛みを伴う合併症が生じ，その中には再手術を必要とする患者もいたという事案〕で，連邦通常裁判所は，Aの故意傷害罪の廉での有罪判決を破棄差戻した。Aは，使用された骨プラグが法規に違反しないことを信頼していたので，許容構成要件錯誤にあり，刑法第16条第1項第2号の準用によりせいぜい過失犯の成立が考えられる。「説明の瑕疵が可罰性を基礎づけうるのは，患者が必要とされる説明があった場合に承諾をしなかった場合に限られる」。民事法とは異なり，このことは医師に証明されねばならない。疑いが残る場合，承諾は法規に則った説明があっても与えられたということから出立しなければならないと。

【3】 BGH NStZ-RR 2004, 16.＝JR 2004, 251＝JZ 2004, 800＝StV 2004, 376 [椎間板ヘルニア事件]　〔患者Pは頸椎の椎間板ヘルニアに罹ってい

た。医師Aは誤ってPの腰椎の一つを手術した。Aは翌日Pの麻痺症状を見て自分の過誤に気付いた。Aは医長Bの勧めでこの取り違いのことをPに黙し，手術は成功したが，痛みが残っているのは胸椎の椎間板ヘルニアに原因があると説明した。この真実に反する説明に基づいてPは胸椎の手術を承諾した。実際にはAは頚椎の手術を行ったという事案〕で，連邦通常裁判所は，執刀医師Aに対する略式命令が確定していたので，地方裁判所で傷害教唆の廉で有罪判決を言渡されていたBの可罰性に関してのみ判断しなければならなかった。連邦通常裁判所は，2回目の手術に関するPの承諾は欺かれて与えたものであるから無効であり，正当化効力を有しないとしながらも，患者が真実の説明を受けていたなら実際に実施された手術の承諾をしたと云えるとき，違法性が欠落すると説示して，有罪判決を破棄した。すなわち，実際の承諾がなくして実施された治療行為が，患者への十分な説明がなかったとしても，傷害罪として処罰できるのは，患者が完全且つ適切な説明があったなら実施された治療侵襲に承諾しなかったと云える場合に限られる。このことが確実に認定できない場合，「疑わしきは被告人の利益に」に従って，医師の利益に適用されねばならないと。

【4】 BGH NStZ 2004, 442＝JR 2004, 469 [穿孔器尖端事件]　〔医師Aは，右肩の脱臼を再発した18歳の患者Pにその承諾及びその両親の承諾を得て手術を行った。穿孔が必要だった手術に際し，穿孔器の尖端2センチメートルが折れ肩峰突起に刺さったままになった。それは肩甲関節に損傷をもたらすことは無く，ほぼ完全に骨の中に埋没した。穿孔器の尖端部の取り出しには失敗したが，その他の点では手術は成功した。手術の終わった夕方，PはAから思いがけず，2回目の手術を受けた方がよいと告げられ，AはPの両親にもそのことの説明をした。Aは，背部の被包を取り出す適応症があると嘘をついた。それは2回目の手術の必要性に関する本当のことを告げたら，その承諾が得られないからであった。穿孔器尖端部を取り出すことだけがAの関心事だったのであり，Aはそのことを黙した。Pとその両親は2回目の手術を承諾し，4日後に手術は行われたという事案〕において，フライブルク地方裁判所はAに傷害罪の廉で有罪判決を言い渡した。地方裁判所は，医的

治療侵襲は意思瑕疵によって影響を受けない患者の承諾によってしか正当化されず，穿孔器の先端部を取り出す手術には承諾がなかったこと，ＡがＰとその両親に２回目の手術の必要性に関して嘘をつき，穿孔器の先端部の破損について意図的に黙したからだと判示した。連邦通常裁判所は原審の事実認定に依拠して，「Ｐが破損した穿孔器の先端部を取り出すことの承諾を与えなかったという明白な事実に基づくと，手術が医学の水準に従って (lege artis) 行われ，患者が真実の説明を受けたら実施された手術の承諾を与えたと云えるという理由から，違法性が欠落すると考える余地は無い(vgl. BGH NStZ-RR 2004, 16)」と説示した。本事案では，２回目の手術は，専ら穿孔器先端部の取り出しの必要性から行われたのであり，手術に当り，後に苦痛の発生する危険を万が一減少させるかもしれないということはまったく考慮されなかった。

【5】 BGH NStZ-RR 2007, 340＝StV 2008, 189［腹部脂肪吸引事件］〔医師Ａは，麻酔医一人と看護師一人の立会いで，患者Ｐに局部麻酔による腹部の脂肪吸引を行い，次いで，完全麻酔でいわゆる脂肪前掛けを切除した。Ｐは手術前にこの手術の危険性に関して麻酔を含めてきちんとした説明を受けていた。約２ヵ月後，ＡはＰに２回目の手術を行った。この手術では局部麻酔で，１回目の手術に由来する瘢痕の残りを切除し，もう一度脂肪吸引をおこなう予定になっていた。再度の説明は無かった。承諾書の作成は無かった。Ａが脂肪吸引を行った当日は，土曜日で，看護師がいなかったので，手術に当たりＡの頼みで医学の分野にはあまり明るくない化学専攻学生が助手を務めた。Ａは局部麻酔を行ったし，麻酔中のＰの様態監視は自分でできると思った。手術の準備と実施をするときＰが急に痛みを訴えたので，ＡはＰに睡眠導入と鎮痛剤を何度か相前後して投与したが，Ａは誤解していたのだが，それは併用して投与してはならなかったのである。その結果，Ｐは呼吸沈下に陥ったので，手術は中断を余儀なくされた。Ａは十分な拮抗薬を持っておらず，救急医の到着も遅れたので，その到着前にＰは薬剤の過剰投与のため死亡したという事案〕で，ハレ地方裁判所は，過失致死罪の成立を肯定したが，刑法第227条の傷害致死罪の成立を否定した。その理由は，Ｐが，たとえ十分な手術の体制が整っていないことについて説明を受けていたとして

も，少なくとも仮定的には治療の承諾をしていたといえるというものだった（Pは死んだから，少なくとも「疑わしきは被告人の利益に」に従ってAの利益に捉えることが考えられる。ことに，Pは具体的事案でかつて一度Aに脂肪吸引をしてもらったことがあるからである）。連邦通常裁判所は，仮定的承諾の法形象の適用範囲を限定した上で，原判決を破棄差戻した。医師の治療侵襲によって傷害罪の違法性が欠落しうるのは，たとえ説明の瑕疵がある場合でもきちんとした説明があったなら実際に行われた手術の承諾をしたと云える場合である。しかし，こういった仮定的承諾も**医学の水準に従って**行われた治療行為にだけ関係するのが基本である。美容整形手術の場合，それ自体医学的適応がなく，たいてい急ぐ必要もない限り，厳格な説明が必要とされると。

【6】 BGH NStZ 2012, 205［食道穿孔事件］　〔医師Aは血便の出た患者Pの腸内視鏡検査を行った。異常なしの検査結果が出た後で，腸内視鏡検査に引き続き持続的――承諾の有効性を排除する――鎮静剤を用いながら胃内視鏡検査を行うことにしたが，それはPの苦痛の原因を突き止めるためだった。内視鏡を挿入しようと2回試みたが，Pの飲み込みの際の痛みで失敗した。2時間の休憩の後，鎮静剤が補充され，再度少なくとも2回の内視鏡挿入が試みられたが，失敗し，そのうちの1回によって食道穿孔が生じた。必要な食道手術が行われた直後，Pに合併症が生じ，Pはそれが基で死亡した〕という事案で，連邦通常裁判所はバイロイト地方裁判所の無罪判決を特に証明不十分という理由で破棄したが，本裁判においても基本的に仮定的承諾の法形象を維持し，次のように説示した。患者が真実の説明を受けていたなら実際に行われた手術を承諾したと云えるとき，違法性が，したがって刑法第277条（傷害致死罪）の可罰性が否定される。きちんとした説明がなされていたなら承諾はなされなかったということを医師に証明しなければならない。疑いが残れば，「疑わしきは被告人の利益に」の原則に従いAの有利に，きちんとした説明があった場合も承諾がなされたということから出立しなければならない。Aが，事前の質問で侵襲の拡大にPが同意していたと誤信していたとき，許容構成要件の錯誤があると。

ⅶ 犯罪理論体系上の位置づけとその評価

仮定的承諾の法形象を肯定する学説も，その犯罪理論的位置づけに関しては見解が分かれているので，以下，それらの見解を概略した上，検討を加えることとする[4]。

(a) 構成要件解決策
(aa) 因果関係の不存在

仮定的法形象の犯罪理論体系上の位置づけという観点から検討すると，先ず，**因果関係の不存在**を理由に構成要件該当性を否定することが考えられる。連邦通常裁判所が［**O脚事件**］において，「この義務違反が傷害の原因でなかったから」と判示したとき，そこでは因果関係の問題として扱われていたのである[5]。すなわち，患者が真実の説明を受けていたなら実際に実施された手術を承諾したか否かが問われた。患者が法規に則った説明を受けていた場合でも医的侵襲の承諾を与えていたと云えるなら，説明義務の義務違反侵害は医的侵襲の原因でなかったと云える。法規に則った説明があった場合承諾がなされないままであったといえて初めて，説明義務侵害が侵襲の原因だったということになる。そして，このことを医師に証明しなければならないというのである。

しかし，条件説（当該具体的行為が無ければ当該具体的な結果は生じなかったといえる場合，その両者の間に因果関係がある）では，実際の具体的行為が原因となっているか否かが問題とされているのであって，仮定的代替原因はまったく重要でないのである。治療侵襲の場合，仮定的承諾がありうるということは結果，つまり治療侵襲にとって重要でない。仮定的代替原因は因果関係の問題ではないということである。医的侵襲が行われたなら，医師の行為はこの結果と

---
[4] 参照，山中（注Ⅰ-55）607頁以下，同「意思の説明義務といわゆる仮定的同意について」（『神山敏雄古稀祝賀論集第1巻』2006年）253頁以下，同『医事刑法概論Ⅰ』2014年・355頁以下．
[5] もっとも判例が「因果関係」という言葉で「義務違反連関」を意味していたと理解できる余地もある。Jansen, (Fn. V-1) 485.

因果関係にある。結局，患者の仮定的承諾の法形象を用いて義務違反行為の傷害結果への因果関係を否定することはできない[6]。その後，判例も「違法性が欠落する」という表現を用いることにより「因果関係解決策」から距離をおくようになる。

(bb) **不作為**

医師の仮定的な法規に則った行為を不作為の因果関係，つまり，疑似因果関係で考慮する見解がある。疑似因果関係というのは，必要とされる作為が行われたならば，構成要件的結果は確実性と境を接する蓋然性をもって生じなかったといえる場合に，必要とされる作為の「不作為」と構成要件的結果の発生との間の因果関係を否定するのである。構成要件的結果が生じなかったという点に疑いがあるとき，「疑わしきは被告人の利益に」の原則が働く[7]。仮定的承諾の場合，意思も必要な説明をしなかったのであるから，この不作為と傷害という結果の間の疑似因果関係が問われるのである。しかし，この両者の間の疑似因果関係の存否を問題とすることは適切でない。法規に則った説明をしなかったという不作為は切る，刺す等を伴う治療侵襲の前域にある。問題とされるべきは，身体の不可侵性という法益侵害に向けられた作為なのである。法規に則った説明をしなかったという不作為はなるほど患者の自己決定権を侵害しているが，しかし，身体の不可侵性を侵害しているわけでない[8]。

(b) **違法性解決策**

(aa) **客観的帰属の違法性段階への転用**

本説の主唱者であるクーレンは，構成要件における客観的帰属と正当化欠缺の帰属の「構造的類似性」から出立する。所為の違法性を基礎づけるためには，正当化事由が欠けているだけでは十分でない。むしろ，それに加えて，正当化が，「単なる正当化欠缺」に基づき否定されるとき，結果がこの欠缺に

---

[6] H. Otto, A. Albrecht, Die Bedeutung der hypothetischen Einwilligung für den ärztlichen Heileingriff, JURA 2010, 264, 268; *Jansen*, (Fn. V-1), 485.
[7] H. Rosenau, Die hypothetische Einwilligung im Strafrecht, in : Maiwald-FS, 2010, 685, 700.
[8] *Jansen*, (Fn. 1), 487; *Otto/Albrecht*, (Fn. V-6), 268.

基づき客観的に帰属可能であるか否かの検証が必要となる。仮定的承諾の場合,「単なる正当化欠缺」は医師の説明義務違反及びそれに由来する意思瑕疵の場合に認められるが,処分権能や承諾能力の欠如の場合には認められない。患者が有効に説明を受けていた場合であっても結果が生じたと云えるとき,客観的帰属が否定される。すなわち,承諾の欠缺と傷害結果の間の帰属連関が無い。結局,義務違反連関が存在しないため,所為の結果不法が認められないが,しかし,行為不法は残るので,未遂罪の成立可能性は残る[9]。ウルゼンハイマーは,そのために行為が法的に是認されなかった危険が結果となって実現しなかったとき,つまり,結果が規範の保護目的の中に無いとき,危険連関の欠如も理由として客観的帰属を否定することができると論ずる。例えば,それに関しての説明がなされなかった治療代替案の特有の危険が実現しなかった場合である[10]。

　本説も問題を孕んでいる。第一に,客観的帰属は客観的構成要件要素である因果関係の存在を前提として,実質的に構成要件該当性を縮減する機能を有している。違法性は正当化事由が存在する場合にのみ欠落する。したがって,客観的帰属を違法性段階に持ち込むことは正当化事由の例外機能に反する[11]。前提要件が客観的に具備されていない正当化事由への帰属というものの必要性が無い。帰属可能性はすでに正当化事由が欠如していること,結果が構成要件該当行為に帰属可能であることから生ずるのである[12]。第二に,義務違反連関というのは,結果が義務違反に基づく又は義務違反によって増加した危険が実現した場合に肯定される。結果が適法代替行為が為された場合でも生じたと云えるとき,義務違反連関は欠落する。この適法代替行為の

---

[9] L. *Kuhlen*, Objektive Zurechnung bei Rechtfertigungsgründen, in: Roxin-FS, 2001, 331; *ders.*, Ausschluß der objektiven Zurechnung bei Mängeln der wirklichen und der mutmaßlichen Eibwilligung, in: Müller-Dietz-FS, 2001, 431; *ders.*, Ausschluß der objektiven Erfolgszurechnung bei hypothetischer Einwilligung, JR 2004, 227; *K. Geppert*, JK 12/04, StGB §223/3「仮定的承諾の法形象の実体は規範的帰属の阻却であるが,構成要件の段階でなく,違法性の段階に位置付けられねばならない。有効な真正の承諾がないので,行為の義務違反は残るが,既遂犯で必要とされる,実際に実現した不法結果への義務違反連関が欠如する」。
[10] K. *Ulsenheimer*, Arztstrafrecht in der Praxis, 4. Aufl., 2007, Rn 131.
[11] Vgl. *Jansen*, (Fn. V-1), 487.
[12] Vgl. *Jansen*, (Fn. V-1), 487.

思想の起源は過失犯にあったのであるが，適法代替行為の検証に当り，違法な行為だけが適法な行為によって代替されるのであって，仮定的事象経路が付け加えられるのではない。例えば，採石業者が注意義務に違反して安全柵を設置していなかったところ，子どもが基礎溝に転落して死亡したという場合，柵を設置していても子どもはそれによじ登って転落死した可能性があるというようなことはまったく考慮されない[13]。故意で行われる治療侵襲の場合も，その前の瑕疵のある説明が法規に則った説明によって代替されるのではない。故意の治療侵襲では，適法代替行為というのは規範を遵守して行為をしないことにあり，結果を回避することが常に可能であるので，規範遵守のいかなる逸脱も許されない危険増加と云えるからである[14]。

(bb) 独自の正当化事由論

判例は，患者が法規に則った 説明があった場合にも手術をしてもらったといえる限り，違法な傷害の結果不法が否定されること，なぜなら，手術が適法代替行為の場合であってもなされたのであるから，医師の説明の欠如が違法な傷害の結果に効果を及ぼしていないというものである。そして，「違法性が欠落する（Rechtswidrigkeit entfällt）」[15]という表現が用いられるとき，仮定的承諾に独自の正当化事由という位置づけがなされているようである。連邦通常裁判所は，許容構成要件の錯誤の検証が必要であることを指摘していることから，仮定的承諾の存在に関する錯誤を承諾という正当化事由に関する錯誤と等しく扱っているからである。すなわち，仮定的承諾があれば違法性が阻却される[16]。

(cc) 評　価

判例が仮定的承諾を独自の正当化事由と位置づけるなら，その前提要件が具備されると，もともと義務違反の行為が正当化されることになるが，これには疑問がある。実際の承諾や推定的承諾と仮定的承諾の間には構造的差異

---

[13] *Otto*, (Fn. Ⅰ-49), §10 Rn 25.
[14] なお，このことは仮定的承諾を構成要件該当性における客観的帰属の問題として扱う立場にも等しく当てはまる。*Roxin*, (Fn. Ⅰ-1), §13 Rn 122. Vgl. *Ch. Jäger*, Gut gemeint, aber schlecht gemacht, JA 2012, 70, 72 ; *Jansen*, (Fn. Ⅴ-1), 487.
[15] BGH NStZ-RR 2004, 16, 17 ; NStZ-RR 2007, 340.
[16] BGH JR 2004, 251, 252 ; BGH JR 2004, 469 ; BGH NStZ-RR 2007, 340 ; BGH NStZ 2012, 205.

があるからである。すなわち，一般に，所為の正当化は優越的原理に基づくのである。そのことは正当化緊急避難において明らかである。正当防衛においても，被侵害者の自分の法益を侵害されない利益が，違法に攻撃する者が侵害行為に当り損害を受けない利益を上回るのである。実際の承諾や推定的承諾が正当化の性格を有することは，「自己の事柄に自ら不利益を望む者には，不法は生じない」から導出される。個人は自己の財を自由に処分でき，したがってその刑法的保護も放棄しうるから，法益保護の必要性がなくなるのである。つまり，法益保持者の自己決定権がその法益を刑法上保護する法共同体の利益よりも上回るのである。実際の承諾においては，患者はその意思表示によって法益保護の放棄を明らかにする。推定的承諾の場合，推定的意思の調査に当り，患者個人の事情に焦点を合わせることにより，患者の自律性が保障される。行為の適法性は所為時点の具体的状況において実際にその許容要件が具備していなければならない。つまり，一般的禁止が具体的事案において例外的に許されるか否かが問題とされるのである[17]。

ところが，仮定的承諾の場合，所為の不法を欠落させる，法益保護を放棄する有効な承諾が存在しない。場合によってはありうる仮定的意思の保護というものが患者の本当の現実の意思の尊重より優越するというようなことはありえない。被害者はその法益保護に有効な影響を及ぼしていないのである。患者が刑法による保護を放棄している事実は存在しない。「仮定的承諾というのは，仮定的に存在しえたが，実際には存在しなかった承諾の純然たる擬制である」[18]。所為時点に影響を及ぼしていないというこのことが，後になって承諾の仮定により代替できるかは疑問である。先ず，既に自然法則的根拠からして，実際に起きた事象を後になって変えることはできない。そうすると，事後に与えられた承諾を所為時点に遡及させる可能性しか残らない。しかし，法的安定性の観点から，この遡及効を認めることはできない。なぜなら，所為の時点で既に，その適法性，違法性が確定していなければならない

---

[17] *Otto/Albrecht*, (Fn. Ⅴ-6), 269; *N. Czempiel, H. Mugler*, September 2012 Speiseröhren-Fall, famos 9 (2012), 1, 5.
[18] *Otto/Albrecht*, (Fn. Ⅴ-6), 269. Vgl. *H. Schlehofer*, „Pflichtwidrigkeit" und „Pflichtwidrigkeitszusammenhang" als Rechtswidrigkeitsvoraussetzungen?, in: Puppe-FS, 2011, 953, 966.

からである[19]。さもなければ，仮定的承諾の適用の場合，医師の可罰性が患者の処分次第ということになる。患者が事後に下す決定は，疑問のある場合，治療行為の成功，失敗に影響されるものである[20]。

さらに次の問題もある。手術の終了後，患者が法規に則った説明を受けたならどういう決定をしたかという問いに答えを出すことは実際には難しい[21]。手術の前後で患者のおかれた決定状況は全く異なる。手術の結果に満足して，この問いに肯定的に答える患者もいるだろうし，手術の結果に不満でこの問いに否定的に答える患者もいるだろう。しかし，法的に重要なことは，所為前の時点の決定である。おそらく，危険等があるにもかかわらず意図的にその説明をしない医師に手術をしてもらいたい者は誰もいないと云えよう[22]。ところが，所為時点の現実の事情は，事後的意思形成では完全に消されてしまうのである[23]。仮定的承諾は事後的許可とは異なるのであるが，少なくとも心理学的に見ると事後的許可にほとんど等しい[24]。しかし，事後的許可というのは刑法では正当化効力をもたない。窃盗の被害者が事後になって，前もって話してくれていたら，窃盗犯人に当該盗品をくれていたのにと

---

[19] *A. Albrecht*, Die "hypothetische Einwilligung" im Strafrecht, 2010, 352 f.; *Ch. Jäger*, Die hypothetische Einwilligung – ein Fall der rückwirkende juristischen Heilung in der Medizin, in : Jung-FS, 2007, 354 ; *ders.*, Zurechnung und Rechtfertigung als Kategorialprinzipien im Strafrecht, 2006, 25 ; *Czempiel/Mugler*, (Fn. V-17), 5 ; *Gropp*, (Fn. II-17), §5 Rn 83.

[20] *Czempiel/Mugler*, (Fn. V-17), 5.

[21] インゲボルク・プッペは，適法代替行為によって客観的帰属が否定されるのは自然法則に従って決定される因果経路に限定されるのであって，心理学的に制禦される人の決定にかかわる領域には，ひとが特定の情報を与えられたらどういう決定をするかに関する厳密に一般的な法則は存在しない，したがって，端から証明問題は生じないのであり，この問いは，利用できる方法では答えられないのであるから，厳密に科学的意味で「無意味」だと論ずる。*I. Puppe*, Die strafrechtliche Verantwortlichkeit des Arztes bei mangelnder Aufklärung über eine Behandlungsalternative — Zugleich Besprechung von BGH, Urteile vom 3.3.1994 und 29.6.1995, GA 2003, 764, 768 ff. 796 ; *dies.*, Anmerkung zum Urt. des BGH v. 20.1.2004, JR 2004, 470. しかし，刑法も，教唆に見られるように，経験知と蓋然性に基づいた精神的に繋がる動機連関を規範的に十分な結合だと見ている。*Kuhlen*, (Fn. V-9. JR 2004), 228 ; *Th. Rönnau*, Anmerkung zum BGH, Beschluß v. 15.10.2003, JZ 2004, 801, 802 ; *Roxin*, (Fn. I-1), §13 Rn 133.

[22] *N. Bosch*, Grenzen einer hypothetischen Einwilligung bei ärztlichen Eingriff, JA 2008, 70, 72.

[23] *Ch. Sowada*, Die hypothetische Einwilligung im Strafrecht, NStZ 2012, 1, 6.

[24] *Sowada*, (Fn. V-23), NStZ 2012, 1, 6.

言っても，それによって窃盗が正当化されることにはならない。同様に，患者が法規に則った説明を受けていたなら侵襲の承諾をしたと事後に言ったとしても，患者の自己決定権を侵害して実施された侵襲が正当化されることはない[25]。実際，ドイツ刑法第228条は，「被害者の承諾のある傷害」を前提とすることによって，事前の承諾だけを正当化事由として承認していることからも明らかである[26]。

　さらに，正当化事由は常に客観的要素と**主観的要素**から構成されることも指摘されねばならない。主観的要素が要求するのは，行為者が，他人の法益を具体的状況において違法に侵害していないという認識をもって行為することである。ところが，仮定的承諾の場合，主観的正当化要素が欠如するところに問題がある。医師は，患者が法規に則った説明を受けていたなら承諾しただろうということを認識していなければならない[27]。ところが，現実には，医師にこの認識を要求することはできない。この認識をもっている医師なら法規に則った説明を患者にすることができたと云えるからである[28]。仮定的承諾では，医師は，後に承諾を得られて正当化されると思って行為をするに過ぎない。要するに，医師は，承諾に基づいてではなく，「考案されたに過ぎない事態」[29]に基づいて行為をするということである。そうすると，仮定的承諾では主観的正当化要素が欠けるのである。そこで，学説の一部には，主観的要素不要論も見られるのである。仮定的承諾は，医師が患者の承諾を得られることの認識のない場合に妥当する法形象だということになる[30]。又，一部の学説は，仮定的承諾の得られることを信頼していたとの医師の主張を反駁することは難しいが，この反証が成功したとき，行為不法は欠落しないが，客観的正当化事情の存在を認識していなかった場合と同様に，未遂罪で処罰可能だと主張する[31]。いずれにせよ，仮定的承諾は一般の正当化事由と異なっ

---

[25] *Otto*, (Fn. Ⅰ-49), §8 Rn 134.
[26] *Schlehofer*, (Fn. Ⅴ-18), 967.
[27] *Czempiel/Mulga*, (Fn. Ⅴ-17), 6.
[28] *P. Böcker*, Die „hypothetische Einwilligung" im Zivil- und Strafrecht, JZ 2005, 925, 927.
[29] *Czempiel/Mulga*, (Fn. Ⅴ-17), 6.
[30] *F. Bollacher, J. Stockburger*, Der ärztliche Heileingriff in der strafrechtlichen Fallbearbeitung, JURA 2006, 908, 913.
[31] *P. Böcker*, (Fn. Ⅴ-28), 927.

た特異性が見られるのである[32]。

　最後に,仮定的承諾の法形象は推定的承諾の補充性原則をすり抜けるように見えるところに問題がある。推定的承諾の法形象は,当人の実際の承諾を適時に得ることが所為時点で可能でない場合にだけ適用される。このことにより,当人に基本的に,自己答責的に自己の権利に対処することが保障される。ところが,仮定的承諾では,こういった補充性を保障する前提要件が欠如している。というのは,なぜ患者の承諾が所為時点で得られないのかの理由が欠如しているからである。したがって,医師は自分の説明義務を意識的に無視するとか,それどころか意図的に欺き,それでいて処罰されないですむと信頼することが可能となる。というのは,仮定的意思が実際の患者の意思と一致するかに関するいかなる疑いも,又,患者が死亡した場合のようにこういった疑いを認定できないということも,「疑わしきは被告人の利益に」の原則により行為者の有利に判断されるからである[33]。結局,患者の承諾があったのか否かが重要でない場合があることになる[34]。したがって,医師には患者に法規に則った説明をし,有効な承諾を得る努力をする誘因が無くなるので,仮定的承諾というのはきわめて「自己決定敵対的」であり,それどころか,患者自律性の空洞化に繋がりかねない[35]。

(c) 刑罰消滅事由

　仮定的承諾を構成要件,違法性及び責任という犯罪構造の外に,刑事政策的配慮から刑罰消滅事由として位置づける構想もある[36]。しかし,この見解にも問題がある。一般に刑罰消滅事由に位置づけられる中止未遂の場合,行為者の事後的行為があることによって処罰の必要性がなくなるのである。と

---

[32] *Jansen*, (Fn. V-1), 486.

[33] *Sowada*, (Fn. V-23), 7.

[34] *M. Garbe*, Wille und Hypothese ― Zur Rechtsfigur der hypothetischen Einwilligung im Zivil- und Strafrecht, 2011, 233.

[35] *Bollacher/Stockburger*, (Fn. V-30), 913 ; *G. Duttge*, Die „hypothetische Einwilligung" als Strafausschlußgrund : wegweisende Innovation oder Irrweg?, in : Schroeder-FS, 179, 188 ; *W. Gropp*, Hypothetische Einwilligung im Strafrecht?, in : Schroeder-FS, 197, 201 ; *ders.*, (Fn. II -17), §5 Rn 83 ; *Heinrich*, (Fn. I -4), §16 Rn 478c ; *Czempiel/Mulger*, (Fn. V-17), 6.

[36] *Böcker*, (Fn. V-28), 929.

ころが，仮定的承諾では，医師は自分の事後的行為によって法共同体を鎮静化するのではない。仮定的承諾という偶然が医師に役立つのである。したがって，仮定的承諾は刑罰消滅事由と構造的に異なるのである[37]。

---

[37] Vgl. *Albrecht*, (Fn. V-19), 480 f.

第6章　専断的治療

　仮定的承諾は法理論的に維持できないことは前章で明らかにされたのであるが，それでも医師が患者の現実の承諾や推定的承諾なしに治療する場合，その行為を傷害罪で処罰するのは行き過ぎではないか，とりわけ，医的侵襲が成功した場合にはいっそうそう云えるのではなかろうかという疑問が生ずる。その一つの解決の方向を示すのが**専断的治療**（Eigenmächtige Heilbehandlung）を構成要件化しているオーストリア刑法である。それは多くの示唆に富む規定である。本最終章では，先ず，日本と同様，専断的治療の規定をもたないドイツ刑法においては，傷害罪（第223条）の成否との関連で専断的治療に関する論争があるので，先ず，その諸説を，次いで，オーストリア刑法第110条を概観し，最後に日本の法状況について検討する。

Ⅰ　ドイツ刑法における治療侵襲と傷害罪の関係

　ドイツ刑法には専断的治療に関する規定が設けられていないので，治療侵襲がそもそも構成要件，殊に傷害罪の構成要件に該当するかが論争の焦点である。

(a)　構成要件不該当説（治療行為非傷害説）
　本説は，病人の健康の回復のための処置は身体（利益）侵害でないので，治療侵襲は傷害罪の構成要件に該当しないと解する。治療侵襲の要件に関しては，だいたいのところ3説に分けられる。

(aa)　成功説（Erfolgstheorie）
　本説は侵襲が成功したか失敗したかによって区別する。治療侵襲にとって決定的に重要なことは個々の部分行為（注射，麻酔，切開，切断等）ではなく，全

体として見た成果が重要であるから，結果として身体の健康が総体的に回復したか改善したか，少なくとも悪化しなかった場合，治療侵襲の社会的見意味からして傷害罪の構成要件該当性は否定されねばならない。これに対して，侵襲が失敗したとき，つまり，患者が，侵襲がなかった場合よりも悪い状態におかれた場合，傷害罪の客観的構成要件は充足されるが，医師が失敗した結果を故意又は過失で招来したのでない限り，主観的構成要件が充足されない。患者の自己決定権を無視したという点は，強要罪によって対処されうるが，強要罪の構成要件該当性が肯定されるのは稀であると説かれる[1]。又，医学的適応があり医療技術規準に則っとり成功した手術は傷害罪の構成要件に該当しないが，治癒もしないし病状の悪化を止められない手術とか，他のより侵襲度の軽い方法で処置できたといった医学的適応性のない場合は傷害罪の外的構成要件を充足するが，承諾によって正当化されると説かれる[2]。したがって，本説によれば，もとより医師は結果次第で刑事責任を問われる危険を冒すことになる。この帰結を減少させようとするのが医療技術規準説である[3]。

(bb) **医療技術規準説（方式説）**(Lex-Artis-Theorie)

本説によれば，傷害という概念は外見的に理解されてはならず，身体利益侵害を意味する。治癒傾向に基づく医的侵襲は身体の利益侵害を意味しないから，成功した，医療技術規準に則った治療は傷害に当らない。失敗したが，医療技術規準に則った治療も同様である。医療技術規準に則っとらないで行

---

[1] *P. Bockelmann*, Strafrecht des Arztes, 1968, 66 ff.; *ders.*, Operativer Eingriff und Einwilligung des Verletzten, JZ 1962, 525, 528; *ders.*, Strafrecht BT 2, 1977, 59; *W. Hardwig*, Betrachtungen zur Frage des Heileingriffs, GA 1965, 161, 162 f.

[2] *R. Frank*, Das Schtrafgesetzbuch für das Deutsche Reich, 18. Aufl., 1931, II 3 vor § 223. 近時の成功説は次のように説く。①適正且つ成功した侵襲は，患者の承諾があれば，構成要件阻却か違法性阻却かにかかわりなく不処罰であるが，例えば，手術中に想定外の所見があり手術拡張をする場合のように患者の承諾がないときは，推定的承諾の法理が働く。承諾なく手術を行う医師には，専断的治療罪の規定がない限り，強要罪，自由剥奪罪が成立しうる。②失敗に終わった適切な侵襲も不処罰である。故意が通常認められないのは，救助目的が故意を排除するからであり，過失も認められないのは，一般的注意義務違反が欠如するからである。③処置過誤のために失敗した侵襲の場合，未必の故意があれば故意犯が，個人的注意義務違反があれば過失犯が成立する。*Maurach/Schroeder/Maiwald*, (Fn. II-64), §8 Rn 23 ff.

[3] Vgl. *Eser, Sternberg-Lieben*, (Fn. II-160), §223 Rn 30.

われ失敗した治療には故意又は過失の傷害罪が成立する。当人の意思に反したが，成功した治療には傷害が否定され，場合によって自由剥奪罪，強要罪が成立する[4]。本説によると，医学的適応が認められ，医療技術規準に則っていた場合，四肢の切断ですら治療侵襲の構成要件該当性が否定されるので，患者の正当化承諾は端から問題とならず，そうなると，医療技術規準に則ったものの，**専断的治療**侵襲だった場合，患者の身体関係的自己決定権という視点からは些細なとはいえない保護の間隙が生ずることになる[5]。

しかし，この間隙を強要罪（第240条）の適用をもってしても不完全にしか埋めることができないという問題が生ずる。例えば，交通事故で搬送された被害者が医師から腰からすぐ下の押しつぶされた脚を切断しないと命は助からない可能性があると云われたところ，脚が切断されるくらいなら死んだ方がましだと云って，足の切断を断固拒否している状況で，医師は手術を開始したが，手術中にやはり大腿を切断しないと患者の命を救うことができないと判断し，患者の拒絶意思に縛られる必要もないと考え，大腿切断手術をしたという場合，切断手術をするため，患者の意思に反して麻酔をかけたというのであれば，医師は「暴行により」（麻酔をかける）「受忍」（脚切断の受忍）を強要ということで，強要罪が成立するが，患者の了解を得て麻酔がかけられたのであれば，強要罪の成立はない。加えて，**専断的侵襲**それ自体（大腿切断手術）がその受忍の強要とは評価できないことは，殺人行為それ自体がその受忍の強要と評価できないのと同じことである[6]。そこで，一方で患者の健康

---

[4] *K. Engisch*, Die rechtliche Bedeutung der ärztlichen Operation, 1958, 20 ; *ders.*, Ärztlicher Eingriff zu Heilzwecken und Einwilligung, ZStW 58 (1939), 1, 5 ; *Eb. Schmidt*, Der Arzt im Strafrecht, 1939, 69 ff. ; *F. Schaffstein*, Soziale Adäquanz und Tatbestandsmäßigkeit, ZStW 72 (1960), 369, 378（医的行為の社会的相当性から同じ結論を導く）; *H. Blei*, Strafrecht II, BT, 12. Aufl., 1983, 57 ff.（重要性説からは，医療規準に則って行われた侵襲は過失致死罪，傷害罪にふさわしい因果関係の意義からして問題とならない）; *Welzel*, (Fn. I-7), 289. ヒルシュは，治療侵襲が成功した場合には客観的構成要件不該当，医療技術規準に則ったが，失敗した場合には少なくとも主観的構成要件不該当とする。*H.J. Hirsch*, Zur Frage eines Straftatbestandes der eigenmächtigen Heilbehandlung, in : Zipf-Geds. 353 ; *ders.*, (Fn. II-15), § 228 Rn 37.

[5] Vgl. *Eser/Sternberg-Lieben* (Fn. II-160), § 223 Rn 30.

[6] *J. Baumann, G. Arzt u. U. Weber*, Strafrechtsfälle und Lösungen, 6. Aufl., 1986, 68 ; *G. Grünwald*, Die Aufklärungspflicht des Arztes, ZStW 73 (1961), 5, 9 f. ; *V. Krey*, Strafrecht BT, Bd. 1, 12. Aufl., 2002, § 3 Rn 208, 218 ; *H. Schröder*, Schönke/Schröder Strafgesetzbuch,

の維持と自己決定権の尊重の利益，他方で医師を蔑視することと刑法上の危険から解放された活動の利益の均衡をとる必要があるのだが，治療侵襲を原則として傷害罪の構成要件不該当とするなら，少なくとも**専断的治療**を傷害罪の構成要件に該当するとしない限り，満足のいく解決は得られないということから出立するのが次の物質説（修正医療技術規準説）である[7]。

(cc) **物質説**（Sustanztheorie）

本説は，専断的治療の構成要件化が実現しない限り，第223条を包括的（無限定ではないが）保護構成要件と捉えざるを得ないと説く[8]。第6次刑法改正法によりそれまでの「第17章 傷害」から「第17章 身体の不可侵性に対する罪」へと変更されたことこからも，医的治療侵襲を社会的意味内容から理解しやすくなっている。本説は，成功説も医療技術規準説も専ら結果の総括や医療技術規準に注意を向ける説であって，とどのつまり患者を「医師の理性高権」の客体と化し，処置を基本的に医師の業務権（Berufsrecht）から正当化するものであり，患者の意思を全く度外視していると批判した上で，重大な物質欠損を伴わずに成功した治療処置の場合と重大な物質変動のあった場合に分けて論ずる[9]。

(α) **重大な物質欠損が生じない場合**　重大な物質欠損を伴わず回復，改善をもたらす，又はさもなければ危惧されうる疾病経過に比べてともかくも健康悪化をもたらさない治療処置の成功を，傷害罪の構成要件上，「身体の健康を損なう悪い，不相当な処置」とも，第223条の意味での「健康障害」と見ることもできない。そう見るためには結果無価値が欠如している。それ故，成功した（物質欠損という代償を払うことのない）治療の場合，構成要件不該当性は患者の了解とも医療技術規準に則っていることとも無関係である。但し，方式（lex artis）に重大な違反があり，そこに第223条の意味での「虐待」（例え

Kommentar, 17. Aufl., 1974, § 223 Rn 19 ; *J. Wessels, M. Hettinger,* Strafrecht BT 1, 36. Aufl., 2012, § 6 Rn. 326.

[7] *Eser/Sternberg-Lieben,* （Fn. Ⅱ-160), § 223 Rn 31.

[8] *Eser/Strenberg-Lieben,* （Fn. Ⅱ-160), § 223 Rn 31. Vgl. *H. Schröder,* Eigenmächtige Heilbehandlung im geltenden Recht und im Entwurf 1960, NJW 1961, 951, 952. 武藤真朗「治療行為と傷害の構成要件該当性」早稲田大学大学院『法研論集』54（1990) 243頁以下, 254頁以下。

[9] *Eser/Sternberg-Lieben,* （Fn. Ⅱ-160), § 223 Rn 32 ff.

ば，全く不十分な麻酔）を見ることができるときは別である。この場合過失があれば，過失致傷罪（第229条）の問題となる。これに対して，その他の成功した**専断的処置**は，非医師による場合であっても（例えば，鎮痛剤を飲ませる），刑法上はせいぜい自由剝奪罪（第239条），強要罪（第240条），侮辱罪（第185条）の適用が考えられる。

(β) **重大な物質変化が生じた場合**　四肢の切断，機能の抑圧，変更，脳定位外科や向精神薬による人格変容といった重大な物質変化が生ずる場合，侵襲が全体としてみると**健康改善**をもたらし，当人の（そのかぎりでは構成要件阻却の）**了解**が考慮されるとき，場合によっては**結果無価値が否定**されうる。これに対して，いかなる種類であっても**健康の悪化**をもたらす侵襲の場合，結果無価値は否定できないが，了解を得た，医療技術規準に則って行われ，それに対応する医師の治療意思があるとき，**行為無価値が欠落**しうる。この場合，構成要件阻却の要件は次の通りである。①処置が治療という目的のために適応しなければならない。②処置は方式に則らねばならない。③侵襲が医学的適応であり方式に則って行われたか否かは，生じた結果から回顧的に判断されるのでなく，先を見越した事前の判断でなければならない。④侵襲には患者の了解が必要である。主観面では治療の意思が必要である。

(b)　**構成要件該当説（治療行為傷害説）**

本説は，1894年のライヒ裁判所の基本判例以来，判例が一貫して採る立場であるが，身体の不可侵性に触れる治療侵襲は，成功したか失敗したか，方式に則っていたか否かに関係なく，全て傷害罪の客観的構成要件に該当する[10]。治療侵襲の違法性が阻却されるためには，通常，患者の有効な承諾[11]を

10　RG St 25, 375（自然療法の信奉者である父親が事前に拒絶していたにもかかわらず，医師は足首の骨に結核性の膿瘍を病んでいた7歳の女児に2回にわたって足の手術を行い，最終的にはそれを切断したという事案。原審は，女児の健康は手術によって改善されたのであり，これは刑法第223条の意味での「虐待」や「健康障害」に当らず，医師が女児の父親の意思に反して手術をしたか否かは法的意味を有しないとして，無罪を言い渡した。これに対して，ライヒ裁判所は，外科手術は傷害にあたり，その違法性が阻却されるためには患者の承諾が必要であるとして，原判決を破棄差戻した）; BGHSt 11, 111, 113「基本法第2条第2項第1文〔各人は，生命，身体を害されない権利を有する——筆者挿入〕において保障される身体の不可侵性への権利は，生命に危険な病気から解放される場合であっても，身体の不可侵の放棄を拒絶する人にあっても考慮されることを要求する。……という

必要とする。患者が意識喪失状態にあるときのように、承諾を適時に得ることができないとき、例外的に推定的承諾があればそれで足りる。本説が実務で維持されている背景には、自然科学の途方も無い進歩、それに伴う医療の猛烈に速い進歩の時代にあって、患者の自己決定権、身体の不可侵性への権利が制限される可能性が認識され、患者を保護するためには、医的侵襲を構成要件上傷害と理解し、患者の承諾による正当化の必要性が認識されたところにある[12]。

本説は、一方で、患者の自分の身体に関する自己決定権の考えに添う、とりわけこれを身体の利益と並んで傷害罪の独自の法益と見る考えに添うと評価されるのであるが、他方で、治癒に向けられ、傷害に向けられているのではない、そして全体行為として理解されねばならない医師の行為を「しょっちゅう刃傷沙汰を起こす者と同列におく」ものだと批判される[13]。さらに、本説は、これを徹底させると鎮痛剤注射ですら、有効な承諾なしに投与された場合、傷害として扱われ、注射器が刑法第224条（重い傷害罪）第1項第2号の「危険な道具」として扱われることになると批判されるのである。もっともこの批判に対しては、外科医としょっちゅう刃傷沙汰を起こす者とを同列にお

のも、生命の危うい病人であってすら、手術を拒否する納得のいくそして人間的にも倫理的にも尊敬に値する理由をもちうるのであり、手術によってしか病気から解放できない場合ですらそうなのである」；16, 309；BGH NStZ 1996, 34. 参照、町野朔『患者の自己決定権と法』1986・38頁以下。*J. Baumann*, Strafrecht AT, 5. Aufl., 1968, §15 Ⅲ3c「身体の不可侵性という法益に対する侵襲は……傷害罪の構成要件に該当し、違法性の点で十分に疑わしいので、正確な違法性阻却の検証をする方がよいほど十分に違法性の点で疑わしい。例えば、医師に手術の実施のための特許状を授けることはあまりにも危険である。われわれは、被侵害者の承諾か推定的承諾、あるいは、超法規的緊急避難が存在するかどうかを正確に知りたい。病人の意思に反して行われた手術は、どことなくおかしい許されない治療あるいは一種の強要であるばかりでなく、基本法第2条によって保障された身体の不可侵性に対する真の侵襲である」。ドイツの判例・学説について、田坂晶「刑法における治療行為の正当化」『同志社法学』58・7（2007）263頁以下、342頁以下。

[11] BGH (Zivilsenat) JZ 1989, 901「患者が、即刻且つ包括的な医師の処置のきっかけとなる切迫した状態に関する（本件では細網細胞肉腫——悪性腫瘍——）情報を与えられず、必要とされる医師の助言も与えられない場合、重い医師の治療過誤が認められる。近親者への治療の説明は、そもそも患者の承諾なしには許されないのであって、通常は意思と患者の間の話し合いの代わりとはなりえない」。

[12] P. *Cramer*, Ein Sonderstraftatbestand für die eigenmächtige Heilbehandlung, in： Lenckner-FS, 1998, 763.

[13] *Bockelmann*, (Fn. Ⅵ-1), 62.

くことが外科医の蔑視に繋がるという批判は当たらないのであり，警察官や刑務官のように構成要件に該当するが，違法性の阻却される職務にたずさわる尊敬すべき職業のあることが指摘される。さらに，手術用メスや鉗子は「危険な道具」にあたらないと解釈することもできると指摘される[14]。

(c) 専断的治療罪の立法化の試み

上述したように，刑法上医的侵襲の包括的解決策を得ようとする試みはどれも満足させるものではないので，医的侵襲を傷害罪の構成要件から取り除いて，専断的治療罪という構成要件を設ける提案が1911年から幾度もなされてきた。近時では，1962年の刑法草案が，「身体の不可侵性に対する犯罪」の章の後に「医的侵襲と治療」の章を新設し，「治療目的のための専断的処置」の規定を定めた。1970年の刑法代案は，「自由に対する犯罪」の章の第123条に「専断的治療侵襲」の規定を定めた。1996年の第6次刑法改正法草案は「傷害罪」の章に「専断的治療」の規定を設けた。これらの草案の規定振りには専断的治療罪の法益の捉え方の違いが反映されている。また，これらの草案の顕著な違いは法定刑の幅にある。1970年代案の法定刑は1年以下の罰金刑であるが，1962年草案の法定刑は3年以下の自由刑，1996年草案第229条は5年以下の自由刑，特に重い場合には10年以下の自由刑を定めている[15]。ドイツでは専断的治療罪の新設は不要であり，専断的治療は現行法で十分に対処できるという見解も根強く，今日に到るまでその立法化は実現されていない。

III オーストリア刑法における専断的治療罪

(a) 成立史

オーストリア旧刑法は1937年の刑法改正法によって第499aを新設し，「人をその承諾なしに治療目的で処置する」者を軽犯罪として処罰することとし，

---

14 *Krey*, (Fn. VI-6), § 3 Rn 220 f.
15 Vgl. *Ch. Katzenmeier*, Ein Sonderstraftatbestand der eigenmächtigen Heilbehandlung, ZRP 1997, 156.

「行為者が，被処置者の生命又は健康に重大な危険を及ぼすことなしには，その者の承諾を適時に得ることができなかった」場合を不処罰とした（同条第2項）。1974年の現行刑法は大筋において旧第449a条を引き継いだが，二点の修正をした。一点目は，「専断的治療」という標題は維持されているが，「治療目的で」という構成要件要素が狭すぎることから，「たとえ医学の準則に則っても」という表現に改められたことである。これにより，広く，「診断，治療，予防又は苦痛緩和目的」が含まれることとなった。もっとも，標題は旧法と同じく「専断的治療」とされているのは最も重要な場合である「治療」を際立たせるためである。二点目は，不処罰の規定が改められ，補充されたことである。第110条第2項は行為者の主観面に焦点を合わせて，行為者が，承諾を得るために必要な「処置の延期をするなら被処置者の生命又は健康が重大な危険に曝される」と想定した場合，この想定が過失に基づくときに限り，処罰が可能であるとした[16]。

1974年の現行刑法は各則第3章「自由に対する可罰的行為」の第110条に「専断的治療」の規定を設けている。

第110条（専断的治療）①たとえ医学の準則に則っても，他人をその承諾なく処置した者は，6月以下の自由刑又は360日以下の日数罰金に処する。

②行為者が，処置を延期するなら被処置者の生命又は健康が重大な危険に曝されると想定して，その者の承諾を得なかったときは，想定した危険が存在せずかつ必要な注意を払えば（第6条）そのことを認識できたと認められる場合に限り，第1項によりこれを罰する。

③行為者は，専断的に処置を受けた者の請求に基づいてのみ訴追されうる。

(b) 第1項について[17]

(aa) 傷害罪との関係

専断的治療罪の構成要件を構想するに当り，立法者は，**治療**（Heilbehandlung），つまり，医学的適応の，医学の知識に則って行われる侵襲は一般的に傷害としては可罰的でないこと，しかも，患者の承諾なくして行われたとき

---

[16] EBRV, 1971, 241f.; *Schmoller*, (Fn. Ⅱ-160), §110 Rn 1 f.
[17] 本梗概は主として *Schmoller*, (Fn. Ⅱ-160), §110 に依拠する。

ですら傷害としては可罰的でないことから出立した[18]。立法者は，傷害罪が治療には適用できないことから生ずる可罰性の間隙を第110条によって埋めようとしたのである。しかし，この目的は第110条の解釈にあたって必ずしも十分に考慮されていない（下記（bb）参照）[19]。専断的治療罪の構成要件が設けられたということは反転して傷害罪の解釈に影響を及ぼすことになる。すなわち，医学的適応の，方式に従って行われる治療は，患者の承諾がなくても，傷害罪としては処罰できない。というのは，さもなければ，専断的治療罪は結局のところ余計となってしまうからである[20]。

オーストリアでは実際上の結論は変わらないので，理論構成上の意味しかもたないのであるが，治療は傷害罪の構成要件に該当しないのか（構成要件解決説）[21]，治療はなるほど傷害罪の構成要件に該当するが，しかし，その点で，承諾とは無関係の，独自の正当化事由が介入するのか（正当化事由説）[22]に関して，学説は分かれるのだが，正当化事由説は結局のところ説得力に欠けるとの批判を免れないようである[23]。なぜなら，治療というのは，一般的に適法というのではまったくなく，少なくとも患者の承諾が欠けている場合には，違法であり，それどころか第110条によって可罰的行為であるからである。身体の不可侵性への同一の侵襲が一方で正当化され，他方で可罰的であるというようなことはありえない。このことに関して，身体の不可侵性への侵襲が正当化され，第110条では自己決定権の侵害だけが可罰的なのだという反論[24]があるのだが，これも説得力がないようである。というのも，第110条も身体の不可侵性を特定の専断的侵襲から保護しているのであり，それから切

---

[18] EBRV (Fn. VI-16), 241.
[19] *Schmoller*, (Fn. II-160), §110 Rn 4.
[20] *Ch. Bertel, K. Schwaighofer*, Österreichisches Strafrecht BT I, 9. Aufl., 2006, §110 Rn 12 ; *Fuchs*, (Fn. I-17), 16. Kap Rn 46 ; *Schmoller*, (Fn. II-160), §110 Rn.
ドイツやスイスでは，専断的治療罪の構成要件が無いので，仮に専断的治療に傷害罪の適用がないとすれば，専断的治療は不処罰ということになってしまう。それ故，基本的には傷害罪の適用が肯定され，有効な承諾があった場合にだけ違法性が阻却されることとなる。*Schmoller*, (Fn. II-160), §110 Rn 6.
[21] *Bertel/Schwaighofer*, (Fn. 20), §110 Rn 12 ; *Burgstaller/Fabrizy*, (Fn. I-8), §83 Rn 30.
[22] *Fuchs*, (Fn. I-17), 16. Kap Rn 45.
[23] *Schmoller*, (Fn. II-160), §110 Rn 7.
[24] *Fuchs*, (Fn. I-17), 16. Kap Rn 44.

り離されうる自己決定権を保護しているわけではないからである。したがって，客観的帰属の考えでもっとも良く基礎づけられる構成要件解決策が妥当と云うことになる。必要とされる治療侵襲はそれに確実に又は可能的に伴う中間又は副次結果とともに，原疾患ないし原傷害の――間接的な――付随ないし後続現象と理解できる。したがって，適切な治療に場合によって生ずる好ましくない結果に医師ないしその他の治療者が責めを負うことはない。治療侵襲はこれらの者の「業」ではないということである。責めを負うのは原疾患ないし原傷害である。このことは特に，方式に従って行われたが，失敗に終わった治療侵襲にも妥当する。例えば，重篤の患者が必要とされる喉頭手術のために声を失うといった場合，第85条の定める重い持続的な結果を伴う傷害という結果が発生している。しかし，この結果は結局のところ原疾患の残念な結果であって，医師に「その業」として，つまり，医師によって行われた傷害として帰属することはできない。同様に，医学的に適切な手術が行われたものの致死に到った場合でも，その死の結果を医師に「その業」として帰属することはできない。過失犯の成立も否定される[25]。

　第110条は行為者に優遇効果をもたらす。第一に，法定刑は6月の自由刑であり，これは傷害罪（第83条）の法定刑の半分に過ぎない。第二に，重い侵襲ないし結果が生じても第84条以下の加重構成要件の適用がない。第三に，第110条は私訴犯罪とされている[26]。

(bb)　保護法益

　第110条は自己決定の自由の側面，つまり，処置を許容することに関する決定の自由を保護するというのが通説[27]であるが，しかし，これには，正当にも，次のような批判がなされるのである。通説は，第110条が「自由に対する可罰的行為」の章に位置づけられていることから，専断的治療を自由に対する犯罪と捉えるけれども，これは第110条の本質と目的を的確に捉えていない。実際には，第110条は，例えば，強要罪（第105条）とは異なって，意

---

[25]　*Schmoller*, (Fn. Ⅱ-160), § 110 Rn 7.
[26]　*Schmoller*, (Fn. Ⅱ-160), § 110 Rn 9.
[27]　*Bertel/Schwaighofer*, (Fn. Ⅵ-20), § 110 Rn 1 ; *E.E. Fabrizy*, Strafgesetzbuch, 11. Aufl., 2013, § 110 Rn 1 ; *E. Foregger, G. Kodek*, StGB 6. Aufl., § 110 Anm I ; *H. Zipf*, Probleme eines Straftatbestandes der eigenmächtigen Heilbehandlung, in : Bockelmann-FS, 1978, 577, 578.

思形成・活動それ自体を保護しているのでなく，身体の不可侵性への侵襲から保護することを目的としているのであり，しかも，この保護は特殊の侵襲，つまり，まさに専断的処置と関係づけられていると云えるからである。したがって，刑法は，身体の不可侵性を全体として見ると（専断的）虐待（Mißhandlungen）ないし傷害及び健康障害（第83条以下）からだけでなく，専断的処置（eigenmächtige Behandlungen）からも保護しようとしているのである。意思形成・活動の自由（ないし自己決定権）は，身体の不可侵性への侵襲がまさに被害者の同意なしに行われる限りでともに保護されているということである。自己の身体の不可侵性への侵襲に関するこの特殊の側面は身体の不可侵性の保護のなかにともに含まれていて，独自の法益ではない。これは第83条以下の規定（傷害罪）でも身体侵襲を拒否する自由が内在的にともに保護されているのと同じことである。第110条が被害者の「承諾なき」行為を要求しているという（形式的）事情だけでは本条を自由侵害罪にするものではない。さもなければ，第136条の定める乗り物の無権限使用も自由侵害罪にならざるを得なくなる。そもそも，たいていの個人法益に対する犯罪が自由に対する犯罪と見られることになろう。なぜなら，少なくとも書かれていない構成要件要素として，通常，被害者の「承諾なき」行為が前提とされるからである。それ故，保護法益は被害者の承諾がないということから生ずるのでなく，被害者の承諾なしに損なわれる上述の法的利益から生ずると考えるのが正しい。第110条では，これは専断的処置によって影響を受ける身体の不可侵性である（ドイツ1962年及び1996年刑法草案参照）。（医学的適応の，方式に従って行われる）治療のために第83条以下の適用がない場合に，第110条によって身体の不可侵性が保護されるという理解から，処置（Behandlung）という概念の限定解釈が導かれることとなる[28]。

(cc) 処 置

第110条は行為主体を医師とする身分犯として構成されているわけではない。したがって，看護師，治療師，薬草の知識を有する者，奇跡をおこなう治療師（Wunderheiler），患者の親族，過度に熱心な隣人も犯罪主体となる。

---

[28] *Schmoller*, (Fn. Ⅱ-160), § 110 Rn 12.

通説によれば，第110条の中心概念は「処置（Behandlung）」である。第110条の標題は治療（Heilbehandlung）となっているが，法文中にはこの概念は使われず，「処置」という概念が使用されている。処置が**治療**処置（therapeutische Maßnahme）(狭義の治療) を含むだけでなく，**診断**処置（diagnostische Maßnahme）(疾病確定) 及び**予防**処置（prophylaktische Maßnahme）(疾病予防) に過ぎないものも含むこと，したがって，一切の広義での (医学的適応の) 治療（Heilbehandlung）を含むこと，そして，「たんなる」鎮痛も治療処置に含まれる。処置に一定の(最低) 強度は要求されない。処置の概念は「全医的行為」[29]，「一切の医的処置」[30]，「一般に医学の準則に従う」一切の行為[31]と理解されるのである。したがって，この処置を広く理解する見解によると，医学的適応の無い，それ故，広義での治療ともいえない処置，例えば，純粋に美容のための手術，羊水検査，生体外受精のための卵子採取，ドーピング薬物，性交能力増強剤あるいは経口避妊薬の投与といった処置にも第110条の適用がある[32]。治療に限定されないとなると，第三者のための医的侵襲，例えば，血液提供者とか臓器提供者側の血液採取とか臓器摘出すらも処置の概念に含まれることになる。そうすると，必然的に，純粋に学問的目的のための医的処置も第110条の対象となる[33]。

　この通説に対して，第110条は，さもないと (医学的適応の，方式に則って行われる) 治療を第83条以下の傷害罪の適用範囲から除外することから生ずる可罰性の間隙を埋めるためにのみ設けられたのだと捉える立場から，「処置」概念の**限定的解釈**が要求されることになる。第83条以下では，可罰性のための強度閾として傷害や健康障害の発生が要求されるが，平手打ちを加えるといったような虐待「だけ」では，傷害や健康障害をもたらさない限り，不処罰に止まる。ところで，例えば，解熱のために腓腹湿布を貼るとか背中按摩のような，傷害や健康障害の強度閾に端から達しない，治癒に向けられた行

---

[29] *Foregger/Kodek*, (Fn. Ⅵ-27), §110 Anm. Ⅰ.
[30] *Zipf*, (Fn. Ⅵ-27), 581.
[31] *D. Kienapfel*, Grundriß des österreichischen Strafrechts BT Ⅰ, 4. Aufl., 1997, §110 Rn 7.
[32] *Ch. Bertel, K. Schwaighofer*, Österreichisches Strafrecht BT Ⅰ, 4. Aufl., 1995, §110 Rn 2 f.; *Zipf*, (Fn. Ⅵ-27), 580 f.
[33] *Bertel/Schweighofer*, (Fn. Ⅵ-32), §110 Rn 3.

為がある。これに関して，治療に向けられた処置を損傷に向けられた虐待よりも広く処罰すること，例えば，（承諾なくして行われた）平手打ちを不処罰とする一方，専断的腓腹湿布を処罰するなら，それはどうにも理解し難い。それ故，第110条の「処置」概念は，医学的適応を別とすれば，傷害や健康障害の強度閾に達している侵襲に限定されねばならない。すなわち，例えば，腓腹湿布を貼るとか按摩といったような「侵襲なき処置」は承諾がなくとも不処罰である[34]。たいていの場合，たんなる治療会話も，傷害や健康障害の強度に達しないのが普通であるから，第110条の適用がない。揺する，頭に手を架ける，患者の前で儀礼行為をするといった心霊療法（Geistheilung）とか，一回のレントゲン撮影とか，健康には無害の調合薬剤を投与するというのも第110条の対象とならない[35]。

　第110条は，第83条以下の適用を排除する効果をもつので，主として治療侵襲に限定されるのであるが（それ故，標題も治療となっている），しかし，治癒に役立たない身体侵襲であっても第110条の適用が考えられる場合もある。すなわち，（医学的適応の，方式に則った）治療侵襲だけが構成要件に該当すると理解されるなら，「たとえ医学の準則に則っても」という法文が無意味になるからである。たしかに，治療外の専断的侵襲では第83条以下の故意傷害罪の適用があるのが通例であり，第110条は適用されない。しかし，特別の場合

---

[34] K. *Schmoller*, Zum Tatbestand der Täuschung, JBl 1989, 10, 21 f.
[35] *Schmoller*, (Fn. II-160), § 110 Rn 26 f. オーストリア最高法院（OGH 11.9.1984, JBl 1985, 304）は，小児科診療所で両親を騙して危険の無い，しかし，胃ゾンデの挿入を伴う科学的実験を乳児に行ったという事案で，人間の専断的科学的実験は他人に役立つ侵襲であって広義においても第110条の意味での「処置ではない」と説示して，第108条（欺罔罪）を適用した。本判決によると，血液提供，臓器提供といった他人に役立つ侵襲はすべて第110条の適用外となる。本判決に対して，学説の一部は第110条の適用を主張する。*Bertel/Schwaighofer*, (Fn. VI-32), § 110 Rn 3. これに対して，シュモラーは，科学的実験のような第三者のための医学的侵襲に基本的に第110条の適用があるか否かの問題とは関係なく，構成要件が傷害や健康障害の強度からの侵襲に限定しているとき，本事案に第110条を適用すべきでない主張する。専断的医学的実験は治療ではないから，先ず，第83条以下の適用が可能である。これらの規定では，いかなる強度から身体の不可侵性の侵害が刑法上重要となるかが定められている。医学的実験がこの強度閾の下に止まるなら，第110条を適用すべきでない。一方で，その他の（専断的）乳児虐待が身体的の損傷又は健康損害とともなわないとき（例えば，殴打，粗暴な扱い）不処罰であり，他方で，専断的（無害の）医学的実験が第110条によって処罰されるなら，それは理解し難いからである。*Schmoller*, (Fn. II-160), § 110 Rn 28.

が考えられる。行為者が，専断的侵襲に当って，医学的適応がある，あるいは方式に則っていると誤認する場合である。この場合，行為者の故意は第83条以下の意味での虐待，傷害あるいは健康障害に向けられていないので，故意傷害罪で処罰できないが，しかし，「少なくとも」専断的処置の故に処罰可能である。とりわけ，この法定刑は過失の（単純）傷害罪よりも重いからである。この結論が可能となるには，この種の——客観的には適切でない——専断的処置も第110条に含まれると解する必要がある。但し，行為者に医学的適応の無いことあるいは方式から外れていることの故意があるとき，第83条以下が適用され，第110条の適用は無い。医学的適応があること，あるいは，侵襲が方式の範囲内にあると考えたことが過失に基づくとき，第88条（過失致傷罪）は第110条と真正の競合関係に立つ[36]。

　自然療法あるいは（医学によって認知されていない）素人療法にも，それが傷害あるいは健康障害の強度閾に達していない限り（例えば，頭に手を架ける，言葉による降霊術，治療会話，無害の薬草その他の無害物質の投与），第110条の適用は無い。これに対して，こういった専断的処置が強度閾を越えると，医学的適応あるいは方式の遵守がないので，第83条以下の故意傷害あるいは故意健康障害があり，第110条の適用は無い。処置が医学的適応であり，方式に則っていると行為者が誤認する特別の場合にだけ，第110条による処罰が可能である（場合によっては第88条と真正の競合関係に立つ）[37]。

(c)　第2項について
(aa)　理論構造

　第110条第2項は正当化事由を定めている。承諾を得ようとして延期すると生命又は健康に重大な危険を及ぼすほど治療侵襲が急を要するようにみえるとき，専断的処置は正当化される。そのさい，正当化は，こういった危険状況が承諾を得ることができないことと込みで実際に存在する場合に限定される[38]。行為者がこういった危険な状況があると想定したに過ぎないとき，

---

[36] *Schmoller*, (Fn. II -160), §110 Rn 29 f.
[37] *Schmoller*, (Fn. II -160), §110 Rn 32.
[38] *Ch. Bertel*, Wiener Kommentar zum Strafgesetzbuch, 2. Aufl., 2000, §110 Rn 27；*Bertel/ Schwaighofer*, (Fn. VI-32), §110 Rn 8；*Schmoller*, (Fn. II -160), §110 Rn 74.

この錯誤に過失がある場合,「第1項により」,すなわち故意犯に応じた処罰がなされる。一般に,正当化事情の誤想があるとき,第8条（正当化事情の誤想）により,錯誤に過失があれば過失犯の規定があることを前提として過失犯として処罰されるのであるが,第110条第2項はこれと異なった法効果を定めているわけである。第110条第2項は,結局,第9条（法の錯誤＝禁止の錯誤）に依拠していることになる。本条項は第8条からはずれた,許容構成要件錯誤の特別規定ということとなる[39]。

(bb) 自己決定権の基本的優位

第110条第2項によって正当化される範囲は比較的狭い。正当化は,処置をすることの承諾を十分迅速に得ることができない場合に限定されているから,逆にここから,自己答責の患者が現に質問を受けることができ,そして処置に同意しないとき,処置は例外なく許されないということが導かれる。すなわち,治療拒否を現に表明しているとき,患者の自己決定権に一般的優先権が認められる。そのさい,もっともとは思われない決定も尊重されねばならないのである[40]。

治療拒否の拘束力は生命に危険な状況にも等しく妥当する[41]。「治療が試みられるべきであるか,疾病をその進行に任せるべきであるかに関して,生命に危険な疾病に襲われた人の自由な処分が認められ,保護されねばならない。このことは,生命の危険が目前に迫っている場合であっても妥当しなければならない。……さもなければ,患者が重い身体障害をもって生き続けるよりもむしろ死にたいとの真剣な意思表示にもかかわらず,医師が患者の両脚を救命のために切断するということが許され,不処罰となってしまう」[42]。

患者が自殺未遂の結果として生命の危険な状態にあるときでも,患者の現在の意思に反する治療が許されないのかに関しては見解が分かれる。基本的には許されないが[43],自殺者が処置に関する自己答責の決定をすることができず,その限りで承諾を得られないほどの精神的例外状態にある場合にだけ,

---

[39] Bertel/Schwaighofer, (Fn. VI-32), § 110 Rn 10 ; Schmoller, (Fn. II-160), § 110 Rn 74.
[40] Schmoller, (Fn. II-160), § 110 Rn 75.
[41] Schmoller, (Fn. II-160), § 110 Rn 76.
[42] EBRV, (Fn. VI-16), 242r.
[43] Bertel, (Fn. VI-38), § 110 Rn 30 ; Schmoller, (Fn. II-160), § 110 Rn 77.

治療は許されるとする見解がある[44]。これに対して，基本的に許されるとする見解もある。第78条（自殺関与罪）は自殺未遂直後の時点にも関係する。自殺患者は，自然疾病に罹っている，第110条の定める標準患者に突然変わるわけではない。医師がこういった場合自殺患者をその意思無しに又はその意思に反して処置するとき，自殺者の死の意思は第78条によって尊重できないので，専断治療の適用はない[45]。自殺阻止には第110条の適用がないことにつき，見解の一致が見られる。第110条は，傷害や健康障害の「処置」からの自由だけを保護しているのであって，積極的自殺や積極的自損を保障していない。すなわち，自殺阻止は第110条の意味での「処置」ではない[46]。

(cc) **正当化の要件**

第110条第2項は緊急避難の側面を推定的承諾の側面と結び付けた規定と理解される。正当化されるのは，承諾が一時的に得られなく，しかも，次に決定を得られる機会まで処置を延期すれば被処置者の生命や健康に重大な危険が生ずる場合である。

注意すべきは，法文中には承諾とあるが，承諾を得ることができるか否かが問題となるのではなく，場合によっては拒否することもある「決定」を得ることができるか否かが問題となっているということである。さもなければ，治療を現時点で拒否している患者が，まさに拒否しているが故に「承諾」が得られないという理由で，専断的に処置されうることになってしまうからである。つまり，患者は先ず承諾をするように説得されねばならず，それまで処置を延期するなら患者の生命や健康が危険になると議論されることになるということである。やはり，患者の自己答責の決定を得ることができるとき，専断的治療は決して正当化されない。同じ理由から，患者は，質問されたら，到底もっともとはいえない理由から同意を拒否するのではないかと懸念されるという理由からだけでは，専断的処置が許されることにはならない。患者は，処置をもっともとは思われない理由から拒否する権利も有しているからであり，それ故，こういった決定が蓋然的であっても，ともかく質問されね

---

[44] *Kienapfel*, (Fn. Ⅵ-31), §110 Rn 34 ; *Schmoller*, (Fn. Ⅱ-160), §110 Rn 77.
[45] *Moos*, (Fn. Ⅰ-5), §78 Rn 10, 32.
[46] *Schmoller*, (Fn. Ⅱ-160), §110 Rn 77.

ばならないのである。但し、患者が、特に精神的障礙のために、決定の射程距離を十分に見通すことができない場合は事情が異なる。しかし、この場合も、最初から第110条第2項の適用を考えてはならず、通常は代理決定のために成年後見人 (Sachwalter) が選任されねばならない[47]。

被処置者の生命又は健康が重大な危険に曝されていなければならない。患者には、次に可能な質問まで、あるいは、未成年後見人 (Obsorgeberechtigter)、成年後見人又は裁判所の決定に到るまでの時間に、具体的な生命の危険又は第84条第1項 (重い傷害罪) の定める程度の健康障害の危険が切迫していなければならない[48]。

第110条第2項によって正当化される事例は次の通りである[49]。
①意識喪失の、若しくは精神的衝撃、強力な薬剤又は苦痛のために一時的に承諾能力の無い患者の処置については、承諾能力の回復までじっと待つことができない場合である。意識喪失の患者の専断的処置が正当化される特別の事例は、手術中に更に続けた又は付加的な治療侵襲が緊急に必要となる場合である（いわゆる拡大手術）[50]。
②現に承諾能力のある患者の処置については、処置が緊急を要するのに、質問するあるいは有効な承諾に必要な先行する医学的説明をするだけでもあまりにも多くの時間を費やす必要がある場合である。例えば、事故後その他の危急の場合で、即座に集中治療を開始しなければならない場合である。こういった場合、適時に有効な承諾を得ることができないことに鑑み、凡そ患者に質問することなく、若しくは、断片的又は通り一遍の説明しかせずに処置をしても、医師は正当化される。但し、患者がこういった場合に自分から又は通り一遍の説明の後処置を拒否するとき、処置は許されない。
③未成年後見人、成年後見人又は裁判所の承諾が必要だが、しかし、十分に迅速に得ることができない場合。
④③の分類に入るのだが、未成年後見人の決定を得ることはできるが、治療の同意を拒否していて、それが明らかに未成年者の不利益なものであるので、

---

[47] *Schmoller*, (Fn. Ⅱ-160), §110 Rn 79 f.
[48] *Schmoller*, (Fn. Ⅱ-160), §110 Rn 82.
[49] *Schmoller*, (Fn. Ⅱ-160), §110 Rn 83.
[50] *Bertel*, (Fn. Ⅵ-38), §110 Rn 32.

同意拒否が権利濫用と云える場合。こういった権利濫用の拒否は，刑法上，未成年後見人の決定が全く無かったもののように扱われねばならない。裁判所の手続き（一般民法第176条第1項）が間に合わないとき，第110条第2項の適用が許される。例えば，事故にあった子の両親が（例えば，イエホヴァの証人）子の救命のために必要な輸血を拒否していて，しかも裁判所の手続きが待てないとき，意思は直ちに輸血をすることが許される。医師は輸血の義務もあるので，救命をしないという場合，不作為による殺人罪が成立する。

(d) **第3項について**

第110条は極めて稀にしか適用されない。専断的治療罪は私訴犯罪として構成されていることが，第110条による有罪判決の下されることのない主たる理由である。患者は，訴訟費用を引き受ける危険を冒すとき，私訴よりも民事損害賠償を提起するからである。専断的治療を今のような事実上の非犯罪化にしたくないなら，親告罪に変えるのも一案である。患者の死後の私訴も認められないところにも問題がある（患者の死は医師の幸運）[51]。

Ⅲ 日本刑法における専断的治療

専断的治療の規定を有しないドイツ刑法おいて，その傷害罪の成否につき諸説の見られるところであるが，やはり，専断的治療に関する規定をもたない日本においても，ドイツ刑法学説にほぼ対応した諸説が展開されている。

(a) 構成要件不該当説
(aa) 成功説

金澤は成功説の立場から，成功した専断的治療については傷害罪の成立も自由に対する罪の成立も否定し，失敗した専断的治療については限定的に過失犯の成立を認める[52]。「治療行為を病気の治療という目的に向けられた一つ

---

[51] *Schmoller*, (Fn. Ⅱ-160), § 110 Rn 83.
[52] 金澤文雄「医療と刑法」（『現代刑法講座第2巻』所収・1979年・125頁以下）128頁以下。

の統一的行為として見るとき，その手段たる侵襲は，病気によって侵されている患者の健康（身体的完全性）を回復するために必要不可欠な救助活動なのであって，いわば傷害の反対を目指す行為である。治療侵襲は部分的・一時的に見れば侵害に見えるとしても，全体的・永続的に見れば生命・身体の救助行為にほかならず，傷害罪の構成要件が予定している傷害とは，その社会的・法的意味を異にするといわなければならない。……それが成功して健康を回復・増進した場合にはもはや法益を侵害したとはいえない」「成功した専断的治療行為については傷害の罪としての可罰性は否定すべきであ」り，「逮捕・監禁罪や強要罪など自由に対する罪……の成立もまた通常は考えられない」「結局，専断的治療行為は成功しているかぎり不可罰にとどまり，民事的な不法行為を構成するにすぎない」。失敗した治療行為については，失敗が医学的適性を欠いていたときには過失犯が成立するが，医学的適応と医術的適正が認められるときには，患者の明確な意思に反して結果を生じさせたことが確実な場合にのみ過失犯の構成要件該当性が認められる。

(bb) **医療技術規準説**

大谷は，患者の自己決定権の尊重を図るため，「十分な説明をしたうえでの同意」を重視すべきであるとしながら，「しかし，患者の同意が得られない場合であっても，それが治療の目的で行われ，かつ，その手段・方法が医学上一般に承認されているものであって社会通念上是認しうる限り，人の身体の外形ないし生理的機能を不良に変更する行為とはいえないから，傷害罪の構成要件に該当しない」として，専断的治療行為について，「医学上認められるものである限り，同意のない治療行為は傷害罪に当らない」とする[53]。

(cc) **同意説**

斉藤は，基本的に治療行為の構成要件不該当から出立するのであるが，専断的治療については傷害罪の成立を認める[54]。①患者の治療を受けることの同意があれば，患者の自己決定権を害することはないので，治療行為は傷害罪の構成要件に該当しない，②患者が医師から十分な説明を受け，それについてはっきりとした知識をもち，その上で治療行為を拒んだときは，「たとえその治療行為が，医学的に必要なものであり，客観的に医療としての規準にあっているものであったとしても，（そうして，たとえその治療行為がうまくいったと

しても，患者の身体になにかの生理的機能を害するという結果がのこる以上は，）傷害罪の構成要件にあたる」。③患者が治療行為を受けるかどうかという意思をはっきりと表明していない場合で，(α)意識を喪失しているときは推定的承諾の法理により治療行為は許される。(β)癌患者には意識があり，その承諾を得ることはできるが，その病状や治療の結果について十分な説明をしたなら，患者に心理的ショックを与え，かえって治療の結果を悪くするので十分な説明をして承諾を得ることができないときは，医師は治療の結果がかえって悪くならない程度の説明をすれば足り，この一種の錯誤に陥れて得た「承諾」があれば傷害罪の構成要件に該当しない。

---

53 大谷（注Ⅱ-44）260頁。これに対する批判として，山中（注Ⅰ-55）603頁「患者の自己決定権（Selbstbestimmungsrecht）は尊重されるべきである。患者の同意の存在は，治療行為の正当化の不可欠の条件である」。
　なお，最決平成17・7・19刑集59・6・600〔同棲の者と口論の末，ナイフの刺突による刺創を負い救急病院に搬送された被告人に対し，医師甲はその刺創が腎臓に達していると必ず血尿が出ることから尿検査の実施ついて説明したが，同被告人はこれを強く拒絶した。甲はCT検査等の画像診断を実施したところ，腹腔内の出血はなさそうであったが，急性期のため未だ出血していないことも十分にありうると考え，採尿の必要があると判断し，その旨同被告人を説得した。同被告人は，もう帰るなどと云ってこれを聞かなかったが，甲はなおも約30分間にわたって説得を続け，最終的に止血のために被告人に麻酔をかけて縫合手術を実施することとし，その旨を説明し，その際に尿管を入れることを告げたところ，同被告人は拒絶しなかった。甲は，麻酔による同被告人の睡眠中に，縫合手術を実施した上，カテーテルで採尿したところ，採取した尿から血尿は検出されなかったものの，同被告人が興奮状態にあり，刃物で自分の背中を刺したと説明していることなどから薬物による影響も考え，その尿に簡易な薬物検査を実施したところアンフェタミンの陽性反応が出たという事案〕「上記の事実関係の下では，甲医師は，救急患者に対する治療の目的で，被告人から尿を採取し，採取した尿について薬物検査を行ったものであって，医療上の必要があったと認められるから，たとえ同医師がこれにつき被告人から承諾を得ていたと認められないとしても，同医師のした上記行為は，医療行為として違法であるとはいえない。また，医師が，必要な治療又は検査の過程で採取した患者の尿から違法な薬物の成分を検出した場合に，これを捜査機関に通報することは，正当行為として許容されるものであって，医師の守秘義務に違反しないというべきである。以上によると，警察官が被告人の尿を入手した過程に違法はないことが明らかであるから，同医師のした上記各行為が違法であることを前提に被告人の尿に関する鑑定書等の証拠能力を否定する所論は，前提を欠き，これらの証拠の証拠能力を肯定した原判断は，正当として是認することができる」。
54 斉藤誠二『刑法講義各論Ⅰ』[新訂6版] 1982・192頁以下。なお，前田（注Ⅱ-39）340頁以下「医的侵襲内容を完全に認識した上での真摯な同意（完全なインフォームドコンセント）が存すれば，それだけで，被害者の法益の完全な放棄が認められ，不可罰とすべきである。逆に，患者の意思に反する専断的治療行為は，構成要件該当性を有する。そして，その正当化のための要件は，治療行為のほとんどが生命身体等に重要な法益侵害を伴うものである以上，緊急避難類似の厳格なものが要求され，正当化される余地は少ない」。

(b) 構成要件該当説

大塚は,「医療行為の中には,患者の生命・身体に対する重大な危険を含むものが少なくないことからみて,社会的相当性があるといっても,構成要件該当性までは阻却しない」ということから出立して,それが**治療の目的**で,承諾もしくは推定的承諾のもとに,医学上一般に承認されている方法によって行われたとき,違法性が阻却されるが,傷病者の意に反して行われる専断的治療行為は治療の目的を達しても違法であると論ずる[55]。専断的治療行為の場合には,「医師は,自己の行為が違法なものであり,少なくとも暴行罪にはあたりうることを知りつつ,行為を行ったものとみられるから,それに基づく結果に対しては,それぞれ,暴行罪の結果的加重犯としての傷害罪または傷害致死罪がみとめられるからである。しかし,医師が,承諾に関する不備を知りつつも,同時に,真摯に患者を治療しようとする意思のもとにその医療行為を行ったのであれば,患者を死傷させることについての認容を欠くものとして死傷の結果に対する故意の責任を問うべきではないであろう」。医師にその業務上の注意義務に違反した過失があった場合,業務上過失致死罪が成立する。

町野も専断的治療の可罰性を肯定するが,優越的利益の判断に当って患者の意思を考慮すべきだとする。「治療行為は暴行・傷害罪の構成要件に該当するものであるから,それが違法・有責であるときは,これらの罪を含めた致死傷罪として処罰されることになる」ということから出立し,専断的治療行為の可罰性を肯定し,治療行為の医学的正当性のみが傷害結果を正当化するのに十分ではなく,治療行為が身体利益の増進という客観的に見た優越的利益を維持するものであるが,「いずれの身体利益も患者自身のものであり,**彼の意思を考慮に入れることなく,客観的な比較衡量によって優越的利益の判断を行なうことはできない**」。「医学的にいかに非合理的に見える拒絶であっ

---

55 大塚(注Ⅱ-43)423頁以下,福田平,大塚仁『刑法総論Ⅰ』1979・216頁以下。木村(注Ⅱ-41)288頁以下は,治療行為の違法性阻却の根拠につき,治療目的説,すなわち,「治療すなわち個人の健康を維持し,病気の悪化を防止し,健康の回復をはかることは国家的に承認せられた共同生活の目的であるから,治療行為は,この目的達成に適当なものであるかぎり,違法性が阻却せられる」とした上で,本人の承諾又は配偶者・保護者の承諾が必要であり,その意思に反してなされる専断的治療行為は違法であること,主観的正当化要素としての治療目的が必要であると説く。

ても，それが患者自身の身体的利益に関する有効な選択である以上，医師はそれを尊重しなければならない。患者の現実的な拒絶意思は治療行為の合法性の絶対的な限界，『柵』である」と論ずる[56]。

内藤は町野と同じく専断的治療の可罰性を限定する。治療行為の違法性阻却の根拠は優越的利益の原理に基づくが，その具体的衡量に当っては，医学的適応性と医学的正当性が考慮されねばならない。加えて，「患者の選択に反しないという意味での『患者の同意』が必要」であるが，「患者の個人的選択に反することが明らかな治療行為に限って違法である」[57]。治療目的というのも，行為者の主観的治療目的として捉えるべきでなく，**客観的治療傾向**と捉えるべきである[58]。

浅田も内藤説と同様に専断的治療の可罰性を限定する。治療行為の違法性が阻却されるためには，患者の同意，医学的適応性と医術的正当性が必要であるが，治療目的というのは行為の**客観的目的**（治療傾向）と捉えれば足りる。専断的治療行為については，「傷害罪の法益も，たんなる身体の健康から，法益主体たる個人の意思に基づく身体の健康へと，広がってきたように思われる」ので，傷害罪として違法であるが，手術が成功した場合，一般には可罰的違法性に欠けると論ずる[59]。

(c) 評　価

成功説及び医療技術規準説には問題がある。専断的治療の結果が成功したか失敗したかにかかわらず，又，それが医療技術規準に適っていたか否かにかかわらず，患者が明確に治療を拒絶している場合には，医師は患者の生命・身体に対する治療侵襲を加える権限を有しないのである。医学的には成功したと評価される治療侵襲であっても，患者に重大な物質的喪失があるときにまで傷害罪の成立を否定するのでは，患者は不本意にも治療を甘んじて受け

---

[56] 町野（注Ⅵ-10）116頁，184頁。その他，専断的治療行為違法説に立つ学説に，川端（注Ⅱ-45）331頁，高橋（注Ⅱ-204）333頁。
[57] 町野朔「治療行為における患者の意思—刑法上の違法阻却論との関連において(2)」上智法学論集24・2（1981）41頁以下，56頁以下。同旨，中山（注Ⅱ-44）301頁注4，井上裕司「被害者の同意」（『刑法講座2巻』所収・1963・160頁以下）171頁。
[58] 内藤（注Ⅱ-46）527頁以下。
[59] 浅田（注Ⅰ-55）197頁以下。

ざるを得なくなり，人の自己の身体に関する自己決定権（憲法第13条）を保護するのに十分でない。いわんや，治療行為が失敗に終わったときは，そのことはますます妥当する。しかし，そうだからといって同意説が妥当ということにはならない。患者の自己決定権を保護することは極めて重要なことであるが，しかし，自己決定権というのもそれ自体として存在するのでなく，常に，身体の不可侵性と関係した自己決定が問題となるのである。同時に，身体の不可侵性は法共同体の客観的価値と関係しているのである。身体の不可侵性という法益が侵害されると不法が現実化したのである。この不法が阻却されるためには特別の正当化事由，つまり，承諾が必要である。日進月歩の医療技術の発展が見られ，それに伴いややもすれば，患者が治療のたんなる客体とされかねないとすれば，専断的治療を格別に定めていない日本刑法においては，基本的に専断的治療が傷害罪の構成要件に該当すると解するのが妥当である[60]。治療行為に傷害罪の構成要件該当性を認め，**違法性**の段階で，その詳細な検討が求められる。行為者の主観的要素としては，**主観的治療の意思**（主観的正当化要素）が必要であり，一部の学説に見られるような行為者の主観的治療目的を不要として，客観的治療傾向があればそれで足りるというものではない。

　結局，人の自己の身体に関する自己決定権（憲法第11条，12条，13条）を十全に保障するという観点から，専断的治療は，現行法上，傷害罪の構成要件に該当すると理解されるべきである。しかし，オーストリア刑法の専断的治療罪の検討から分かるように，傷害罪は専断的治療という特殊の不法内実を評価するのに最適ともいえない。そこで，立法論としては，傷害罪とは別個の，身体の不可侵性をある種の専断的侵襲から保護するための専断的治療罪が設けられるべきである。

---

[60] Vgl. *D. Strenberg-Lieben*, Strafbarkeit eigenmächtiger Genomanalyse, GA 1990, 289, 293 f.

判 例 索 引

大判大正 1・12・20 刑録 18・1566 …………………………………………… 44
大判大正 15・2・25 評論 15 刑法 106 ………………………………………… 43
大判大正 15・6・25 刑集 5・285 ……………………………………………… 104
朝鮮高等法院昭和 10・6・6 評論 24・刑法 170 ……………………………… 83
最判昭和 23・5・20 刑集 2・5・489 …………………………………………… 107
最大判昭和 25・10・11 刑集 4・10・2012 ……………………………………… 107
大阪高判昭和 29・7・14 裁特 1・4・133 ……………………………………… 71
最決昭和 33・3・19 刑集 12・4・636 …………………………………………… 105
東京高判昭和 33・10・31 判タ 85・75 ………………………………………… 104
最判昭和 33・11・21 刑集 12・15・3519 ………………………………………… 92
広島高判昭和 33・12・24 高刑集 11・10・701 ………………………………… 104
名古屋高判昭和 35・11・21 下刑集 2・11=12・1338 ………………………… 105
東京高判昭和 38・2・14 高刑集 16・1・36 …………………………………… 107
最判昭和 38・4・18 刑集 17・3・248 …………………………………………… 105
岡山地判昭和 43・5・6 下刑集 10・5・561 …………………………………… 104
広島高判昭和 51・9・21 刑事裁判月報 8・9=10・380 ………………………… 105
東京地判昭和 52・6・8 判時 874・103 ………………………………………… 72
大阪地判昭和 52・12・26 判時 893・104 ……………………………………… 72
名古屋高判昭和 55・7・28 判時 1007・140 …………………………………… 104
最決昭和 55・11・13 刑集 34・6・396 ………………………………………… 35,72
東京地判昭和 58・3・1 刑月 15・3・255 ……………………………………… 104
最判昭和 58・4・8 刑集 37・3・215 …………………………………………… 102
仙台地石巻支判昭和 62・2・18 判時 1249・145 ……………………………… 70
福岡高宮崎支判平成元・3・24 高刑集 42・2・103 …………………………… 97
千葉地判平成 7・12・13 判時 1565・144 ……………………………………… 5,19
最決平成 16・1・20 刑集 58・1・1 …………………………………………… 85
最決平成 17・7・19 刑集 59・6・600 ………………………………………… 168

著者略歴
吉田 敏雄（よしだ としお）
- 昭和44年3月　北海道大学法学部卒業
- 昭和62年3月　法学博士（北海道大学）
- 平成15年10月　「ベッカリーア賞（銀賞）」受賞
- 平成19年2月　「菊田クリミノロジー賞」受賞
- 平成28年3月　北海学園大学法学部・大学院法学研究科退職
　　　　　　　北海学園大学名誉教授

主要著作
- 『ペータース誤判の研究』（昭和56年・北海道大学図書刊行会）
- 『行刑の理論』（昭和62年・慶応通信）
- 『法的平和の恢復』（平成17年・成文堂）
- 『犯罪司法における修復的正義』（平成18年・成文堂）
- 『不真正不作為犯の体系と構造』（平成22年・成文堂）
- 『刑法理論の基礎［第3版］』（平成25年・成文堂）
- 『未遂犯と中止犯』（平成26年・成文堂）
- 『懲罰社会と刑法』（平成26年・成文堂）
- 『責任概念と責任要素』（平成28年・成文堂）

刑法理論の基礎Ⅵ
被害者の承諾

2018年10月20日　初版第1刷発行

著　者　吉　田　敏　雄
発行者　阿　部　成　一

〒162-0041　東京都新宿区早稲田鶴巻町514
発行所　株式会社　成　文　堂
電話 03(3203)9201(代)　FAX 03(3203)9206
http://www.seibundoh.co.jp

製版・印刷・製本　三報社印刷　　　　　　　検印省略
© 2018 T. Yoshida　Printed in Japan
☆乱丁・落丁本はおとりかえいたします☆
ISBN978-4-7923-5260-8　C3032
定価（本体3000円＋税）